全国高等教育金融系列精品教

International Settlement

国际结算

第2版

主 编◎陈 莹 李 彦

副主编◎付 敏

经济管理出版社

ECONOMY & MANAGEMENT PUBLISHING HOUSE

全国高等教育金融学专业系列规划教材
编委会成员

《金融学系列教材》总序

　　随着我国高等教育事业的飞速发展，我国高等教育教学培养方向呈现出日趋多样化的趋势。不同高等院校的定位和办学理念存在着比较大的差距，但是，为社会培养高素质人才这一基本方向却是相同的。《国家中长期教育改革与发展规划纲要（2010~2020年）》提出我国教育工作的根本要求是：培养造就数以亿计的高素质劳动者、数以千万计的专门人才和一大批拔尖创新人才。对于多数高等院校，尤其是多数非重点本科院校、独立学院和高职高专来说，其核心任务应该是培养造就数以亿计的高素质劳动者。

　　20世纪90年代以来，在国家政策的支持和指引下，我国高等教育领域中，新的主体得到了较快的发展。它们历史较短，独自开展教材建设的力量都比较薄弱。但实践证明，高等学校教师编写适合自己的教材，不仅有利于教师开展科研和教学工作、保证教学质量，而且有利于学生汲取最新最重要的知识、获取日后工作中所需的核心技能、成长为满足社会需求的人才，进而推动学科的发展和我国高等教育事业的进步。为此，我们组织了一批高等学校的教师编写了这套金融学专业系列教材，希望起到抛砖引玉的作用。

　　本系列教材以培养具备较强实践能力和动手能力的应用型人才为出发点，深入浅出，在为学生提供基本理论知识的基础上强调案例教学，是学生进入金融学科的一部梯子，是教师组织教学活动的基础，是师生沟通的桥梁。

　　本系列教材的主编均为长期从事教学工作的教授，还有"211"院校的研究生导师，汇集了多所高等院校多年的教学经验和教学研究成果，是数十位具有丰富一线教学经验的老师心血的结晶。

　　本系列教材的编写得到了经济管理出版社的高度重视，申桂萍编辑给予了极大支持。在此，对以上为本系列教材的面世而付出辛勤劳动的所有单位和个人表示衷心的感谢。

　　同时，希望读者对本系列教材提出宝贵的意见，使其更精、更好。

杨开明

前　言

随着经济全球化的不断深入，国际间贸易与非贸易往来日益频繁，我国的对外贸易正在经历着又一个快速发展的黄金时期。一笔国际贸易业务需要买卖双方及运输、保险、海关、商检、银行和港口等多方参与才能实现，各方的权利与义务都要通过各种国际贸易单证来实现，因此单证制作的质量好坏，直接影响到当事人的权利能否顺利实现。如此多的单证最终都要汇集到银行，完成出口商的交单结汇和进口商付款赎单工作，所以国际结算业务是外贸业务链中的一个非常重要的环节。

国际结算专业性很强，要求较高，流程较为复杂，其业务不仅涉及大量的国际惯例和法律法规，而且还要求从业者具备国际金融、国际结算、国际贸易及实务等相关的专业知识。因此，全面系统地学习国际结算知识，对于从事外汇银行、进出口贸易等业务的相关人员以及国际经济与贸易、金融学等专业的高等院校在校学生来讲，也日益显现其重要性。

本书第一版自 2010 年首次印刷出版以来，得到了专家和广大读者的肯定与厚爱。为了进一步顺应国际贸易的发展趋势与相关国际惯例的变化，第二版更多地关注了实践中应予把握的细节，对于信用证在《UCP600》下的实务做了更为全面的介绍。具体修订内容如下：

第一，对第一版中有关排版、编辑、内容等方面存在的疏漏进行订正，力求基本概念表述准确、数字精确。

第二，对有关章节的案例与思考问题进行适当拓展与更新，力求实用、创新。

第三，对涉及信用证的章节内容按《UCP600》的要求进行修订，并增加了新的案例，力求理论更贴近实践，可操作性更强。

第四，对课后的复习思考题与案例分析题进行适当调整与拓展，力求强化实操与开拓视野。

本书从培养经济类应用型本科人才的需求角度出发，突出实践，并且吸收了结算中的新规则，对结算方法进行了比较、分析。每章的案例导入可以让学生对整章内容有一个初步认识；每章的阅读材料和实务表格可完善学生的知识体系；每章的思考与练习题可强化学生的学习技能，提高学生应用知识的能力；每章所提供的文献资料可供学生阅读，以提高学生查阅、分析和整理文献资料的能力。

全书共十章，参加该书编写的分工如下：第一、五、九章及附录由武昌理工学院陈莹编写；第三章由武汉职业技术学院李质甫编写；第四、十章由中南财经大学武汉学院付敏编写；第二、六、七、八章由武汉东湖学院李彦编写，最后由陈莹负责本书的统稿工作。

本书在编写过程中得到了经济管理出版社和武汉市恒曦书业发展有限公司的大力支持和帮助，在此表示衷心的感谢。

由于编写时间仓促，加之编者水平有限，书中错误和不妥之处在所难免，恳请各位同行专家和广大读者提出更多宝贵意见和建议，以使本书不断完善。

编者

2014 年 2 月

目　录

第一章 国际结算概述

【学习目的】

通过本章的学习，要求学生掌握国际结算的含义、研究对象、分类及其基本内容；熟悉国际结算业务中往来银行之间的关系；了解国际结算的产生与发展过程及其应遵循的国际惯例。

【案例导入】

欧洲某银行开立一张不可撤销议付信用证，该信用证要求受益人提供"Certificate of Origin：E. E. C. Countries"（标明产地为欧共体国家的原产地证明书）。该证经通知行通知后，在信用证规定时间内受益人交来了全套单据。在受益人交来的单据中，商业发票上关于产地的描述为"Country of Origin：E. E. C."，产地证则表明"Country of Origin：E. E. C. Countries"。

议付行审单后认为，单单、单证完全一致，于是该行对受益人付款，同时向开证行索汇。

开证行在收到议付行交来的全套单据后，认为单单、单证不符：

1. 发票上产地一栏标明：E. E. C.，而信用证要求为E. E. C. Countries。

2. 产地证上产地一栏标明E. E. C. Countries，而发票产地标明E. E. C.。

开证行明确表明拒付。

该案争议源于信用证条款的不完整、不明确。开证行未在开列的信用证中对产地具体要求在哪一国。因此，受益人提供的单据中涉及产地一栏时既可笼统地表示为欧共体国家，也可具体指明某一特定国家。根据《跟单信用证统一惯例》（UCP600）规定：开立信用证的指示不明确，将由开证行承受此后果。故此案中开证行的拒付是不成立的。

从这个案例可看出，国际结算是通过银行进行的，银行审核单据的合格与否。那么银行之间如何建立代理关系，进出口企业与银行如何合作、相互选择进行国际结算活动？我们将在本章中进行阐述。

第一节 国际结算的基本概念

随着国际交往日益增多，经济全球化的深入发展，国际间贸易与非贸易往来愈加频繁。国际结算越来越成为国际商业银行的主要业务之一，在促进各国经济和国际贸易发展等方面发挥了极其重要的作用。

一、国际结算的含义

国际结算是指通过银行办理两国间的货币收付来清算国际间债权、债务的业务活动。它主要研究国际间债权债务的清偿，以及所使用的信用工具、结算方式和各种必要的单据。国际结算是一项极其重要的综合经济活动，其实质是货币的跨国收付。主要业务内容包括：支付工具及结算方式的选择与运用；各种商业单据的处理与交接；商品货款及劳务价款的索取与偿付；信用担保的提供与应用；国际资金单方面的转移与调拨；短期或中长期贸易的融资与运营；国际清算系统与支付体系的建设与运行；国际银行间资金的转拨等。

二、国际结算的产生与发展

国际结算是以国际贸易的产生和发展为前提，不同历史时期形成了各具特点的国际结算方式。同时，国际结算方式的发展和创新也推进了国际贸易的发展。

（一）从现金结算到票据结算

国际结算最早源于国际间的商品买卖。早在奴隶制社会，自从出现了社会分工，随之就产生了商品交换，即产生了国际贸易的萌芽。当时国际贸易是以物易物的形式进行的。到了封建社会，随着金银铸币成为货币流通手段后，买方就将金银或可兑换的铸币运送给卖方，交付货款。但这种结算方式在途时间较长，不安全，运输费用高，而且存在难辨真伪，不好清点的问题。于是，使用票据结算的方式出现了。到了 16～17 世纪，票据形式结算已被广泛使用，且票据形式及流转程序已相当完善。欧洲商人间的国际贸易结算也多以汇票作为支付手段了，票据上面记载着所有者拥有的金钱或财物的权利，且票据能够以简便方式转让这种所有权，使债权债务得到清偿。

（二）从凭货付款到凭单付款

到了 18 世纪，由于科技进步，运输及通信工具得到发展，国际贸易条件也发生了巨变。商人们不再亲自运送货物，而是委托承运人送货，而买方只要认为货物与事前看到的样品相符，就在当地偿付货款。这就是通常所说的"一手交货，一手交钱"。

进入 19 世纪中叶，机器大工业的发展带动社会化大生产及社会分工，进一步推动国际贸易的加速发展。国际航运随之发展并形成专业化分工。当贸易商与承运商有了分工之后，卖方将货物交给承运商运至买方，承运商将货物单据交给卖方，再经卖方转寄给买方，后者便可据此向承运商提货。

19世纪末后，国际结算方式逐步由凭货付款转变为凭单付款，而银行也可凭借抵押的单据向出口商融资，从而形成了贸易结算与融资相结合，以银行为中枢的国际结算体系。

（三）从直接结算到以银行为中介的转账结算

19世纪末20世纪初，伴随着金融业的蓬勃发展，一些主要的资本主义国家银行业发生了深刻的变化。越来越多的商人间由直接结算转变为以票据为主要结算工具，通过银行为中介进行的间接结算。

银行办理国际结算业务有其自身优势。首先，银行有在世界范围的广泛网络、先进的通信设施的优势。其次，银行资金雄厚，信用度高，买卖双方的资金收付有保障。同时，还可以为客户提供资金融通的便利。最后，银行可以利用特有的条件最大限度地对进出口贸易产生的债权债务关系进行抵消清算，节省了手续费和利息。

（四）国际结算业务的发展趋势

1. 电子数据交换将成为国际结算的主要形式

电子数据交换（Electronic Data Interchange，EDI），又称"无纸贸易"，就是按照某种协议，将国际结算中单证的内容数据化、标准化，并通过电信手段在贸易伙伴之间进行传递和综合处理的系统。

EDI起源于20世纪60年代初的欧美国家，目的是为了制定国际贸易的标准单据，目前正在逐步推广中。采用EDI的贸易方式，从订立合同、生产、发货、报关到结汇，整个过程都是通过电子计算机自动处理，不需要传递书面单证，大大加快了文件的传输速度，简化了中间环节，减少了资金占用，提高了国际结算的效率。

2. 托收及赊销等商业信用方式成为国际货款支付的发展趋势

20世纪90年代以后，随着世界经济的发展，全球性买方市场的形成，越来越多的买方愿意选择对其更有利的商业信用支付方式，而不愿采用单据要求高、费用高的信用证支付方式。出口商为了提高竞争能力，扩大出口，也逐渐降低信用证支付，而是采用如托收中的付款交单、承兑交单以及赊销等商业信用方式。

3. 国际结算向电子化、网络化发展

网络技术的高速发展使国际贸易迈向了高效、安全、低成本的网上运作，同时也引发了对传统柜台结算方式的挑战。随着国际贸易电子化的深入发展，电子信用证在国际贸易中的地位凸显。此外，世界上已有三大电子清算系统：美国的CHIPS、英国的CHAPS和日本的外汇日元清算系统以及环球银行金融电信协会（SWIFT）办理国际结算中的资金调拨，进一步加速了资金与单证的流转过程。

三、国际结算的分类

按照产生债权债务的原因不同，可以将国际结算分为贸易结算和非贸易结算两种。

（一）贸易结算

贸易结算是指办理因国际贸易而产生的国际债权债务结清业务，也称为有形贸易结算。贸易结算在国际结算中占有主导地位。其主要结算范围有：有形商品的进出口贸易结算；记账贸易结算；国际资本流动引起的资本性货物贸易以及综合类的商品和非商品贸易结算（如国际工程承包、补偿贸易、技术服务贸易等）等。

（二）非贸易结算

非贸易结算是指有形贸易以外的其他经济活动，以及政治、文化等交流活动而引起的货币收付。包括无形贸易结算、金融交易类结算、国际资金单方面转移结算等。非贸易结算不涉及货物交接问题，只办理有关资金的转移，手续相对简单。

1. 无形贸易结算

它主要是劳务的进出口交易，此外还包括非贸易因素所形成的债权债务，如学费、旅费等。

2. 金融交易类结算

它是指各种国际金融资产买卖的结算，如外汇买卖、证券、股票等金融工具的买卖，期权、期货等衍生工具的买卖等，其数额比较庞大。

3. 国际资金单方面转移结算

它是指发生在政府与地方的各种援助、捐助、赠款以及各种资金调拨行为等。

此外，还有国际商品经济活动引起的资金跨国流动，如侨汇业务、信用卡及旅行支票业务等，非贸易结算的主体是服务贸易。

国际结算中，国际贸易结算一直占有主导地位。近年来，随着国际信贷、外汇买卖等金融交易量的迅速增加，非贸易国际结算的笔数和金额均已大大超过了国际贸易结算。但是就国际结算实务而言，贸易结算业务比非贸易结算业务复杂得多，因为贸易结算几乎包括了目前所使用的全部结算手段和结算方式。贸易结算作为银行最主要的一项中间业务，相对于金融交易而言，具有成本低、风险小、收益高的特点，且一般不需占有信贷资金。因此，贸易结算是本书学习的重点。

四、国际结算的基本内容

国际结算包括以下三个方面的内容：

（一）国际结算支付工具

当前的国际贸易货款结算，除了部分小额支付用现金外，基本上是采用票据进行结算的。因此，票据的运作规律、行为、法律、要式及种类等是国际结算研究的第一个对象。票据在交易双方结算中起着流通手段和支付手段的作用。其中，远期票据还能发挥信用工具的作用。票据的广泛应用大大提高了国际结算的效率和安全性。

(二) 国际结算中的单据

商品单据化、单据商品化是当代国际贸易基本运作的要求。在国际贸易结算中，单据具有举足轻重的作用，也是国际结算研究的第二个对象。例如，在以跟单信用证结算货款时，出口商提交的单据合格与否，成为其能否收回货款的决定性因素。单据包括商业发票、运输单据、保险单据等，也包括进口商根据进口国的规定、货物性质或其他需要而要求出口商特别提供的附属单据，如海关发票、产地证书、卫生检疫证明等。

(三) 国际结算方式

国际结算方式是按照一定条件、采取一定形式、使用相应的信用工具实现国际货币收付的方式。研究国际结算方式的产生、发展、应用以及创新是国际结算研究的第三个对象。

国际贸易与非贸易往来的债权债务需要通过一定的方式进行结算。按照资金流向与结算工具传送方向是否一致，国际结算方式可分为顺汇和逆汇两大类别。

(1) 顺汇：由债务人或付款人主动将款项交给银行，委托银行使用某种结算工具，支付一定金额给国外债权人或收款人的结算方法。各种汇款如信汇、电汇和票汇均属于顺汇。

(2) 逆汇：由债权人以出具票据的方式，委托银行向国外债务人收取一定金额的结算方式。托收、信用证业务均属此类。

按结算工具和使用方法划分，国际结算可分为汇款、托收、信用证，这是最常用的分类方法。

按信用工具的性质划分，分为商业信用结算和银行信用结算，前者即由出口商和进口商相互提供信用，包括汇款和托收；后者即由银行提供信用来进行债权债务的清偿，包括信用证、银行保函、信用卡等。在上述结算方式中，国际贸易最普遍使用的是信用证结算方式。

五、国际结算必须遵循的相关国际结算惯例

国际惯例是指在长期的国际交往实践中约定俗成的，为国际社会公认的国际交往行为的惯常模式、规则、原则等，对当事人之间的关系、权利和义务有明确的规范，是国际社交、国际经贸、国际军事活动、国际文化交流等惯例的总称。

国际惯例多由国际性的商业组织或团体加以归纳整理而成文，对各种术语、条款的定义及解释明确、规范，内容较为稳定，为各国普遍愿意承认和采纳，具有世界通用性。如《国际贸易术语解释通则》、《跟单信用证统一惯例》等。

(一) 国际结算惯例的制定机构——国际商会

国际贸易与结算惯例大多是由国际性的商业组织或团体来组织编纂和负责解释的。国际商会 (International Chamber of Commerce, ICC) 是其中最为重要的机构之一。国际商会由美国商会发起，是世界上重要的民间经贸组织。

国际商会目前在 83 个国家设有国家委员会，拥有来自 140 个国家的 8000 家会员公司和会员协会。这些会员多是各国和各地区从事国际经贸活动的中坚企业和组织。1994 年 11 月 18 日，国际商会在巴黎召开第 168 届理事会，正式接纳中国为会员国。1995 年 1 月 1 日由中国国际贸易促进委员会牵头组建的中国国际商会（ICCChina）正式成立。

（二）《跟单信用证统一惯例》（UCP600）的新特征

《UCP600》于 2006 年 10 月 25 日颁布，正式实施时间是 2007 年 7 月 1 日，共有 39 个条款，与 1933 年颁布、实施的《UCP500》相比，减少了 10 条，但整体而言却具有比《UCP500》的规定更准确、条理更清晰、内容更易懂、文字更缜密、过程更易掌握、方法更易操作等特征。《UCP600》将一个环节涉及的问题归集在一个条款中，将 L/C 业务涉及的各方及其重要行为进行了定义，如第 2 条的 14 个定义和第 3 条对具体行为的解释。和《UCP500》相比，《UCP600》具有如下新特征和新变化：

（1）《UCP600》运用了简洁易懂的语言，使条款的内容清晰明快。它取消了《UCP500》中易造成误解的条款，如"合理关注"、"合理时间"及"在其表面"等短语。

（2）《UCP600》更换了一些条款定义，使之更符合实际情况。如对审单做出单证是否相符决定的天数，由"合理时间"变为"最多为收单翌日起第 5 个工作日"。又如"信用证"，它仅强调其本质是"开证行一项不可撤销的明确承诺，即兑付相符的交单"。再如开证行和保兑行对于指定行的偿付责任，强调是独立于其对受益人的承诺的。

（3）《UCP600》撤销了《UCP500》中无实际意义的条款，使内容更紧凑。如"可撤销信用证"、"风帆动力批注"、"货运代理提单"及《UCP500》第 5 条的"信用证完整明确要求"及第 12 条有关"不完整不清楚指示"的内容也从《UCP600》中消失。

（4）《UCP600》增加了新词语，使业务行为的界定更清楚准确。如兑付（Honor）定义了开证行、保兑行、指定行在信用证项下，除议付行以外的一切与支付相关的行为；议付（Negotiation），强调是对单据（汇票）的买入行为，明确可以垫付或同意支付给受益人，按照这个定义，远期议付信用证就是合理的。

（5）《UCP600》使贸易结算实务的操作更加方便。《UCP600》中有些特别重要的改动。如拒付后的单据处理，增加了"拒付后，如果开证行收到申请人放弃不符点的通知，则可以释放单据"；增加了拒付后单据处理的选择项，包括持单候示、已退单、按预先指示行事。这样就便利了受益人和申请人及相关银行操作。又如转让信用证，《UCP600》强调第二受益人的交单必须经转让行。但当第二受益人提交的单据与转让后的信用证一致，而第一受益人换单导致单据与原证出现不符时，又在第一次要求时不能做出修改的，转让行有权直接将第二受益人提交的单据寄给开证行。这项规定保护了正当发货制单的第二受益人的利益。再如单据在途中遗失，《UCP600》强调只要单证相符，即只要指定行确定单证相符，并已向开证行或保兑行寄单，不管指定行是兑付还是议付，开证行及保兑行均对丢失的单据负责。这些条款的规定，都大大便利了国际贸易及结算的顺利运行。

第二节 国际结算中的往来银行

在国际结算业务中所有的收付行为都要通过银行间的清算才能完成，办理国际结算的基本条件是要有一个国际性的银行网络。银行网络越广泛，办理国际结算的范围就越大，资金清算就越方便，所以建立银行间往来是办理国际结算必不可少的前提条件。

在实际业务中，是由一家银行从付款人处收到款项，然后通过该银行海外分支机构和代理行的合作来完成。银行在国际结算中为进出口商提供服务乃至资金融通，增加了进出口商在交易中的安全感，并且有利于资金的周转，使国际贸易量大大增加，进一步推动国际贸易的顺利发展。

根据与本行的关系可以将往来银行分为联行和代理行。

一、联行

联行是指一家商业银行内部的总行、分行及支行之间的关系，既包括分行、支行之间的横向关系，也包括总行与下属分行、支行之间的纵向关系，其中分行之间的关系是联行的主体。根据设立地点不同，联行可分为国内联行和海外联行，国际结算中所涉及的都是海外联行。设立海外联行的目的主要是为了开拓海外市场，方便国际结算，扩大银行业务范围，更好地促进国际贸易发展。

（一）分行

设在国外的分行是总行的经营性机构。无论是在法律上，还是在业务上，它都是总行的有机组成部分，不是独立的法律实体，没有独立的法人地位，它不但受其所在国家的金融管理法令和条例约束，也受其营业所在地的管理法令和条例的约束。它的资金来源由其总行提供，盈亏由总行承担，主要部门负责人也由总行委派。

分行下设的营业机构即支行，它直接属分行管辖，规模比分行小一些，层次比分行低一些。

（二）子银行

它是按东道国法律注册的一家独立的经营实体。其资本全部或大部分属于其母银行，母银行对它有控制权。子银行的经营范围很广，可从事东道国国内银行所能经营的全部业务；在某些情况下，还能经营东道国银行不能经营的业务，如证券、投资、保险业务等。

（三）代表处

它是总行在国外开设的，并代表该银行的办事机构。代表处本身不经营业务，仅为其总行提供当地的各项信息。

在办理结算和外汇业务时，联行是最优选择，因为联行与本行是一个不可分割的整体，利益共享且风险共担。

二、代理行

代理行是指接受其他国家或地区的银行委托，代办国际结算业务或提供其他服务，并建立相互代理业务关系的银行。我们把与我国内地银行建立了业务关系的港澳地区及外国银行，或不同系统的我国内地银行在中国港澳地区及国外的分支机构称为代理行。但是在实际业务中，我们所说的代理行通常为中国港澳及外国银行。代理行又分为一般代理行和账户代理行。

（一）一般代理行

代理行之间关系一般由双方的总行直接建立，分、支行一般不能独立对外建立代理关系。选择一般代理行应从三方面考虑：一是选择合适的国家和地区，在业务往来较多的国家和地区建立；二是选择国际性大银行，其资金实力雄厚、信誉好、风险低；三是选择对我国友好的银行。

银行建立一般代理关系的步骤如下：

首先，要签协议（即双方的合同）。代理协议的主要内容有：双方银行名称、地址、相互代理业务范围、各自的责任、协议生效日期、代理期限、使用分支行等内容。

其次，交换控制文件。为确保业务安全、顺利完成，双方银行在签订代理协议后，还必须交换控制文件。控制文件（安全措施）分三个方面：①签字式样，即印鉴，是银行有权签字人的签字式样。银行之间的信函、凭证、票据等，经有权签字人签名（手写的字，不易模仿）后，寄至收件银行，由收件银行将签名与所留印鉴进行核对，如果相符，即可确认是真实的。代理行印鉴由总行互换。②密押。银行之间传递业务信息，主要是通过电报或电传进行的，为了确保该份文件是来自对方银行，银行之间互相交换了类似密电码之类的东西，发报银行在每一份电文前列加上一行从密码本算出来的数字和字母（就是所谓的密押），收报银行用密码本对"密押"进行核对，确保无误后才作业务处理。近十多年以来，国际银行间已普遍使用 SWIFT 系统（可称为"全球银行间的内部互联网"），传递的信息由计算机系统自动加密和核对，非常方便，但为了防止密押被破译，应当及时更换。③费率表，它是银行办理代理业务时收费的依据，一般由总行对外制定并公布。

一般代理行在双方订立代理协议并互换了控制文件后，即建立了代理关系。

（二）账户代理行

在国际经济交易中，不管双方当事人以何种支付方式进行结算，资金必须在银行之间调拨，这种银行之间的资金转移是通过银行账户进行的。

账户代理行是在建立了代理关系后，代理行之间单方或双方互相在对方银行开立了账户的银行，是为了解决双方在结算过程中的收付而建立的特殊关系，账户代理行间可直接进行资金转账。

选择账户代理行的原则是在选择一般代理行的前提下，选择与之业务往来密切，资信可靠，经营作风正派，服务好，条件优惠的代理行做账户行；账户币种的选择方面，以可自由兑换的国际通用货币为主。

一般而言，建立往来账户有两种形式：一是单方开立账户，即一方在对方银行开立对方货币或第三国货币账户。如一家银行在外国代理行开立账户则被称为存放国外同业，在我国称之为往账。如外国银行在本行开立的账户称为国外同业存款，我国亦称来账。二是双方银行相互在对方国家开立对方国家货币账户。如中国银行在美国花旗银行开立美元账户，花旗银行在中国银行开立人民币账户。有往来账户关系的银行称为账户行。

三、国际结算中往来银行机构的选择次序

由上可见，可以经营和办理国际结算业务的海外银行机构有许多种。在实际工作中选择运用时，通常可以排定一个优先选择的顺序。

（一）银行间结算机构中的最佳选择——联行

联行与本行的关系是不可分割的整体，它与本行在同一体系内，熟悉了解彼此的组织流程，委托办理业务时可靠性高、服务质量好、风险低。

（二）代理行中的次佳选择——账户行

当某银行需要在没有联行的地区或国家开展国际结算业务时，选择代理行中的账户行就是一个合适的选择。通过彼此账务往来可以用最快的速度完成委托业务，且能安全、稳妥地进行收汇和付汇流程。

（三）代理行中最次选择——非账户行

在没有设立联行和账户行的少数地区开展业务时，只能委托有代理关系而无账户关系的银行——非账户行。这时，要通过第三家银行作为中间机构代为办理才能完成结算业务。

思考题：

1. 简述国际结算的含义与种类。
2. 简述代理行关系与账户行关系的联系与区别。
3. 当代国际结算方式有哪些？
4. 什么是代理行？银行间代理关系的建立一般需要哪几个程序？
5. 简述国际结算的性质与特点。

练习题：

一、名词解释

国际结算　国际惯例　国际贸易结算　国际非贸易结算

二、判断题

1. 由于在建立代理行关系之前，已对对方各方面情况做了全面深入的了解，因此，凡是代理行开来的信用证，我们都可以接受。　　　　　　　　　　（　　）

2. 选择账户行的要求比建立代理行关系的要求更高。　　　　　　　　（　　）

3. 坚持"世界上只有一个中国"的原则，我国内地与香港、澳门、台湾之间的货币收付结算不应属于国际结算的范畴，而只能按国内结算办理。　　　　（　　）

4. 代理行未必就是账户行。　　　　　　　　　　　　　　　　　　　（　　）

5. 账户行关系只能在代理行的基础上建立。　　　　　　　　　　　　（　　）

三、案例分析题

早先在意大利有一个商人 A，向在伦敦的商人 B 进口一些机织布匹，当时虽然已经有了汇票，但还没有跨国银行机构，所以他们之间的贸易必须由其直接结清彼此的债权债务。请你为他们设计一个得以顺利结算的方案（画出示意图），并指出该结算方案的前提条件。

推荐网络：

1. 汇通天下国际结算网 http：//www. sinobankers. com

2. 小叶手记——国际结算网 http：//www. intl. 51. net/phparticle/index. php

第二章 国际结算中的票据

【学习目的】

    通过本章教学，要求学生掌握票据、汇票、本票和支票的概念、特征和分类；理解票据流通的一般程序、票据流通过程中主要当事人的权责及汇票、本票和支票三种信用工具的性质、作用；熟悉汇票的必要项目，在正确理解汇票基本内容的基础上掌握缮制商业汇票的基本技能，为开立托收项下汇票和信用证项下汇票打下基础。

【案例导入】

    某市永固房地产有限责任公司从丽德贸易进出口公司购进 2000 吨水泥，总价款 50 万元。水泥运抵后，永固房地产有限责任公司为丽德贸易进出口公司签发一张以永固房地产有限责任公司为出票人和付款人、以丽德贸易进出口公司为收款人的三个月后到期的商业承兑汇票。

    一个月后，丽德贸易进出口公司从吉祥有限责任公司购进木材一批，总价款 45.5 万元。丽德贸易进出口公司就把永固房地产有限责任公司开的汇票背书转让给吉祥有限责任公司，余下的 4.5 万元用支票方式支付完毕后，永固房地产有限责任公司发现 2000 吨水泥中有一半质量不合格，双方发生纠纷。

    汇票到期时，吉祥有限责任公司把汇票提交永固房地产有限责任公司要求付款，永固房地产有限责任公司拒绝付款，理由是丽德贸易进出口公司供给的水泥不合格，不同意付款。结果，吉祥有限责任公司一纸诉讼将永固房地产有限责任公司告上法庭。法庭裁决的结果是根据票据行为的无因性特征，永固房地产有限责任公司的拒付行为违反法律规定，故判该公司立即付款。

    丽德贸易进出口公司与永固房地产有限责任公司之间的水泥购销关系是汇票的原因关系。汇票开出后，永固房地产有限责任公司就与票据持有人产生票据关系。原因关系与票据关系是相互分离的。永固房地产有限责任公司提出水泥质量不合格是原因关系有瑕疵。其拒绝付款就是用原因关系来对抗票据关系。现在汇票已被背书转让，持票人不再是原因关系的当事人，所以永固房地产有限责任公

> 司不得以水泥不合格为由来对抗吉祥有限责任公司，永固房地产有限责任公司必须付款。付款后票据关系消灭，原因关系不消灭，永固房地产有限责任公司仍可根据原因关系的瑕疵请求丽德贸易进出口公司赔偿损失。

在这个案例中可以看出，在国际结算中，掌握票据的相关知识必不可少。票据既是反映现代经济生活中债权债务关系的重要凭证，又是促进市场经济高速高效运行的信用工具、支付工具和资本流通手段。本章主要讲述票据的概念、特性、票据权利与义务、票据行为和汇票、本票、支票等内容。

第一节　票据概述

一、票据的概念

在封建社会时期，商品的交换有所发展，但由于生产力水平低下，社会分工不发达，商品交换还只是个别、局部现象。国际上由于商品输出输入而发生的贸易差额，主要采用现金结算和国家间输送贵金属的方法进行清算。黄金等贵金属在输送途中，不仅要支付巨额运费及占压资金，而且还要承担运输途中被窃等各种风险，随着社会的进步，国际贸易日益发展，非现金结算方式逐步取代现金结算。非现金结算（Noncash Settlement）是不直接使用现金，而是使用代替现金起到流通手段和支付手段作用的信用工具来结算国际间债权债务的一种方法。

票据是用来抵销国际间债权债务的信用工具，它有广义和狭义之分。广义的票据被称为资金单据或金融单据，即用来表明某人对不在其实际控制下的资金或物资所有权的书面凭证。如股票、债券、仓单、提单、保险单、汇票、本票、支票等。而人们经常将股票、债券等称为有价证券，把发票、提单、保险单等称为单据或商品单据。狭义的票据，根据我国票据法规定，是指由出票人签发，约定自己或命令他人在一定日期无条件支付确定金额的书面凭证。如约定由出票人自己付款的是本票，命令第三者付款的则是汇票或支票。

人们通常所说的票据（bill）是指狭义的票据，在本书中，所指的也是狭义的票据。其中，以汇票在国际结算中最为广泛，票据行为表现最完全，作用发挥最充分。

二、票据的特性

票据作为非现金结算工具，之所以能够代替货币现金起流通和支付作用，是因为票据具有如下特点：

（一）流通性

票据与其他有价证券不同，它可以依据背书在当事人之间随意流通，这一点仓单、提单、信用证等有价证券都无法实现。票据之所以会具有流通性是因为票据最早出现时就是要取代纸币起到通货的作用。纸币取代金属铸币是商品流通的一大进步，使商品交易的安全性和方便性大大提升，票据取代纸币是商品流通的又一大进步。央行难以针对不同的使用主体发行不同面额、不同版次的纸币。而票据就可以起到这个作用，可以说票据就是商人社会中的纸币。

票据的这种流通性体现在我国票据法第二十七条的规定中，即持票人可以将汇票权利转让给他人，或者将一定的汇票权利授予他人行使。从这一条我们可以看出票据法对票据的背书转让是没有限制的。同时，这一条规定也告诉我们，票据的流通是通过背书实现的。正是这种极大的流通性决定了票据的生命力，也决定了票据的一切特性。

票据的基本特性表现在：

（1）票据一旦设立就具有流通转让的功能，仅凭交付或经适当背书后交付给受让人即可完成合法转让手续。

（2）票据转让不必通知票据上的债务人，债务人不得以未接到转让通知为由而拒绝清偿。

（3）受让人获得票据后，就享有票据规定的全部法律权利，如追索权等。

（4）善意并付了对价而获得的票据，受让人权利不受其前手的权利缺陷的影响。

例如：乙从甲（汇票的收款人）那里偷来一张来人汇票，并将其转让给丙。丙为此付出了对价，同时未发现乙的行为有缺陷。甲不得以汇票被窃要求丙交出汇票，汇票上的付款人付款后也不能向丙讨还已付的票款。

（二）无因性

所谓票据的无因性是指持票人可以不明示其原因而主张享有证券上的权利，票据受让人无须调查出票、转让原因，只要票据记载合格，他就能取得票据文义载明的权利，即票据本身的权利与其基础关系相分离。所谓票据的基础关系，包括出票人与付款人之间的权利义务关系和出票人与收款人、背书人与被背书人之间的对价关系。各国票据法都认为，票据上的权利义务关系一经成立，即与原因关系相脱离。无论其原因关系是否有效、是否存在，都不影响票据的效力。在流通过程中，它只要具备法定的必要条件，票据的债务人就必须无条件付款。

票据的无因性是指，票据关系虽然需要基于一定的原因关系才能成立，但是票据关系一经成立，就与产生或转让票据的原因关系相分离，两者各自独立。票据具备票据法上的条件，票据权利就成立，至于票据行为赖以发生的原因关系是否存在和有效，在所不问。原因关系是否存在和有效，对票据关系不发生影响，票据债权人只要持有票据即可行使票据权利。票据债务人不得以原因关系无效为理由，对善意的持票人进行抗辩。

（三）要式性

票据的成立虽不究其当事人之间基本关系的原因，但却非常强调它的形式和内容。

所谓的要式性，主要指票据的做成必须符合规定，票据上所记载的必要项目必须齐全且符合规定，处理票据的行为如出票、背书、提示、承兑、追索等的方式、程序、手续也须符合法律规定，这样才能产生法律的效力。

（四）票据的设权性

票据发行的目的，主要不在于证明已经存在的权利与义务关系（一般债权债务关系），而是设定一种新的权利与义务关系（票据权利义务关系）。票据上的权利与义务关系在票据做成之前并不存在，它是在票据做成的同时而产生的。以票据代替现金充当支付手段，更加安全、方便、灵活。

（五）票据的可追索性

票据具有可追索性，可追索性是指票据的付款人或承兑人如果对合格票据拒绝承兑或拒绝付款，正当持票人为维护其票据权利，有权通过法定程序向所有票据债务人起诉、追索，要求得到票据权利。

（六）票据的提示性

持票人行使票据权利时，必须向票据债务人出示票据，否则，持票人的票据权利不可能实现。因此，出示票据是持票人行使票据权利所不可缺少的前提条件。

三、票据的作用

由于票据具备上述特性，故它能适应商品交易以及其支付上的需要，而且在经济活动中发挥了很大的作用。主要表现在以下三个方面：

（一）结算作用

国际贸易结算大多数以非现金结算方式进行，但办理非现金结算必须使用一定的支付工具，票据就是这样一种支付工具，可以用来结清国际间的债权债务。

（二）流通作用

票据是可以转让流通的信用工具。票据经过背书可以转让，受让人背书后还可再转让。而且背书的次数越多，该票据的付款担保性就越强。由于票据具有流通作用，因此大大减少了现金的使用，降低了流通费用，而且方便了债权的自由转让，扩大了流通手段。

（三）融资和信用作用

票据不是商品，它不包含社会劳动，本身没有价值，而是另建立在信用关系基础上的书面支付凭证。出票人在票据上立下了书面支付信用保证。付款人或者是承兑人许诺按照票面规定履行付款义务。假如在一宗商品交易中，双方约定交货后一个月付款，买方可向卖方开立个一个月期付款的本票，则买方一个月期付款的信用即用本票来代替。

阅读材料：美国独立战争以后，英国曾对美国施行了一定时期的贸易禁运，就像现在的美国对伊朗一样，但是由于血脉相通同时也是英国自身经济发展的需要，随后美英贸易恢复，到美国内战后，美国对英国出口达到了一个新的水平。据当时的统计，在英国销售纺织品的原料棉花有70%来自美国，美国作为产棉大国，棉花出口有着非常大的利润，而美国农产品出口占所有产品出口份额的83%。我们知道美国在内战前后，实行了大规模西部大开发的计划，在美国被称为西进运动，这场运动在内战前的主要推动者是土地投机主义者和大批的冒险家，而在内战后则扩大为包括奴隶在内的广大美国人，大规模的西进使美国农民拥有的土地大规模扩张，但美国的农民并没有钱经营这些迅速扩张到手的土地，同时由于信用低，当地的银行不同意提供贷款，同时美国农产品的种植又能大量获利，所以又刺激了大出口商和农民种植和收购棉花，那么美国人是如何解决这一矛盾的呢？为了缓解资金紧张的状况，由美国的大出口商开出期限为六个月或者九个月的汇票给种植农民当地的代理商，由代理商作为预订棉花的费用交给农民，这些汇票一般会有一定的利息，一般是6%~9%，也就是说开出日为1月1日，数额为100万美元、期限为九个月的汇票到10月1日时，出票人应向持票人支付的数额是106万美元，这样的话农民当然愿意接受这样的汇票，同时农民接受汇票后没有钱时就将这些汇票进行贴息承兑或者背书转让给有钱的人，从而获得现金进行生产，而银行或者有钱的人就赚取这部分利息，而大的出口商又不用直接支付现金，完全可以在将棉花卖出后再支付费用，这又避免了过大的资金需求。这实际上是依靠自己的信用来开展生产。这就是票据的信用功能，可以说没有票据的信用功能就没有现代的票据，现代票据的运行正是因为有了票据的信用功能。

四、票据法体系

票据法虽然具有国际化、统一化的趋势，但由于各国票据产生的历史不同，各国的实际情况也不同，因此从当今世界来看，各国票据法还存在着一定的差别。我们将世界各国较为接近的票据法进行归类，分成了三个不同的体系：

（一）法国票据法体系

法国票据法体系又称拉丁法系，是世界上最早形成的票据法体系，最早的立法可推及至1673年路易十四颁布的《商事条例》中相关的票据法规范，该票据法体系影响了西班牙、意大利、土耳其、拉丁美洲等国家，但由于该体系产生于资本主义发展早期，当时的国家经济并不发达，票据主要用来作为汇兑工具，该体系将票据关系与作为票据关系基础的原因关系紧密相连，不利于票据的流通，因此逐渐解体，1935年法国根据《日内瓦统一票据法》修改本国的票据法，至此法国票据法体系终结。

（二）德国票据法体系

德国票据法体系又称日耳曼法系，最早开始形成于1847年制定的《普通票据条例》，这是德国为统一各地方票据规则在普鲁士票据法的基础上制定出来的。德国票据法与法国票据法的不同之处在于德国当时的资本主义发展已经取得了长足的进展，德国票据法已经开始关注票据的信用功能和支付功能，而不把票据局限于作为汇兑工具来使用。因此在德国票据法中原因关系与票据获得了根本性的脱离，此后欧洲各国开始模仿德国票据法制定自己的票据法，形成了大陆法系比较一致的票据立法。在德国票据法体系中，由于认为支票不能起到票据的信用功能和流通功能也非常有限，与汇票和本票不同，因此他们将支票单独立法。并未规定在票据法体系中。

（三）英国票据法体系

英国票据法体系又称英美票据法体系，最早是以习惯法的形式存在，到1882年英国整理形成了英国票据法。英美票据法体系与德国票据法体系最大的不同在于它将支票和汇票、本票一起规定在票据法体系中而未单独立法。

英国在对银行长期实践经验总结的基础上，于1882年颁布实施了《票据法》（Bills of Exchange Act），它对汇票和本票作了法律规定，并将支票作为汇票的一种。1909年、1914年和1917年英国政府先后三次修订了该法，现在仍适用该法。1957年英国政府另行制定了《支票法》（Cheques Act），作为《票据法》的补充。英国《票据法》实施至今已经一百多年，但其中绝大多数条款长期有效不变，其适用性很强。本章有关票据实务内容较多地引用英国《票据法》的规定。美国借鉴英国《票据法》，于1952年制定了《统一商法典》（Uniform Commercial Code）。目前，英国、美国、爱尔兰、加拿大、澳大利亚、印度等国家和地区均采用或借鉴了英国的《票据法》。

比较三种票据法体系，我们得出结论，法国票据法体系和德国票据法体系虽然在形式上大体相同，但是却存在着实质的不同，属于古票据法体系和现代票据法体系的区别；而德国票据法体系与英美票据法体系虽然在形式上存在着不同，但是在实质上却没有很大的区别，属于现代票据法体系之间的细微不同。

五、国际票据法的统一

由上面的讲述我们可以看出，现代各国的票据法虽然在形式上有所不同，但在实质上基本一致，这是因为在近代社会，各国经济交往密切，票据往来频繁，实质上不一的票据法体系必然造成交易成本的增加、缔约机会的减少，商人在商务交往中会自然而然地形成一定的交易惯例，这些交易惯例往往在国际上是一致的，法律也会向这些一致的交易惯例靠近，可以说在现代社会，与国际经济、政治活动越接近的法律，国际统一性就越高。

为了统一国际票据法，让国际交易更为顺畅，国际法学会等组织进行了种种努力，先后经历了海牙统一票据法、日内瓦统一票据法和联合国统一票据法三个发展阶段。

（一）海牙统一票据法

1910年经德国、意大利两国提议由荷兰政府主持，在海牙召开了第一次国际统一票据法会议，31个国家与会，在这次会议上通过了一系列的公约和规则，这些公约和规则被称为海牙统一票据法。海牙会议结束后由于英美等四国未在公约上签字，公约签订后，还未等到各国批准手续完成，第一次世界大战爆发，海牙统一票据法遂告中止。

（二）日内瓦统一票据法

1920年"一战"后的国际联盟开始考虑着手从事国际票据法的统一工作，到1930

年在日内瓦召开了统一票据法国际会议，31 个国家与会，在这次会议上形成了关于汇票、本票的三个公约，1931 年又召开了第二次会议，37 个国家与会并在会议上签署了关于支票的三个公约，以这两次会议上的六个公约为核心，形成了日内瓦统一票据法体系。英美两国仍未签署其中的一些主要公约，于是此公约签署后世界上形成了两个独立的票据法体系，即日内瓦统一票据法体系和英美票据法体系。

（三）联合国统一票据法

1972 年，联合国决定着手从事国际票据法统一工作，目前形成了一个公约，但该公约并未调和英美票据法体系与日内瓦统一票据法体系，只是对某些实际问题提出了解决方案，因此可以说至今仍未有一个完全统一完整的国际票据法体系存在。

六、我国票据法的发展

我国历史上首部票据法是在 1929 年出台的，该票据法施行至 1949 年中华人民共和国成立，在 1949 年开始到 20 世纪 80 年代的 30 多年里，我国国内取消了汇票和本票，只允许使用支票。从 1983 年中国人民银行制定了《票汇结算办法》开始，至 1988 年《银行结算办法》出台，新中国才逐渐形成了自己的票据制度，至 1995 年我国终于有了自己的票据法，应该说我国的票据法与英美票据法体系和德国票据法体系均有不同，是比较独特的票据法，这是因为我国的经济发展刚刚进入"快车道"，票据的运用刚刚兴起，许多制度和我国的金融系统一样，正在建设中，还没有完全达到现代化，这也是正常的。

为了不因不同票据法阻碍票据的跨国流通和使用，国际上通行票据的行为地法律原则，即票据的完善与否以出票地的国家法律为准，如汇票、本票、支票出票时的记载事项，票据追索权的行使期限等，其他票据行为的正确有效与否以该行为发生地点所在国的法律为准。

第二节 汇 票

一、汇票的定义

根据英国《票据法》规定，汇票是一人向另一人签发的，要求他在即期或定期或可以确定的将来时间向某人或某指定人或执票来人无条件支付一定金额的书面命令。英国《票据法》的汇票定义为世界各国所普遍引用和参照。

我国《票据法》对汇票所下的定义是："汇票是出票人签发的，委托付款人在见票时或者在指定日期无条件支付确定的金额给收款人或持票人的票据。"

　　汇票最能反映票据的性质、特征和规律，最能集中体现票据所具有的信用、支付和融资等各种经济特征，因此，它是票据的典型代表。

二、汇票的必要项目

　　汇票是一种要式凭证，在形式上注重应具备必要项目。一张汇票是否具有法律效力，要看该汇票上的必要项目是否齐全和合格。

（一）"汇票"字样的注明

　　汇票上必须注明"汇票"（Bill of Exchange，Exchange 或 Draft）字样的目的在于与其他支付工具如本票、支票等加以区分，以免混淆。《日内瓦统一法》和我国《票据法》都将票据的种类名称规定作为票据的必要项目，而英国《票据法》则无此要求。

　　汇票式样如图 2-1 所示。

BILL OF EXCHANGE

No. _____   Beijing _____

Exchange for _____

At Sight of this FIRST of Exchange（Second being unpaid）

Pay to the Order of BANK OF CHINA

the sum of _____

Drawn under _____

L/C No. _____

Dated _____

To _____

For _____

图 2-1　汇票式样

（二）无条件支付命令

　　（1）汇票是一项支付命令，而不是付款请求。必须用祈使句，而不能用表示请求的虚拟句。例如：

　　1）Pay to A Company or order the sum of three thousand dollars only. —— 有效汇票

　　2）I should be pleased if you pay to the order of B Company the sum of three thousand dollars only. ——无效汇票

　　（2）出票人要求受票人的付款必须是无条件的，付款人的支付不能以收款人履行某项行为或事件为前提条件。例如：

　　Pay to C Company or order the sum of three thousand dollars only providing the goods supplied are in compliance with the contract. ——无效汇票

　　但在汇票上加注出票条款（Drawn Clause），表明汇票起源交易是允许的，这种做法在信用证业务中颇为常见，并不构成支付的前提条件。

（三）一定金额的货币

（1）以确定的货币表示（a sum certain in money）。票据的权利必须以金钱表示，且汇票金额必须写确切的数额。任何选择的或者浮动的记载或未定的记载，都使汇票无效。例如：

1）USD1000 or USD 2000；

2）between USD1000 and USD2000；

3）about USD1000.

（2）大写（Amount in Word）和小写（Amount in Figure）。汇票金额同时以大小写表示，一般地说，"Exchange for"后面填小写金额，"the sum of"后面填大写金额。我国《票据法》规定，票据金额大小写必须一致，否则银行以退票处理。《日内瓦统一法》和英国《票据法》都规定票据大小写金额不一致时，以大写为准。

（3）利息条款（with Interest）。汇票上注明按一定的利率加付利息，这是允许的。但利息条款必须注明利率、起算日和终止日。例如：

Pay to A Company or order the sum of five thousand pounds plus interest calculated at the rate of 6% per annum from the date hereof to the date of payment. ——有效汇票

英国《票据法》规定，有利息条款而未规定利率的汇票无效。而《日内瓦统一法》和我国《票据法》都规定，该利息条款无效，但汇票本身有效。

（4）分期付款（by Stated Installment）。分期付款的条款必须具体、可操作。例如：

At 60 days after date pay to the order of B Company the sum of five thousand pounds by 5 equal consecutive monthly installments. ——有效汇票

另外，英国《票据法》规定允许分期付款，《日内瓦统一法》规定不允许分期付款。

（5）支付等值其他货币（Pay the other Currency According to an Indicated Rate of Exchange），是指按一定的或可以确定的汇率折算后付款。

（四）付款人名称和付款地点

付款人是接受命令的人，也叫受票人（Drawee）。受票人只有对汇票作出承兑或付款，才能成为承兑人或付款人。汇票上记载的付款人应有一定的确定性，以使持票人能够找到且不至于弄错。付款人地址并非必要项目，但为了便于提示，在实务上应写明地址。值得注意的是，当受票人承兑后，可以变更付款地点。

（五）出票人签名

汇票上要有出票人签名，以确认出票人对汇票的债务责任。我国《票据法》规定票据上的签字为签名或盖章，或签名加盖章，而英国《票据法》规定必须手签。目前，按照国际惯例，涉外票据应采用手签方式。如果出票人是代理其委托人（公司、银行等）签字，则应在委托人名称前面加注"for"、"on behalf of"、"for and on behalf of"等字样，并在个人签字后注明职务名称。如果汇票上没有出票人签字、伪造签字或代签名的人并未得到授权，则这样的汇票不具备法律效力。

（六）出票的日期和地点

出票日期的法律意义在于：

（1）决定汇票的有效期。其起算日为出票日期。

（2）决定汇票的到期日。对于出票后若干天（月）付款的汇票，付款到期日的确定就取决于出票日。

（3）决定出票人的行为能力。如出票时法人已宣告破产清理，表明他丧失了行为能力，则票据不能成立。

（4）决定利息的起算日。出票日为起息日，付款日为到期日。

汇票上应注明出票地点。出票地点一般应写在汇票的右上方，常与出票日期连在一起。据《日内瓦统一法》规定，若汇票上未载明地点，则以出票人姓名旁边的地点为出票地点。出票地点关系到汇票的法律适用问题，因为票据是否成立是以出票地法律来衡量的。如汇票在一国出票，在另一国付款时，便以出票国的法律为依据，来判断汇票所具备的必要项目是否齐全，从而确定该汇票是否有效。

（七）付款期限

付款期限是付款人履行付款义务的日期，汇票上应当记载付款期限。但如果没有记载，则被视为见票即付，这一点在很多国家都适用。付款期限一般分四种情况：

（1）见票即付（at Sight，on Demand，on Presentation），即持票人提示汇票的当天为付款日。这种汇票无须承兑。其有关文句如图2-2所示：

Exchange for USD1000.00   London 20 April, 2005

At sight pay to ourselves or order the sum of US dollars one thousand only

---

图2-2 见票即付文句

（2）定日付款（on a Fixed Future Date），即在汇票中具体指明付款的年月日。这种汇票必须提示承兑，以明确受票人的付款责任。其有关文句如图2-3所示：

Exchange for USD1000.00   London 20 April, 2005

On 30 June, 2005 fixed pay to ourselves or order the sum of US dollars one thousand only

---

图2-3 定日付款文句

（3）出票日后定期付款（at a Fixed Period after Date）。即从出票日起算，在出票日后的一定期间内付款。这种汇票必须提示承兑。其有关文句如图2-4所示：

Exchange for USD1000.00   London 20 April, 2005

At 20 days after date pay to ourselves or order the sum of US dollars one thousand only

---

图2-4 出票日后定期付款文句

（4）见票后定期付款（After Sight）。这种汇票须由持票人向受票人提示要求承兑并从承兑日起算确定的付款到期日。其有关文句如图 2-5 所示：

Exchange for USD1000.00　　　　　　　　　　　　London 20 April, 2005

At 1 month after sight pay to ourselves or order the sum of US dollars one thousand only

图 2-5　见票后定期付款文句

到期日的计算应当遵循以下原则：

（1）对于见票后或出票后某一日期付款的汇票采取"算尾不算头"的方法，也就是说不包括见票日或出票日，但必须包括付款日。

（2）星期六、星期日及法定的节假日均被解释为非营业日。当汇票到期日为这些日子时，则应顺延到下一个营业日。

（3）汇票规定出票日或见票日一个月或数个月付款时，其到期日是在应该付款的那个月的相应日期，避免了一个月是 30 天或 31 天的计算。若没有相应日期，则以该月最后一天为到期日。

（八）收款人名称

收款人也叫抬头人，是汇票出票时记载的债权人。汇票收款人一般有三种写法，这些种类直接影响汇票是否可以以及用什么方式转让。

（1）限制性抬头（Restrictive Order）。限制性抬头的汇票不得转让他人，票据的债务人只对记明的收款人负责。实务中有以下三种做法：①pay to John Brown only；②pay to John Brown not transferable；③抬头作"pay to John Brown"，但在票据其他地方有"not transferable"的字样。

（2）指示性抬头（Demonstrative Order）。这类抬头的汇票可通过背书或交付的方式转让，在实务中较多见，有三种写法：① pay to the order of ABC Co.；② pay to ABC Co. or order；③ pay to ABC Co.

（3）来人抬头（Payable to Bearer）。该汇票无须背书，持票人凭交付即可转让汇票的权利。例如"pay to bearer/holder"。这种汇票是认票不认人，因此在商业法规不完善、治安不好的地方要少用。

三、汇票的其他记载项目

（一）"付一不付二"与"付二不付一"

出口商通过银行向进口商收款时开出的是一式两份的成套汇票。两张汇票内容完全相同，且具有同等的法律效力。两张汇票分不同航班邮寄，先到的那张起作用，后到的就自动失效。所以在第一张上印有"同样金额、期限的第二张不付款"，第二张印有"同样金额、期限的第一张不付款"。即"付一不付二"或"付二不付一"。

（二）预备付款人

汇票上可记载一付款当地的第三人为预备付款人。在付款人拒绝承兑或拒绝付款时，持票人就可以向该预备付款人请求参加承兑或参加付款。预备付款人参加承兑后，就成为票据债务人，要负责到期付款。记载预备付款人的做法，增强了票据的信用，从而也保全了出票人的信用。

（三）担当付款行

在当今买方市场下，为了进口商方便，出票人（出口商）可根据与付款人（进口商）的约定，出票时载明付款人的开户银行作为担当付款行。如：

A bill drawn on ABC Co., London

Payable by Bank of DEF, London

担当付款行只是推定的受委托付款人，不是票据的债务人，对票据不承担任何责任。持票人可先向付款人提示要求承兑，到期日再向担当付款行提示要求付款，担当付款行支付票款后借记付款人账户。若出票人未载明，付款人承兑时可加上。

（四）利息与利率

汇票上可以记载利息条款，但应载明起息日或收取利息的期限，还可以记载适用的利率，以便计算。

（五）用其他货币付款

汇票可以注明用其他货币付款，并注明汇率，但这种记载不得与当地法律相抵触。

（六）提示期限

（七）提示期限的规定，要在汇票有效期内

（八）免做退票通知、放弃拒绝证书

这是出票人或背书人在他签名旁记载放弃对持票人的某种要求。一方面，表明他的充分信任；另一方面，不做退票通知、放弃拒绝证书可节省一定的制作费用，同时持票人仍可向他追索，他对汇票还是负责的。

（九）免予追索

如票据上记载"without recourse"字样，根据英国《票据法》，出票人和背书人可用此文句来免除在票据被拒绝承兑或被拒绝付款时受追索的责任。但这种汇票很难被接受。

四、汇票的当事人及其责任

（一）基本当事人

出票人、受票人和收款人是汇票的必要当事人，也是汇票尚未进入流通领域之前的基本当事人。

（1）出票人（Drawer）。出票人是开出并交付汇票的人。从法律上看，汇票一经签发，出票人就负有担保承兑和担保付款的责任，直到汇票完成它的任务。如果出票人因汇票遭拒付而被追索时，应对持票人承担偿还票款的责任。

（2）受票人（Drawee）。受票人是按汇票上记载的接受别人的汇票且要对汇票付款的人，他是接受付款命令的人（Addressee），在实际支付了款项后也称为付款人（Payer）。受票人可承兑，也可拒付，不是必然的债务人，也不必然承担付款责任。

（3）收款人（Payee）。收款人是收取票款之人，即汇票的受益人，也是第一持票人，是汇票的主债权人，可向付款人或出票人索取款项。由于汇票是一项债权凭证，他也可将汇票背书转让给他人。

（二）其他当事人

（1）背书人（Endorser）。背书人是收款人或持票人在汇票背面签字，将汇票交付给另一人，表明将汇票上的权利转让的人。一切合法持有票据的人均可以成为背书人，并可以连续地进行背书转让。背书人就成为其被背书人和随后的汇票权利被转让者的前手，而被背书人就是背书人和其他更早的汇票权利转让者的后手。经过背书，收款人或持票人变成背书人，从债权人变成债务人。

（2）被背书人（Endorsee）。即接受背书的人，他是汇票的债权人。最后的被背书人是持票人（holder），他拥有向付款人和前手背书人直至出票人要求付款的权利。

（3）承兑人（Acceptor）。受票人同意接受出票人的命令并在汇票正面签字，就成为承兑人。票据一经承兑，出票人退居从债务人的地位，而由承兑人成为主债务人。承兑人必须保证付款，而不能以出票人不存在、出票人的签字伪造或出票人没有签发票据的能力或授权等借口拒付。

（4）保证人（Guarantor）。保证人是一个第三者对于出票人、背书人、承兑人做保证行为的人，保证人与被保证人负担相同责任。

（5）持票人（Holder）。指收款人或被背书人或来人，是目前正在持有汇票的人。他是票据权利的主体，享有付款请求权、追索权和票据转让权。

（6）付过对价持票人（Holder for Value）。所谓对价是指一方所得收益相当于对方同等收益的交换，付过对价持票人是指在取得汇票时付出一定代价的人。不论持票人自己是否付了对价，只要其前手付过对价，他就是付过对价持票人。

（7）正当持票人（Holder in due Course）。正当持票人是指经过转让而持有汇票的人。根据英国《票据法》的规定，持票人必须符合以下条件才能成为正当持票人：①持有的汇票票面完整正常，前手背书真实，且未过期；②持票人对于持有的汇票是否曾被退票不知情；③持票人善意地付过对价而取得汇票；④接受转让时，未发现前手对汇票的权利有任何的缺陷。

正当持票人的权利优于其前手，不受前手权利缺陷的影响，且不受汇票当事人之间债务纠葛的影响，能够获得十足的票据金额。

五、票据行为

票据行为也称为票据的处理手续，是围绕票据所发生的各种行为。票据行为有狭义和广义之分。狭义的票据行为是以承担票据文义所载明的债务为目的所做的必要形式的法律行为，这类行为包括出票、背书、承兑、参加承兑和保证等。其中，出票是主票据行为，其他行为都是以出票所设立的票据为基础的，因此称为附属票据行为。广义的票据行为还包括提示、付款、参加付款等。

（一）出票（Issue）

1. 出票的概念

出票是指出票人签发汇票并将其交付给收款人的票据行为。出票行为是各项票据行为的开端，是基本的票据行为，离开它就不可能有汇票的其他行为。

2. 出票的动作

一个有效的出票行为包括两个动作：① 制成汇票并签字（to Draw a Draft and to Sign it）；②将制成的汇票交付给收款人（to Deliver the Draft to Payee）。这两个动作缺一不可。

3. 出票的效力

（1）对于出票人。对出票人而言，其出票签字就意味着他是该汇票的主债务人，他对汇票债务的责任有两个方面，即担保承兑和担保付款。如果汇票不获承兑或不获付款，他就自己来承担债务——受持票人的追索。

（2）对于持票人。出票人一出票，持票人便取得了票据上的一切权利，包括付款请求权和遇退票时的追索权。倘若付款人拒绝承兑或拒绝付款时，持票人即可做成拒绝证书，向出票人追索票据。这时，出票人就得自行清偿债务。

（3）对于付款人。付款人因为没有在汇票上签过字，对汇票的债务就没有责任。他可以根据票据提示时他与出票人的资金关系来决定是否付款。对于远期汇票的付款人来说，出票使他取得了可承兑票据的权利。

（二）背书（Endorsement）

1. 背书的概念

背书是指持票人在汇票的背面签名和记载有关事项，并把汇票交付被背书人的行为。背书的动作有两步：写成背书和交付。经过背书，汇票的权利由背书人转给被背书人。

2. 背书的种类

以背书目的为标准，背书可以分为转让背书和非转让背书。转让背书是以转让票据权利为目的的背书，通常背书都属于这一类。具体又有特别背书、空白背书、有条件背书和限制性背书四种。

（1）特别背书（Special Endorsement），又称为记名背书或正式背书，它是指记载了背书人和被背书人双方名称的背书，这是最正规的一种转让背书。如：在汇票背面写明"Pay to the order of X Co."。

（2）空白背书（Blank Endorsement），是指背书人不记载被背书人的名称，仅自己签章的背书。空白背书的汇票凭交付而转让，交付者可不负背书人的责任。空白背书汇票的持票人也可以将空白背书转变为记名背书。

（3）有条件背书（Conditional Endorsement），是指背书人在汇票背面加注诸如免做拒绝证书、免做拒付通知或其他条件的背书。但我国法律规定，背书不得附加条件，所附条件不具有法律效力。

（4）限制性背书（Restrictive Endorsement），即背书人在做成背书时，在票据上写明限定转让给某人或禁止新的背书字样的背书。如：在汇票背面写明"Pay to Y Co. only"。

非转让背书是不以转让票据权利为目的的背书。托收背书（Endorsement for Collection）就是一种。它是持票人以委托收款为目的而做成的背书，实践中也被称为代理背书。这种背书的背书人就是将代理权授予他人，被背书人就是代理人，背书人就是被代理人。如"Pay to Bank of China only for collection"。

3. 背书应记载事项

对于转让背书，应记载的事项包括：①背书人签章；②被背书人名称；③背书的日期。记载背书日期，可以使票据关系当事人辨别背书的时间顺序以判断背书是否连续，以及背书人在背书时是否具有行为能力。根据票据法，背书未记载日期的，视为在汇票到期日前背书。对于非转让背书，除了上述三项外，托收背书还应记载"委托收款"字样。

4. 背书的效力

（1）明确了前后手的关系。在付款人拒付时，后手可以依次向自己的前手行使追索权。

（2）明确了背书人的责任。背书人在背书后必须保证被背书人能得到全部的票据权利，担保汇票能及时承兑与付款，并对后手保证前手签名的真实性和票据的有效性。

（3）确立了被背书人的债权人地位。被背书人接受票据后即成为持票人，获得了票据上的全部权利，享有相当于收款人的付款请求权和追索权，从而成为债权人。对被背书人而言，前手越多，即已在票据上签字的人越多，他的债权担保人就越多，对他来说就越安全。

（三）提示（Presentation）

持票人将汇票提交付款人要求承兑或要求付款的行为叫作提示。票据只是一种权利凭证，而要实施这种权利，就必须向债务人提示票据。即期汇票只需提示一次，即做付款提示；远期汇票有两次提示，即第一次做承兑提示，第二次是汇票到期时做付款提示。提示就是行使票据权利，无论是承兑提示还是付款提示，只有符合以下规定，持票人才能取得票据权利。

对于即期汇票，持票人如果要出票人对汇票负责，应在出票后的规定时效或合理时间内向付款人提示；如果要背书人对汇票负责，应在背书后的规定时效或合理时间内向付款人提示。对于远期汇票，应在到期日提示。

（1）在规定地点提示。提示地点应该是汇票上的付款地点或付款人或承兑人的营业地址或居住地址。汇票上的付款人如有多人，应向所有的付款人提示。

（2）在规定时效或合理时间内提示。对于即期汇票，持票人如果要出票人对汇票负责，应在出票后的规定时效或合理时间内向付款人提示；如果要背书人对汇票负责，应在背书后的规定时效或合理时间内向付款人提示。对于远期汇票，应在到期日提示。

（四）承兑（Acceptance）

承兑是指远期汇票的付款人明确表示同意按出票人的指示，于票据到期日付款给持票人的行为。承兑也包括两个动作：写成"承兑"字样外加签字；交付。

1. 承兑应记载的事项

①"承兑（accepted）"字样；②付款人签章；③付款日期；④承兑日期。

2. 承兑的效力

承兑对付款人来说就是承诺了付款责任，承兑人一旦签字就不得以任何理由来否认汇票的效力。汇票承兑以后，付款人成为处于汇票主债务人地位的承兑人，而出票人则从主债务人的地位转变为从债务人。假如到期时承兑人拒付，持票人可以直接对承兑人起诉。承兑对持票人来说，因为付款人做了付款承诺，他的债权就比较确定。

3. 承兑的种类

（1）一般承兑（General Acceptance）。它是指承兑人无条件地接受出票人的指示，无保留地同意到期付款。一般承兑有以下几种式样：①John Smith June 30, 2000；②Accepted John Smith August 20, 2002；③Accepted, payable at Z Bank, New York, John Smith October 10, 2003。

（2）保留承兑（Qualified Acceptance）。它是承兑人在承兑时，对汇票的到期付款加上某些保留条件，从而改变出票人所期望达到的目的和票面上的记载。保留承兑对持票人的权利具有一定的限制，包括以对方提交某种贸易单据为付款条件，或对付款时间、地点、金额等的限制。保留承兑的种类和样式如下：①有条件的承兑（Conditional Acceptance），如"Accepted, payable on delivery of bills of lading, John Smith"。②部分的承兑（Partial Acceptance），如"Accepted for USD 50 only"（原汇票金额为 USD150）。③规定地点的承兑（Local Acceptance），如"Accepted, payable at A Bank, London, and there only, John Smith"。

承兑应该是无条件的。因此，持票人可以视限制条件的承兑为拒绝承兑。假如持票人愿意接受限制承兑，则必须征得出票人和前手的同意。

（五）保证（Guarantee or Aval）

保证是指非票据债务人对于出票、背书、承兑、付款等所发生的债务予以偿付担保的票据行为。保证人所负的票据上的责任与被保证人相同。保证使汇票的付款信誉提高，便于其流通。

保证应记载的事项：①"保证"字样；②保证人名称和地址；③被保证人的名称；④保证日期；⑤保证人签名。

例：Aval for（被保证人）

signed by（保证人）

dated on（日期）

（六）退票（Dishonor）

持票人提示汇票要求承兑时遭到拒绝承兑或持票人提示汇票要求付款时遭到拒绝付款，均称为退票，也称拒付。

1. 退票通知（Notice of Dishonor）

根据英国《票据法》的规定，汇票的持票人如在汇票提示时遭到付款人或承兑人的拒绝承兑或拒绝付款，应在退票的当天或在合理时期内（即在次日）以书面或口头形式通知出票人或背书人，把拒绝的汇票退给他们。持票人如不及时发出退票通知，出票人和背书人可解除责任。

2. 拒绝证书（Protest）

拒绝证书是由拒付地点的法定公证人做出的证明拒付事实的法律文件。英国《票据法》规定，外国汇票在拒付后，持票人须在退票后一个营业日内做成拒绝证书。具体地，持票人应先交汇票，由公证人向付款人再做提示，仍遭拒付时，就由公证人按规定格式做成拒绝证书，其中说明做成拒绝证书的原因、向付款人提出的要求及其回答。持票人凭拒绝证书及退回汇票向前手行使追索权。

（七）追索（Recourse）

追索是指汇票遭拒付时，持票人要求其前手背书人或出票人或其他票据债务人偿还汇票金额及费用的行为。持票人所拥有的这种权利就是追索权（Right of Recourse）。持票人行使追索权须具备三个条件：

（1）必须在法定期限内向受票人提示。未经提示，持票人不能对其前手追索。

（2）必须在法定期限内做成退票通知。英国《票据法》规定，在退票日后的次日，将退票事实通知前手直至出票人。

（3）外国汇票遭退票必须在法定期限内做成拒绝证书。英国《票据法》规定，退票后一个营业日内由持票人请公证人做成拒绝证书。

行使追索权必须在法定保留期限内进行方为有效。我国《票据法》规定为自被拒绝承兑或被拒绝付款之日起6个月，《日内瓦统一法》规定为一年，英国《票据法》规定为6年。

（八）付款（Payment）

在正常情况下，付款是汇票流通过程的终结。付款是指即期汇票的付款人和远期汇票的承兑人在接到付款提示时，履行付款义务的行为。付款后，票据上的一切债权债务关系即告结束。

即期汇票的付款人或远期汇票的承兑人向持票人做正当付款之后，一般都要求持票人在汇票背面签名作为收款证明并收回汇票，并在汇票上注明"付讫"字样，还可要求持票人另开出收据。

付款人在付款时要符合两个要求：一是出于善意，即付款人不知道持票人的权利是否有缺陷；二是要鉴定汇票背书是否连续。符合上述要求的付款称为正当付款（Payment in Due Course）。

（九）贴现（Discount）

贴现是指在远期汇票已承兑而尚未到期前，由银行或贴现公司按照汇票金额在扣除一定的利息后，将余款提前垫付给持票人的一种资金融通行为。

贴现对于持票人来说，可以及时收回资金，保证了企业经济活动的正常进行。对于办理贴现业务的银行来说，相当于对持票人提供了一笔票面金额的贷款，还可以预扣利息，而且贴现率高于银行短期同业拆借利率，银行可以有较大的收益。同时，银行为了保障资金的安全，一般只贴现经其他银行承兑的汇票或资信程度较高的大企业的汇票。另外，经过贴现的汇票，在资金较紧张时可以向中央银行申请再贴现或通过贴现市场予以转让，在资金的运用上有较大的灵活性。

贴现息的计算是按照贴现天数即从贴现日到付款到期日为止的天数乘以贴现率得来的。由于贴现率多以年利率表示，应将其折算成日利率。英镑以一年365天作为基本天数，美元、欧元则以360天作为基本天数。所以，计算公式为：

贴现息=票面金额×（贴现天数/360或365）×贴现率

净款（Net Proceeds）又称汇票现值，其计算公式为：

净款=票面金额−贴现息 =票面金额×[1−（贴现天数/360或365）×贴现率]

六、汇票的种类

汇票有多种分类方法：

1. 按照出票人的不同，汇票可以分为银行汇票和商业汇票

银行汇票（Banker's Bill）指出票人是银行的汇票，而商业汇票（Commercial Bill）指出票人是公司或个人的汇票。由于银行的信用高于一般的公司或个人，所以银行汇票比商业汇票更易于流通转让。

2. 按照承兑人的不同，汇票可分为银行承兑汇票和商业承兑汇票

银行承兑汇票（Banker's Acceptance Bill）指由银行承兑的远期汇票，它建立在银行信用基础之上。商业承兑汇票（Trader's Acceptance Bill）指由个人商号承兑的远期汇票，它建立在商业信用基础之上。由于银行信用高于商业信用，因此银行承兑汇票在市场上流通性更强。

3. 按照付款时间的不同，汇票可分为即期汇票和远期汇票

即期汇票（Sight Bill or Demand Draft）即见票即付的汇票，它包括：票面上记载"at Sight/on Demand"字样的汇票；出票日与付款日为同一天的汇票；票面上没有记载到期日的汇票，各国一般认为其提示日即到期日，也就是见票即付。远期汇票（Time Bill/Usance Bill）即规定付款到期日在将来某一天或某一可以确定日期的汇票。

4. 按照是否附有货运单据，汇票可分为光票和跟单汇票

光票（Clean Bill）即不附带货运单据的汇票，在国际贸易结算中一般用于贸易从属费用、货款尾数、佣金等的收取或支付。跟单汇票（Documentary Bill）即附带货运单据的汇票。与光票相比较，跟单汇票除了票面上当事人的信用以外，还有相应的物资做保障，因此该类汇票流通转让性能较好。

5. 按照流通领域的不同，汇票可分为国内汇票和国际汇票

国内汇票（Domestic Bill）指汇票的出票人、付款人和收款人的居住地在同一个国家或地区。国际汇票（International Bill）指汇票的出票人、付款人和收款人的居住地中至少涉及两个不同的国家或地区，尤其是前两者不在同一国家或地区。国际结算中使用的汇票多为国际汇票。

6. 按照票面标值货币的不同，汇票可分为本币汇票和外币汇票

本币汇票（Domestic Money Bill）即使用本国货币标值的汇票，国内汇票多为本币汇票。外币汇票（Foreign Money Bill）即使用外国货币标值的汇票。

7. 按照承兑地点和付款地点是否相同，汇票可分为直接汇票和间接汇票

直接汇票（Direct Bill）即承兑地点和付款地点相同的汇票，国际贸易中使用的汇票大部分是直接汇票。间接汇票（Indirect Bill）即承兑地点和付款地点不同的汇票，承兑人承兑时须写明付款地点。

8. 按照收款人的不同，汇票可分为来人汇票和记名汇票

来人汇票（Bearer Bill）即收款人是来人抬头的汇票。记名汇票（Order Bill）即收款人是指示性抬头或限制性抬头的汇票。

9. 按照同一份汇票张数的不同，可分为单式汇票和多式汇票

单式汇票（Sola Bill）指同一编号、金额、日期只开立一张的汇票，用于银行汇票。多式汇票（Set Bill）指同一编号、金额、日期只开立一式两份甚至多张的汇票，用于商业汇票。

阅读材料：1997 年 8 月，我国某市 A 公司与新加坡 B 商签订了一份进口胶合板的合同。合同总金额为 700 万美元，支付方式为托收项下付款交单。合同写明，允许分批装运胶合板。按照合同规定，第一批价值为 60 万美元的胶合板准时到货。经检验 A 公司认为质量良好，对双方合作很满意。但在第二批交货期前，新加坡 B 商向 A 公司提出：鉴于 A 公司资金周转困难，允许 A 公司对 B 商开出的汇票远期付款，汇票的支付条款为：见票后一年付款 700 万美元。但要求该汇票要请中国某国有商业银行的某市分行承兑。承兑后，B 商保证将 700 万美元的胶合板在一年内交货。A 公司全部收货后，再付 B 商 700 万美元货款。A 公司对此建议欣然接受。A 公司认为只要承兑了一张远期汇票，就可以得到货物，并在国内市场销售。这是一笔无本生意，而且货款还可以投资。但 A 公司始料不及的是，B 商将这张由中国某国有商业银行某市分行承兑的远期汇票在新加坡美国一家银行贴现了 600 万美元，从此一张胶合板都不交给 A 公司了。事实上，B 商将这笔巨额骗到手后就无影无踪了。一年后，新加坡美国银行将这张承兑了的远期票据请中国某国有商业银行某市分行付款。尽管 B 商没有交货，承兑银行却不得以此为理由拒绝向善意持票人美国银行支付票据金额。本票金额巨大，中国某国有商业银行报请上级批准，由我方承兑银行付给美国银行 600 万美元而结案。

第三节　本　票

一、本票的定义

英国《票据法》关于本票的定义是：本票是一人向另一人签发的、保证即期或定期或在可以确定的将来时间，对某人或其指定人或持票人支付一定金额的无条件书面承诺。

与汇票定义相比有三处明显的不同：① 本票是"保证自己"，汇票是"要求他人"。② 本票是"承诺"，汇票是"命令"。即本票是一人向另一人签发并保证自己付款的承诺，而汇票是一人要求第三者付款的命令。③ 本票只有两个基本当事人：出票人（同时也是受票人和付款人）和收款人，而汇票则有三个基本当事人：出票人、付款人和收款人。

二、本票的必要项目

根据《日内瓦统一法》的规定，本票必须具备以下项目：
(1) 写明"本票（Promissory Note）"字样；
(2) 无条件支付承诺；
(3) 收款人或其指定人（未写明收款人或其指定人的视为持票人）；
(4) 付款期限（未写明付款期限的，视为见票即付）；
(5) 付款地点（未写明付款地点的，付款人所在地视为付款地点）；
(6) 出票日期和地点（未载明出票地点的，以出票人名称旁的地点为出票地点）；
(7) 一定金额货币；
(8) 出票人签字。

由此可见，本票比汇票少了一个绝对必要项目——付款人，而是由出票人承担付款责任。

本票的式样如图2-6所示。

Promissory Note for USD1000. 00   New York 8 March, 2006

At 60 days after date we promise to pay ABC Co. or order the sum of one thousand US dollars only.

For Bank of America, New York
Signature

图 2-6 本票式样

三、本票与汇票的异同

(一) 本票与汇票的相同点

（1）都以无条件支付一定金额为目的；

（2）出票人都是票据的债务人；

（3）对收款人的规定相同；

（4）对付款期限的规定相同；

（5）有关出票、背书等行为规定相同。

(二) 本票与汇票的不同点

（1）性质上不同。汇票是无条件的支付命令，而本票是无条件的支付承诺。

（2）基本当事人不同。汇票的基本当事人有出票人、受票人和收款人，而本票只有出票人（同时也是受票人和付款人）和收款人两个基本当事人。

（3）有无承兑行为。汇票有承兑行为，本票没有承兑行为。

（4）提示的形式不同。汇票有提示承兑和提示付款两种形式，而本票只有提示付款，没有提示承兑。

（5）主债务人不同。汇票的出票人在承兑前是主债务人，在承兑后成为从债务人，而本票的出票人在流通期间始终是主债务人。

（6）退票时是否做拒绝证书。在遭遇退票时，汇票要求做拒绝证书，而本票不需。

（7）能否成套签发。汇票可以成套地签发，即一式两份或数份。而本票只能开出一张，而不是一套。

四、本票的种类

(一) 商业本票和银行本票

按签发人身份的不同，本票分为商业本票和银行本票。

商业本票（Trader's Note）是以工商企业作为出票人，用以清偿自身债务的本票。它是建立在商业信用基础上的。由于本票的出票人负有绝对付款责任，而其付款能力又缺乏有效的保证，所以商业本票的使用范围渐渐缩小。现在，除大企业还会签发本票外，中小企业很少签发。

商业本票按期限可分为远期本票和即期本票。目前在国际贸易中，远期商业本票一般用于出口买方信贷。当出口国银行把资金贷放给进口国的商人以支付进口货款时，往往要求进口商开立分期付款的本票，经进口国银行背书保证后交贷款银行收执。这种本票不具有流通性，仅作为贷款凭证。

银行本票（Banker's Note）是由商业银行签发即期付给记名收款人或者付给来人的本票，建立在银行信用基础上。银行本票也可分为即期和远期两种，但远期使用得较少。即期银行本票是指本票一上柜面就能取现的本票，它能代替现金作为支付工具，可用于大额现金交易中。由于即期银行本票的发行在一定意义上会增加货币投放量，因此各国对它的发行有限制。

（二）旅行支票

旅行支票（Traveler's Cheque）是由银行、非银行金融机构或旅行服务机构发行的不指定付款地点、具有固定票面金额、专供旅游者使用的信用工具。购买人可在其他地点凭票兑付现款或直接用于支付。因为付款人就是该票的发行机构，所以旅行支票带有本票的性质。

由于发行人都是信誉卓著的大银行或大旅行社，因此旅行支票易被世界各地的银行、商号、饭店所接受。大银行或大旅行社签发旅行支票是有利可图的，首先，在一定时间内可无息地占用旅行者资金；其次，可为自己做无成本的广告宣传；最后，可为旅行者提供安全、方便的服务。

随着计算机技术与网络的不断发展，旅行支票的使用受到了挑战。国际信用卡以其更为安全方便、手续更为简化等特点而成为旅行支票的替代品，这就使得旅行支票使用数量出现下降趋势。

阅读材料：2007 年 5 月 30 日，某市工行某支行向国际业务部申请办理一笔光票托收业务。该笔光票从表面上看是一张由美国银行出具、金额为 120 万美元的银行本票，收款人为该支行一从事新能源电子业务的公司客户。该本票出票日期为 2007 年 5 月 25 日，编号为 14-67/7592，票面上有"CASHERS CHECK"字样，同时已经有两名有权签字人在票据上签字，效期为 6 个月后。客户称该资金为外汇资本金，询问该行有无办理票据质押融资可能，并要求该行抓紧时间办理。经仔细查验和审核，该行国际业务部工作人员发现上述银行本票存在以下疑点：

（1）本票签发行行标格式有误。所述银行本票左上角有一抽象化的美国银行行标"BA"，经咨询美国银行上海分行，答复是该行标已弃用多年。

（2）本票票面金额异乎寻常。据美国银行上海分行介绍，美国银行签发的票据一般而言，超过 50 万美元的很少；即便是超过 50 万美元的票据，也需要总经理级别的有权签字人签字。通常情况下国外银行均不会开立金额过大的票据，金额 50 万美元以上多为假票，而此张票据金额巨大，实在非同寻常，初步断定应为假票。

（3）有权签字人签字格式有瑕疵。该本票的两名有权签字人签字皆未显示其签字级别，和美国银行严谨的工作作风不符，也有悖于签字样本操作惯例。

（4）票据的签发背景值得怀疑。经过该行和收款人耐心沟通和说服，收款人终于说出了票据的签发背景：因收款人急需资金，后经多方介绍，由北京一中间人代为接洽寻找资金闲置方并签发本票，用于收款人实现融资6个月的目的。作为回报，收款人已经向该中间人给付了几万元的佣金，待融资成功或票据款项托收回来再付一定比例的佣金。从该角度而言，该收款人实际上也是善意方。为慎重起见，6月4日以后，该行又多次和美国银行上海分行有关部门进行电话和传真联系对该本票进行核实。经美国银行上海分行有关部门和美国银行香港分行反复确认，最终证实该票据系伪造。至此，该大额银行本票欺诈意图暴露无遗。该行立即拒绝了收款人融资要求，并将该大额假银行本票扣留，从而保护了该行的权益，收款人也避免了遭受进一步损失。

第四节 支 票

一、支票的定义

简而言之，支票是以银行为付款人的即期汇票。详细地说，支票是银行存款户对银行签发的授权银行对某人或其指定人或持票人即期无条件支付一定金额的书面命令。

出票人签发支票前，先要办理支票存款账户。支票存款账户的开立要求为：

（1）申请人向办理支票存款业务的银行申请开立存款账户必须使用其本名；

（2）申请人应当存入一定的资金；

（3）申请人应当预留其本人的签名式样和印鉴。

各国票据法都规定禁止签发空头支票。空头支票是指出票人签发的支票余额，超过其付款时在付款人处实有存款金额的支票。《日内瓦统一法》规定，签发存款不足的空头支票，出票人要负法律责任。

二、支票的必要项目

根据《日内瓦统一法》的规定，支票必须具备以下项目：①写明其为"支票（Cheque）"字样；②无条件支付命令；③付款银行名称；④出票人签字；⑤出票日期和地点（未写明出票地点者，出票人所在地视为出票地点）；⑥付款地点（未写明的，付款行所在地视为付款地点）；⑦写明"即期"字样（未写明者，仍视为见票即付）；⑧一定金额货币；⑨收款人或其指定人。

支票的式样如图 2-7 所示。

Cheque for £ 1000.00   London 20 Feb. , 2003

Pay to the order of BBC Co.

The sum of one thousand pounds only

To：National Westminster Bank Ltd. , London

                                    For London SSE Co. , London

                                              （Signed）

图 2-7　支票式样

三、支票的种类

（一）记名支票（Cheque Payable to Order）

记名支票须在收款人一栏写明收款人名字，如"pay to A or pay to the order of A"。取款时须由收款人签名方能支取。

（二）不记名支票（Cheque Payable to Bearer）

不记名支票亦称空白支票，即支票上不写明收款人名字，只写"pay to bearer"。取款时持票人无须在支票背面签名即可支取，此类支票凭交付转让。

（三）一般支票（Uncrossed Cheque）

一般支票又称开放支票（Open Cheque），即非划线支票。它可以通过银行转账，也可由持票人自行提取现金。只要提示的票据合格，支票的付款银行就得立即付款。这样万一支票遗失，容易被人冒领取款。为避免因此类事故造成损失，于是产生了支票所特有的"划线"方法，形成了划线支票。

（四）划线支票（Crossed Cheque）

划线支票是指在正面上划有两条平行线的支票。划线支票只能用于银行转账，不能提取现金。根据线内是否注明收款银行名字，划线支票又分为一般划线支票和特别划线支票。

1. 一般划线支票（General Crossed Cheque）

它是指不注明收款银行的划线支票，由出票人、收款人或代收银行在支票正面上画两道平行线，其具体形式有以下四种：

（1）只有两道平行线，平行线内无文字，仅代表是转账票据。

（2）两道平行线内注明"ABC company"字样。

（3）两道平行线内加注"Not Negotiable（不可流通）"字样，它可由收款人委托任何银行收取票款。

（4）两道平行线内加注"Account Payee（请入收款人账户）"或"Not Negotiable, Account Payee（不可流通，请入收款人账户）"，那么收款人只能委托其往来银行收款入账。

2. 特别划线支票（Special Crossed Cheque）

它是在平行线内写明具体收款银行的划线支票，如两道平行线内加注"Account Payee with A Bank, New York（由纽约 A 行收入收款人账户）"。因此，持票人只能委托票面写明的银行收账。若该支票的付款银行将票款付给非线内注明的收款指定银行，那么就应对真正所有人承担由此造成的赔偿责任。使用划线支票的目的是保障安全，避免因支票遗失或被盗窃而遭受损失。

（五）保付支票（Certified Cheque）

为了避免出票人开出空头支票，收款人或持票人可要求银行对支票保付，即付款银行在支票上加盖"保付"戳记并签字，以表明在支票提示付款时一定照办。支票一经保付，付款银行就承担了付款责任，成为主债务人，而出票人、背书人都可免于追索。经银行+保付过的支票信誉好，便于流通。

（六）银行支票（Banker's Cheque）

银行支票是由银行签发，并由银行付款的支票，表明出票银行作为客户在另一家银行开立账户而开出的支票。

四、支票与汇票、本票的区别

（1）所有的支票都是即期付款的，所以支票既无到期日的记载，也无承兑、参加承兑、参加付款、保证的行为；而这类记载与行为适用于有即期付款和远期付款之分的汇票；但本票虽然也有即期和远期之分，也有到期日的记载，却无承兑和参加承兑的规定，因为本票的出票人自行承担付款责任。

（2）支票的付款人必须是银行；而汇票、本票的付款人既可以是银行，也可以是一般企业或个人。

（3）支票有划线和保付制度，以防止假冒和便利流通；而汇票（除即期银行汇票）、本票均无这两项规定。

（4）支票签发时，出票人和付款人之间必须有资金关系，即出票人在签发支票前，已在付款银行的支票存款账户中有足额存款；而汇票的出票人和付款人之间，不必先有资金关系；本票则是无条件的支付承诺，出票人就是付款人。

（5）支票的基本当事人共有三个，即出票人、付款人、收款人，这与汇票是一致的；而本票的当事人仅两位，即出票人和收款人。

（6）支票只能一式一份，没有复本，这一点与本票相同；而汇票可以有复本，往往是一套，即一式两份或多份。

（7）在证券性质方面，支票与汇票均属于委托他人付款的证券，即属于委托支付证券；而本票则是由出票人自己付款的票据，故属于自付证券或承诺证券。

五、支票有效期

支票是替代现金的即期支付工具，因此有效期较短。在支票有效期内应该提示付款，否则支票失效。但这并不意味着出票人对收款人付款责任的解除。

《日内瓦统一法》规定支票的提示期限：若出票与付款在同一国家，是自出票日起8天；出票与付款不在同一国家但在同一洲的是20天；出票与付款不在同一国家又不在同一洲的则是70天。追索的期限是从上述提示期限到期起6个月。英国《票据法》对支票的有效期没有什么特殊的规定，支票也像汇票一样，应在合理时间内做付款提示。我国《票据法》规定，支票持票人应当自出票日起10日内提示付款。

六、支票止付

出票人撤销其开出的支票就是止付。《日内瓦统一法》禁止有效期内止付支票，即使出票人死亡、破产也不受影响。这样规定是为了防止出票人开了空头支票又止付得以逃避债务。英国《票据法》允许止付支票。英国人认为，出票人止付支票并不能摆脱债务，如果他执意不付，债权人可以上法院起诉，最终还是要付。英国银行只有在收到说明支票号码、出票日期、金额、收款人等内容的由出票人签字的书面通知后，才会止付。英国《票据法》还规定，在有确凿证据证明出票人已经死亡或破产时，英国银行有权止付支票。

思考题：

1. 2004 年 1 月 20 日，甲公司根据与乙公司签订的货物买卖合同，按照约定签发了金额为 10 万元的银行承兑汇票，承兑人为甲银行，到期日为 2004 年 11 月 1 日。汇票在甲公司交给乙公司前被甲公司遗失。甲公司于 2004 年 8 月 1 日登报声明作废，又于同年 9 月 1 日向法院申请公示催告。法院于当天通知甲银行停止支付。公示催告期限届满时，甲公司未向法院申请除权判决。甲公司后来交付给乙公司的是遗失的汇票复印件和甲银行于 2004 年 8 月 20 日出具的说明函。在汇票复印件上的持票人签章栏内，加盖了甲银行的汇票专用章，但是没有甲公司的签章。甲银行说明函的内容是：由于汇票被出票人遗失，出票人已登报声明作废，因此同意在复印件上加盖本行汇票专用章，作为收款人向本行收款的有效依据；汇票到期后，收款人必须派员凭此复印件结算票款项。乙公司按照复印件记载的日期，在到期后持上述复印件向甲银行提示付款时，遭到甲银行拒付。请问：

（1）乙公司是否有权要求甲银行承担票据责任？为什么？

（2）乙公司的权利如何得到保护？

2. 1995 年 9 月 16 日，某市昌达物资商场（以下简称昌达商场）与某实业公司签订了"联营合同书"。在合同签订之前，实业公司向商场出具了关于结算方法的保证书。昌达商场将保证书提供给某市西城区城市信用社，申请办理银行承兑汇票。1996年1月18日，信用社根据昌达商场的申请和联营合同书，与昌达商场签订"银行承兑协议"，并于当日开出金额为100万元人民币的银行承兑汇票。由于西城区城市信用社不具有联行资格，将汇票交给其上级主管单位某市建行，建行在"汇票签发人盖章"处盖章后，交与昌达商场。该"银行承兑汇票"上的行号栏、"交易合同号码栏"、"承兑银行盖章栏"仍未填写、盖章。昌达商场于2月28日将"汇票"交给实业公司，实业公司在收到汇票后，私自将"汇票"转让给某综合商场（实系个体），偿付其欠款。综合商场将汇票交于其开户行，在汇票到期日，其开户行予以付款，并作了还贷手续，并随即将某县建行要求联行兑付。某县建行向某市建行发出查询电报，某市建行回电，此汇票属无效商业汇票。为此，城市信用社向法院起诉，要求法院确认该汇票无效。问：应如何认定该汇票的效力？

练习题：

一、选择题

1. 商品进出口款项的结算属于（　　）。

A. 双边结算　　　　B. 多边结算　　　　C. 贸易结算　　　　D. 非贸易结算

2. "汇款方式"是基于（　　）进行的国际结算。

A. 国家信用　　　　B. 商业信用　　　　C. 公司信用　　　　D. 银行信用

3. 实行多边结算需使用（　　）。

A. 记账外汇　　　　B. 外国货币　　　　C. 黄金白银　　　　D. 可兑换货币

4. 以下（　　）反映了商业汇票结算的局限性。

A. 进、出口商之间业务联系密切，相互信任

B. 进、出口商一方有垫付资金的能力

C. 进、出口货物的金额和付款时间不一致

D. 出口商的账户行不在进口国

5. 当代国际结算信用管理的新内容涉及（　　）。

A. 系统信用和司法信用　　　　　　　　B. 员工信用和银行信用

C. 公司信用和商业信用　　　　　　　　D. 银行信用和商业信用

6. 以下（　　）引起的货币收付，属于"非贸易结算"。

A. 服务供应　　　　B. 资金调拨　　　　C. 设备出口　　　　D. 国际借贷

7. （　　）不是纸币本位制度下使用多边结算方式必备的条件。

A. 结算货币具有可兑换性

B. 不实行资本流动管制

C. 有关国家的商业银行间开立各种清算货币的账户

D. 清算账户之间资金可以自由调拨

8. 新中国成立初期我国对苏联和东欧国家的贸易使用（　　）的方式。

A. 单边结算　　　　　　　　　　　　　B. 多边结算

C. 双边结算   D. 集团性多边结算

9. 传统的国际贸易和结算中的信用主要是（　　）两类。

A. 系统信用和银行信用   B. 系统信用和司法信用

C. 商业信用和司法信用   D. 商业信用和银行信用

10. 国际结算制度的核心即是（　　）。

A. 信用制度   B. 银行制度   C. 贸易制度   D. 外汇管理制度

二、判断题

1. 托收是依赖银行信用的国际结算方式。   （　　）

2. 国际贸易结算发展与支付方式的变革关系密切。   （　　）

3. 国际结算经历了从现金结算到非现金结算，从商品买卖到单据买卖，从买卖直接结算到通过银行结算，从使用简单的贸易条件到交货与付款相结合的比较完整的贸易条件的发展过程。   （　　）

4. 实行多边结算意味着各国必须使用美元才能了结国际债权债务。   （　　）

5. 商品和服务进出口是发生于任意两国之间的经济往来，因此大多数国家实行的是双边结算制度。   （　　）

6. 侨民汇款、旅游开支、服务偿付等属于有形贸易结算。   （　　）

7. 多边结算不能有效解决落后国家强烈的进口欲望与匮乏的外汇资金的矛盾。   （　　）

8. 采用双边结算制度的国家可以用记账货币抵偿对任何第三国的债务。   （　　）

9. 电子支付系统包含四个方面：银行系统、电子钱包、支付网关、资格认证。   （　　）

10. 在亚洲制定统一的电子商务规则的"e-ASIA构想"是日本率先提出的。   （　　）

推荐网络：

1. 汇通天下国际结算网 http：//www. sinobankers. com

2. 小叶手记——国际结算网 http：//www. intl. 51. net/phparticle/index

3. ［经贸社区］http：//www. hnjmbbs. com. cn

第三章 汇 款

【学习目的】

通过本章的学习，要求学生掌握汇款的概念以及电汇、信汇及票汇三种汇款方式的不同含义并比较它们的区别；掌握汇款头寸调拨和退汇程序；熟悉不同的汇款方式的当事人及业务程序；理解顺汇、逆汇的含义；了解国际贸易中应用的主要汇款方式。

【案例导入】

2007 年 11 月底，我方 A 公司与台湾 B 公司签订一份出口各式打火机合同，总价值 10118 美元，数量为 111000 只（为 1×20 集装箱），规定从上海运往基隆港（Kelung），到港时间不得晚于 12 月 17 日，支付方式为 B 公司收到目的港的代理的接货通知书后 48 小时内将全部货款办理电汇（T/T）给 A 公司。由于装运期较为迫切，我方立即准备货物，并预订了 12 月 10 日船期（预计整个航程共需 7 天）。货物如期装船后，正本提单寄 B 公司。但因货物途经高雄时多停靠了 2 天，于 12 月 19 日才抵达目的港，客户于次日提货后，提出暂时拒付全部货款，待货物销完后再付，原因是货物未能如期到港，致使这批货物无法赶上当地圣诞节的销售高潮，其部分客户已纷纷取消订单，造成此批货物大量积压，给他们带来巨大经济损失。A 公司多次电告 B 公司，告知货物未能如期到港（延误 2 天），我方是无法预料与控制的；再者，因备货时间短，我方已尽力将货物装上最早船期。A 公司多次要求 B 公司办理付款，B 公司均不予理睬。两个月后，A 公司只好请台湾某一友好客户 C 与 B 公司协商，B 公司才开始有所松口，条件是要求我方降价 30% 后才同意给予付款（客户称约有价值 30% 的货物积压仓库）。经我方一再努力与之协商，最终才以我方降价 15% 告终，此案中我方直接损失 1500 多美元。

此案虽已了结，但给我们留下深刻的教训：

1. 在签订合同时是否接受客户提出的特殊条款，应以我方能否保证这一条款的实现为前提，切不可掉以轻心，盲目接受。所谓特殊条款，一般是指非我方销售确认书（S/C）上原有或应有的，而是对方在签约时提出的对我方带有限制性的条款。本案中，客户要求我方保证货物不得晚于 2007 年 12 月 17 日到达目的港，应属于客户的特殊条款。根据国际贸易海洋运输惯例，船方（或船代）可向托运人提供大约到港日（即为 ETA），但并不负有法律责任，仅供托运人参考。因为货物在整个运输过程中受到各种自然和社会因素影响，船方（或船代）对整个航程是无法准确预计的，更何况作为托运人的 A 公司。此外，本案中交货时间很紧，签约后仅十来天，我方又无法提前装运，更是无法保证这一条款的实现。在实际业务中，客户经常会对质量、运输、检验和支付方式等问题提出特殊条款，我方应谨慎对待，切勿盲目接受。

2. 要谨慎选择支付方式。在本案中，我方接受了货物到港后对方付款（电汇），实属赊销（O/A），是我方收汇风险最大的一种方式，因我方已先行发货，且正本提单已寄客户，完全丧失物权，客户若借故拒付，是相当容易的。因此，可以这样说，我方选择了这一方式，为客户的日后拒付创造了条件。所以，在不了解对方资信或大宗交易的情况下，尽量避免用赊销方式，最好采用预付款（即先收款后发货）、信用证，或两者并用，这样在一定程度上可以避免收汇风险。

第一节　汇款方式概述

一、国际汇兑与汇款

在日常的经济活动中，人们一般将国际汇兑分为动态和静态两种。静态的国际汇兑主要是指外汇，即一国以外币表示的用以国际间结算的支付手段。动态的国际汇兑是指一国汇款人通过银行将资金汇付另一国收款人，以实现国际间的债权债务清偿和国际资金的转移。所谓"汇"是指货币资金在国际间的转移；所谓"兑"是指两种不同货币资金的转换。国际汇兑不仅用于进出口贸易的汇款支付，同时也被广泛地用于对外投资等非贸易领域的结算。本章所讨论的国际汇兑是指动态的国际汇兑。

国际汇兑按照资金和结算工具流向的不同可以分为顺汇和逆汇两大类。

顺汇（Remittance）又称汇付，指由债务人（即付款人）主动将款项交给银行购买外汇，委托银行付款给国外债权人（即收款人）的一种汇兑方式。因汇票与资金流动方向相同，所以称为顺汇。国际资本移动、侨汇、货款预付、延期付款、分期付款、出国旅游、对外援助、捐赠等多采用顺汇。其结算工具和资金的流向如图 3-1 所示。

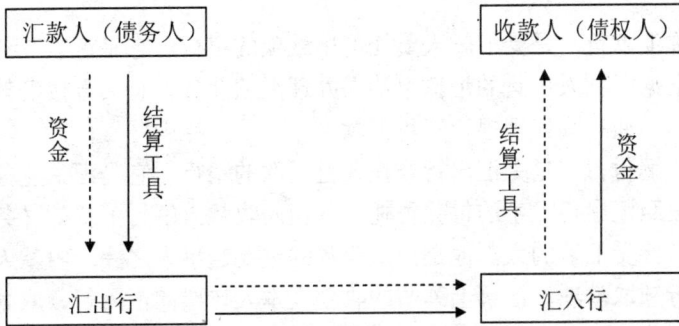

图 3-1 顺汇简易流程

逆汇（Reverse Remittance）又称出票，是指由债权人（即收款人）以汇票方式委托银行通过国外分行或代理行向债务人（即付款人）收取款项的一种汇兑方式。因其汇票与资金流动方向相反，所以称为逆汇。国际贸易中最常见的托收和信用证结算方式就属于逆汇。图 3-2 是关于托收结算的流程图。

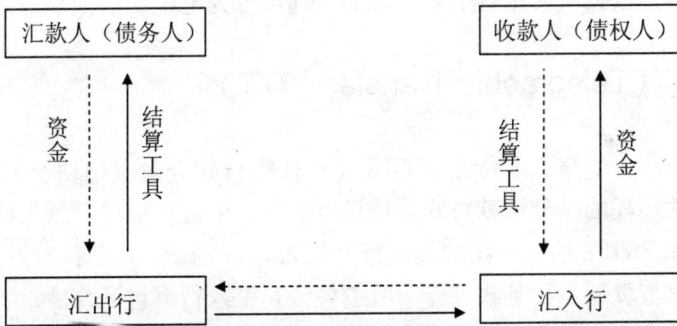

图 3-2 托收结算简易流程

二、汇款的当事人

汇款结算方式有四个当事人，即：

（1）汇款人（Remitter），一般为进口方。

（2）收款人（Payee），一般为出口方。

（3）汇出行（Remitting Bank），也称进口地银行（Importer's Bank）。

（4）汇入行（Paying Bank），也称出口地银行（Exporter's Bank）。

汇款人即付款人，是委托汇出行办理汇款的人。他是汇款业务的主要当事人之一。汇款人在委托银行办理汇款时，应正确填写汇款申请书并签字盖章，银行即可凭此办理汇款业务。

汇出行又称汇款行，是受汇款人委托汇出款项的银行。它是汇款业务的主要当事人之一。汇出行根据汇款人出具的汇款申请书办理汇款业务，有义务按汇款人的委托指示发出付款委托书，通过其代理银行解付汇款。

汇入行又称解付行，是受汇出行委托解付汇款的银行。它是汇款业务的主要当事人之一。汇入行按照汇出行发生的付款委托书承担向收款人解付汇款的义务。

收款人是指接受汇款的人。他是汇款业务的主要当事人之一。收款人凭电汇或信汇通知书向汇入行领取款项。汇票上列明的收款人本人持票向汇入行领取款项。

第二节　汇款方式的种类

汇款人汇款必须向汇出行递交汇款申请书，委托汇出行办理汇出款项业务，汇出行根据申请书的要求以不同的传递方式通知汇入行；汇入行则根据汇出行的汇款指示向收款人解付汇款。

汇款结算方式根据所使用的汇款手段的不同可分为电汇、信汇和票汇三种。

一、电汇（Telegraphic Transfer，T/T）

电汇是汇出行以电报、电传或 SWIFT（环球银行间金融电信协会）等电信手段向汇入行发出付款委托的一种汇款方式。使用电汇时，汇出行根据汇款人的申请，拍发加押电报、电传或 SWIFT 给另一国的代理行（汇入行）；汇入行核对密押后，通知收款人取款；收款人收取款项后出具收据作为收款凭证；汇入行解付汇款后，将付讫借记通知书寄给汇出行转账，一笔汇款业务得以完成。电汇费用高，但交款迅速，业务中广泛使用。

（一）电汇业务流程与特点

电汇经历了从电报到电传再到 SWIFT 通信方式的演变过程。其主要特点是资金调拨速度快、安全，目前使用最普遍。

电汇的一般业务流程是（见图3-3）：

（1）债务人填具电汇申请书递交给汇出行，并向其交款付费。

（2）汇出行将电汇回执交给汇款人。

（3）汇出行根据电汇申请人的指示，用电传或 SWIFT 方式向国外代理行发出汇款通知。

（4）汇入行收到电传或 SWIFT，核对密押无误后，即可缮制电汇通知书，通知收款人取款。

（5）收款人持通知书前去取款并在收款人收据上签字。

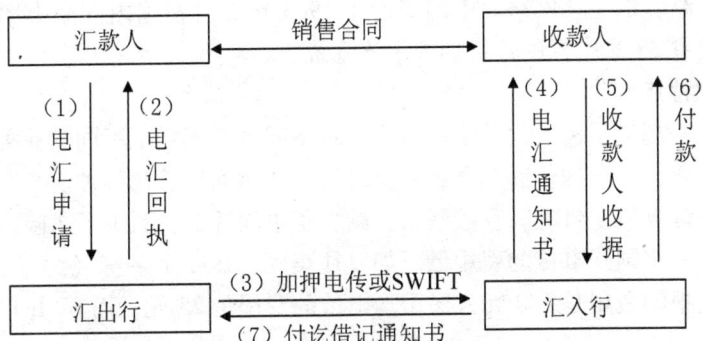

图 3-3 电汇业务流程

（6）汇入行即刻解付汇款。

（7）汇入行将付讫借记通知书邮寄汇出行。

（8）汇出行与汇入行之间如无直接账户关系，还须进行头寸清算。

（二）采用电报或电传的电汇方式

FM：（汇出行名称）

TO：（汇入行名称）

DATE：（发电日期）

TEST：（密押）

OUR REF NO.（汇款编号）

NO ANY CHARGES FOR US（我行不负担费用）

PAY（AMT）VALUE（DATE）TO（付款金额、起息日）

（BENEFICIARY）（收款人）

MESSAGE（汇款附言）

ORDER（汇款人）

COVER（头寸拨付）

例如：

FM：BANK OF ASIA，FUZHOU

TO：THE HONGKONG AND SHANGHAI BANKING CORP.，HONGKONG

DATE：21TH MAY

TEST 2356 OUR REF. 208TT0737 NO ANY CHARGES FOR US PAY HKD10000. VALUE 21TH MAY TO HKABC100 QUEEN'S ROAD CENTRAL ORDER FUZHOU LIGHT IMP. AND EXP. CORP. MESSAGE COMMISSION UNDER CONTRACT NO.1001 COVER DEBIT OUR ACCOUNT.

（三）采用 SWIFT 系统的电汇方式

环球银行间金融电信协会（Society For Worldwide Interbank Financial Telecommunication，SWIFT），简称环银电协。SWIFT 现已成为世界上最大的金融清算与通信组织，也是国际金融与国际结算的主体网络。中国银行于 1983 年 2 月在国内同业中率先加入 SWIFT 组织，目前已有 38 家中国的银行加入了该系统。

SWIFT 的特点：

标准化——规定了标准化的统一格式，且不同业务规定了不同的业务代码。

快捷——业务讯息的传递是通过计算机，过渡时间只需几秒钟。

安全——计算机主机之间直接联系，减少了中间环节，减少了风险。

费用低——比国际电传的费用低。如发往美国的 300 个字符（约含 50 个单词）的电文，使用电报的费用是 180 元人民币，电传的费用是 25 元，而 SWIFT 只需 4.51 元。

二、信汇（Mail Transfer，M/T）

信汇是以航空信函向汇入行发出付款委托的一种汇款方式。使用信汇时，汇款人向汇出行提出申请，并交款付费给汇出行，取得信汇回执；汇出行把信汇委托书邮寄汇入行，委托汇入行解付汇款，汇入行凭以通知收款人取款；收款人取款时在"收款人收据"上签字后，交给汇入行；汇入行凭以解付汇款，同时将付讫借记通知书寄给汇出行，从而使双方的债权债务得到清算。信汇费用低廉，但收款时间长。

（一）信汇业务流程与特点

使用信汇委托书（M/T Advice）或支付委托书（Payment Order）速度慢、费用低。目前实务中少用。

信汇的一般业务流程是（见图 3-4）：

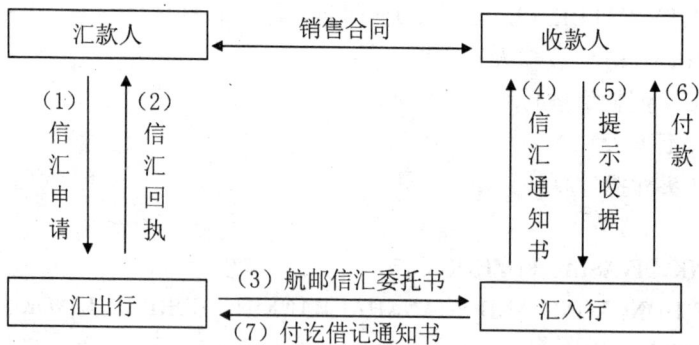

图 3-4 信汇业务流程

（1）汇款人或债务人填写信汇申请书连同汇款一起交给汇出行。

（2）汇出行接受客户申请，并给予客户一张信汇回执。

（3）汇出行航邮信汇委托书通知国外代理行（汇入行），委托书上记载汇款人、收款人、金额等内容。汇出行与汇入行如事前没有约定时，委托书上还要交代清楚资金是如何转移给国外代理行的，这种说明称为"偿付指示"。

（4）汇入行接到信汇委托书后，向收款人发出汇款通知书，通知其前来取款。

（5）收款人凭有效证件前来取款，汇入行核对无误后付款。

（6）收款人收款并在收款收据上签字。

（7）汇入行向汇出行发出付讫借记通知书。

（8）汇出行与汇入行相互如不是账户行，则还需进行头寸清算。

（二）信汇业务的结算工具

（1）信汇委托书。

（2）支付委托书。

中国银行广州分行

BANK OF CHINA, GUANGZHOU BRANCH

日期
GUANGZHOU

下列汇款，请即照解，如有费用请内扣。

我行已贷记你行账户。

Please advise and effect the following payment less your charge if any. In cover, we have CREDIT your A/C with us.	此致 TO:

信汇号码 No. of Mail transfer	收款人 To be paid to	金额 Amount

大写金额
Amount in words

汇款人
By order of

附言
Message

中国银行广州分行

BANK OF CHINA, GUANGZHOU BRANCH

中国银行支付委托书
BANK OF CHINA
PAYMENT ORDER
Guangzhou

	此致
	TO：

支付委托书号码 No. of payment order	收款人 To be paid or credited to	金额 Amount

大写金额

Amount in words：_____

汇款人   附言

By order of   Remarks

You are authorized to debit our account with you.

We have credited your Λ/C with us.

□   中国银行广州分行

三、票汇（Remittance by Banker's Demand Draft，D/D）

票汇是以银行即期汇票作为支付工具的汇款方式。使用票汇时，汇款人填写申请，并交款付费给汇出行；汇出行开立银行汇票交给汇款人，由汇款人自行邮寄给收款人；同时汇出行将汇票通知书或称票根（Advice or Drawing）邮寄给汇入行；收款人持汇票向汇入行取款时，汇入行验对汇票与票根无误后，解付票款并把付讫借记通知书寄给汇出行，以结清双方的债权债务。

票汇与信汇、电汇不同的地方：票汇的汇入行无须通知收款人取款，而由收款人向汇入行取款；汇票背书后可以转让，而信汇委托书则不能转让流通。

（一）票汇的业务程序

开立银行即期汇票（Banker's Demand Draft），业务流程可分为以下几个过程（见图3-5）：

（1）债务人或汇款人填写票汇申请书，并交款付费给银行。

（2）汇出行开立银行即期汇票交给汇款人。

（3）汇款人自行邮寄汇票给收款人或亲自携带汇票出国。

（4）汇出行开立汇票后，将汇款通知书（票根）邮寄给国外代理行。

（5）收款人持汇票向汇入行取款。

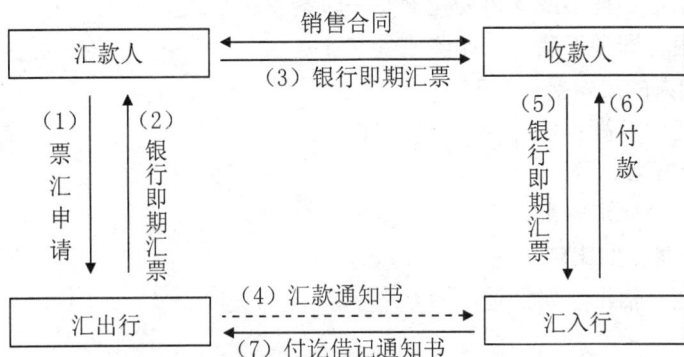

图3-5 票汇业务流程

（6）汇入行验核汇票与票根无误后，解付票款给收款人。

（7）汇入行把付讫借记通知书寄给汇出行。

（8）如汇出行与汇入行没有直接账户关系，则还须进行头寸清算。

（二）票汇与电汇、信汇业务程序的不同

（1）第二步不同，电汇与信汇是回执，而票汇开出的是银行即期汇票。

（2）第五步不同，票汇收款人主动提示汇票，要求银行付款，而电汇和信汇是非主动的。

（3）由于银行即期汇票是可以转让流通的，所以票汇项下的收款人是不确定的，而电汇与信汇收款人可以肯定。

（三）票汇业务的特点

与电汇和信汇比较，票汇取款灵活，汇票的持有人可以将汇票卖给任何一家汇出行的代理行；汇票具有流动性，可以背书转让；票汇可以简化取款手续，汇入行不必花时间和人力去通知收款人。

在银行票汇业务中，如果汇出行开立的即期汇票的付款人是汇票上所用货币清算中心的银行，则该汇票称为中心汇票。该票汇业务也称为中心汇票汇款。

中心汇票汇款的产生是有一定原因的。在电汇和信汇中会发生汇入行通知收款人而无人领款的可能；另外汇入行在获取汇款金额之后才解付给收款人，若偿付路径迂回曲折，收款人收款就有可能滞后。而中心汇票的付款人都是出票行（即汇出行）在某货币清算中心的账户行，出票行无须划拨资金，收款人持票提示付款，付款行见票即付，这就解决了上述电汇和信汇可能会出现的问题。而且买入汇票的银行只要将中心汇票邮寄到汇票所用货币的清算中心银行即可收款，手续简单，同时买入汇票时还可以获得一定天数的贴息，故中心汇票汇款业务很受银行和收款人的欢迎。

四、电汇、信汇、票汇三种汇款方式比较

（一）使用支付工具的比较

电汇——电报、电传或通过 SWIFT 方式——密押证实。

信汇——信汇委托书或支付委托书——印鉴或签字证实。

票汇——银行即期汇票——印鉴或签字证实。

（二）汇款人的成本费用比较

电汇成本费用较高；信汇、票汇费用较低。

（三）安全方面比较

电汇较信汇、票汇安全。

（四）汇款速度的比较

电汇最快捷；信汇、票汇速度慢。

第三节　汇款的解付、偿付和退汇

一、汇款的解付

汇款的解付是汇入行向收款人付款的行为。为了保证付款的正确，解付行往往都很慎重，特别是当汇出行的汇出款还未到达汇入行的账户，此时解付行就是垫付了货款，因而更加慎重。

为了正确验定每笔汇款的真实性，解付行根据每种汇款的特点，采取不同的查验方法。

1. 信汇

对于信汇方式，由于其没有票据，只有结算工具——信汇委托书，这是汇入行所收到的唯一付款请求。因此，汇入行要仔细查验信汇委托书的真实性。通常，信汇委托书上有汇出行有权签字人的签字，汇入行只需对照该银行在本银行预留的签字样本即可。

2. 票汇

对于票汇方式，由于有银行汇票这一支付工具，因此，银行一般只要能确定汇票上的签字人数、级别、名称和预留的内容相符，汇票本身又合乎法定格式，如有背书则背书要连续，往往就予付款。较谨慎的做法就是等银行票汇通知书（票根）到达后，再予查验。但这有时会造成付款延迟。有些国家的银行为了防止伪造银行汇款，甚至规定汇票金额超过某一限额，除了寄发票汇通知书外，还要在汇票上加注密押。

3. 电汇

电汇的安全性相对来说比信汇和票汇高。对于电报和电传，解付行只需按约定核对密押即可。而 SWIFT 则具有自动解押功能，即其会自动和电脑中储存的密押相核对，而无须人工解押，也无须人工加上"押付"字样。

二、汇款的偿付

汇款的偿付俗称拨头寸，是指汇出行在办理汇出汇款业务时，应及时将汇款金额拨交给其委托解付汇款的汇入行的行为。

一般在进行汇款时，在汇款通知书上须写明偿付指示。如汇出行和汇入行之间相互开有账户，则偿付比较简单。汇出行在汇入行有账户，只需授权汇入行借记其账户即可；汇入行在汇出行有账户，则汇出行在发出汇款通知书时须先贷记汇入行在汇出行的账户。如果汇出行和汇入行之间没有建立直接的账户往来关系时，则需要其他银行的加入，以便代汇入行拨付或偿付资金给解付行，及代解付行收款人账户所偿收款。

具体来说有如下几种可能的途径：

1. 主动贷记类

汇入行在汇出行开有账户，汇出行在发出汇款通知书之前，主动将相应头寸贷记汇入行的账户，并在汇款通知书中注明，即写明如下偿付指示：In cover, we have credited your a/c with us。

2. 授权借记类

如果汇出行在汇入行开有账户，汇出行应在发出汇款通知书时，授权汇入行借记相应金额在其处的账户。即其偿付指示为：In cover, please debit our a/c with you。汇入行在付款借记以后，应向汇出行发送借记报单。

在以上两种偿付类型中，资金转移就在两家银行之间发生，手续少，时间快，非常方便。

3. 共同账户行转账类

如果汇出行与汇入行之间没有上述两类中提到的那种账户关系，通常就通过他们两家银行的共同账户行，即在一家汇出行与汇入行都开有银行账户的银行进行偿付。偿付指示如下："In cover, we have authorized … Bank（共同账户行）to dcbit our account and credit the above sum to your account with them"。

在这种偿付方式中，汇出行要同时通知两家银行，即汇入行和账户行，因此手续较多。账户行根据汇出行的通知转账后，还要通知汇入行。这样，一笔业务就需要有两个信息传递时间。

汇款头寸的划拨，根据汇出行和汇入行之间的关系，可以分为以下几种情况，其前提条件就是：

汇出行 $\xrightarrow{\text{付款指示、头寸}}$ 汇入行，汇入行只有收妥头寸，才能解付。

（1）汇出行与汇入行有账户关系。

1）汇出行在汇入行开有账户：

a.汇款委托书的付款指示："请借记"
In cover, please debit our a/c with you.

汇出行　　　　　　　　　　　　　　汇入行

b.付讫借记通知："已借记"
Your account have been debited.

Dr. 汇出行　Cr.

△

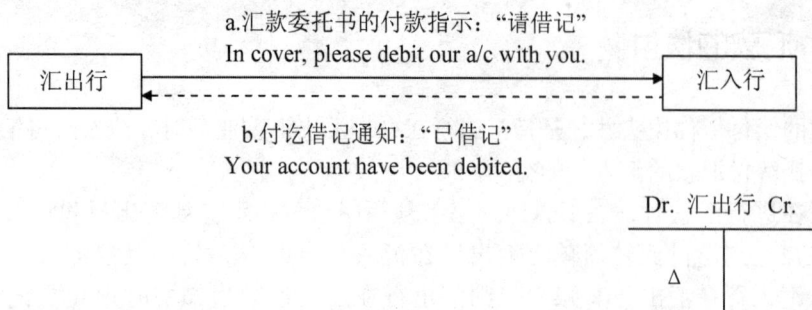

2）汇入行在汇出行开有账户：

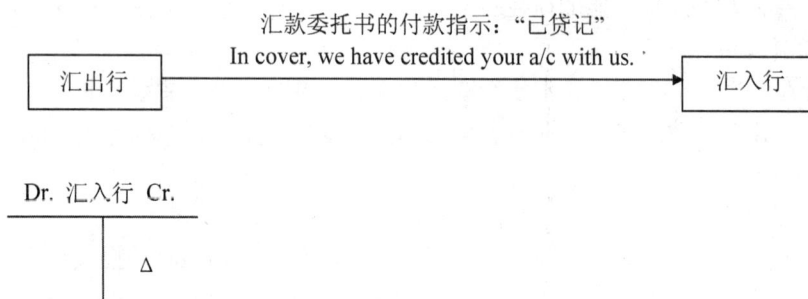

汇款委托书的付款指示："已贷记"
In cover, we have credited your a/c with us.

汇出行　　　　　　　　　　　　　　汇入行

Dr. 汇入行　Cr.

△

在汇出行和汇入行双方互开账户的情况下，汇出行会选择第几种方式？

（2）汇出行与汇入行没有直接的账户关系。

1）通过第三家银行转账：

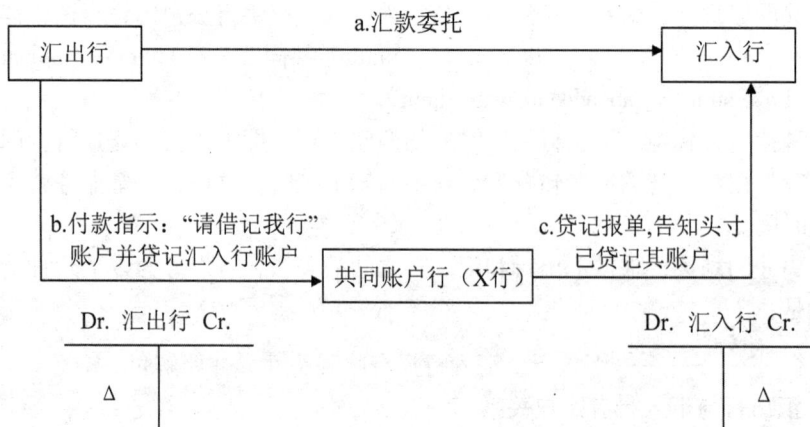

a.汇款委托

汇出行　　　　　　　　　　　　　　汇入行

b.付款指示："请借记我行"
账户并贷记汇入行账户

c.贷记报单,告知头寸
已贷记其账户

共同账户行（X行）

Dr. 汇出行　Cr.

△

Dr. 汇入行　Cr.

△

2）通过第三、四家银行进行转账：

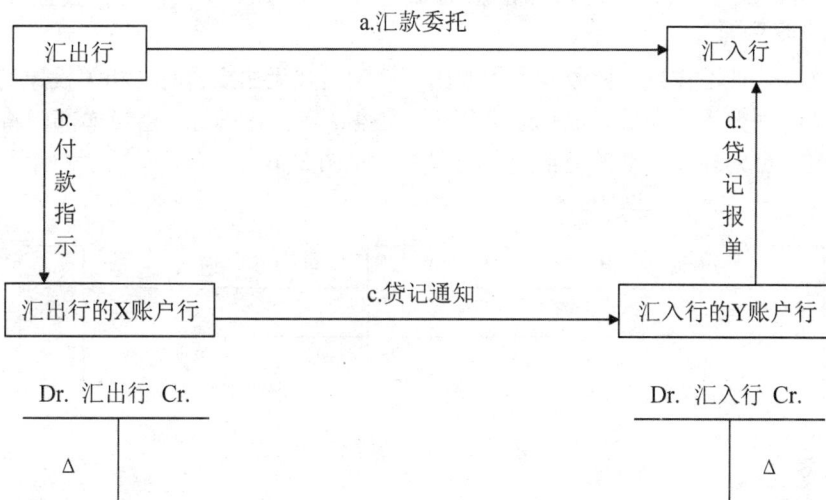

三、汇款的退汇

退汇是指汇款在解付以前的撤销。退汇可能是收款人提出的，也可能是汇款人提出的。

汇款退汇有下列几种情况：①汇款人交汇汇款后，因故自己要求将汇款退汇。②收款人拒收汇款或逾期仍不来领取。③地址不详或无此收款人，汇款通知无法投递。

汇款人交汇的汇款，在汇套尚未封发离局时或汇款电报未拍发前要求退汇，经核验原汇款收据及汇款人身份证件无误后，由汇款人填写"汇兑事项申请书"，收取撤回汇款手续费，以邮票贴在申请书上用日戳盖销。然后，将汇款、汇费、电报汇款的电报费及附言费一起退还汇款人。收回的汇款收据与相关汇票、票根、收据存根或电汇报账单、电汇存根合并一起，批明"退汇作废"字样，一并上缴。退还汇款时，汇款人要在申请书上批明证件类型并签章，申请书放在汇款收据存根相关作废汇票号码的位置上，按顺序存档备查。

汇款人交汇后，汇套已寄出或汇款电报已拍发后申请退汇，应核验原汇款收据和汇款人身份证件无误后，由汇款人填写"汇兑事项申请书"，收取退汇费，购买邮票贴在申请书上用日戳盖销。如汇款人要求用电报办理退汇，还应加收电报费，并在汇款收据和收据存根上批明申请"退汇"或申请"电退"等字样，加盖日戳，将汇款收据退还汇款人，"汇兑事项申请书"送交汇兑检查员处理。

遇收款人因某种原因拒收汇款，并将汇款通知交回邮局时，应请收款人在汇款通知上批明拒收原因并签章，营业员接收时应出给"接收交回给据邮件收据"，然后，抽取相关待兑汇票，并与汇款通知核对相符，在"进口汇票登记簿"登记该号汇票的备注栏，批明拒收原因和退回日期，将汇票和汇款通知交汇兑检查员处理。汇检员应在汇款通知上粘贴"退汇改汇小条"，批明原因，在汇票上加盖"退汇"戳记，并登"汇兑事项登记簿"备查。然后，将汇票和汇款通知另装"邮政公事"信封，按挂号寄退收汇局。

遇收款人地址不详或无此收款人等原因，汇款通知无法投递时，相关投递员要在汇款通知上粘贴"改退批条"，批注退回原因，加盖日戳、名章后，由投递部门将汇款通知交汇兑检查员处理。汇款的退汇业务流程是（见图3-6）：

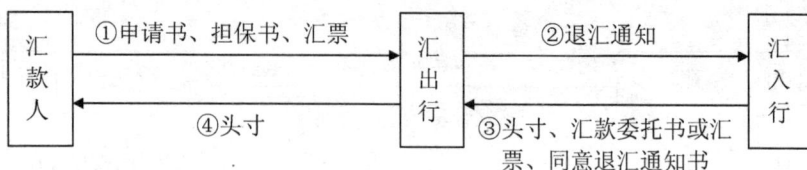

图 3-6　汇款的退汇

第四节　汇款方式在国际贸易中的应用

汇款结算方式的基础是商业信用。国际贸易合同中货款约定以汇款方式结算，出口方在装运货物后能否顺利收回货款，进口方在预付货款后能否收到与合同相同的货物，这些都分别取决于进出口双方的信用。银行在汇款业务中只是处于受委托的地位，即按常规办理汇款业务，并对汇款的技术性问题负责，但是对货物的买卖和货款收付的风险不承担任何责任。这是汇款结算方式最主要的特点。

此外，汇款结算方式灵活方便，收费低廉，在贸易双方相互信任的情况下是比较理想的结算方式，在跨国公司分支机构之间以及跨国公司与跨国公司之间应用也较为广泛。

在国际贸易结算中，对汇款方式的应用主要在以下几个方面。

一、预付货款（Payment in Advance）

预付货款是进口商先将货款的一部分或全部通过银行汇给出口商，出口商收到货款后按照合同约定装运货物。这种方式对卖方最为有利，他甚至可以无偿占用进口商的资金，做一笔无本生意，根本没有任何风险，掌握了货物出口的主动权。

	预付货款	
	资金占用	承担风险
进口商	要	要
出口商	不要	不要

进口商可规定汇入行解付汇款的条件约束出口商，如卖方收取货款时，必须提供银行保函的方式来保证自身利益。

进口商之所以愿意以这种方式，原因在于：商品紧俏、进口商有求于出口商、双方关系密切等。

二、货到付款（Payment after Arrival of the Goods）

货到付款是进口商在收到出口商发出的货物后才按照规定支付货款的方式。实际上是属于赊账交易（Open Account Transaction），具有延期付款（Deferred Payment）性质。对进口商有利，对出口商不利。

	货到付款	
	资金占用	承担风险
进口商	不要	不要
出口商	要	要

货到付款在国际贸易中有售定和寄售两种方式：

	适用的商品	契约的形式	合同/协议中是否规定		
			货物价格	货物数量	付款期限
售定	对港澳的鲜活商品	合同	有	有	有
寄售	新产品、滞销品	寄售协议	没有	没有	没有

三、交单付现（Cash against Documents，CAD）

交单付现又称为凭单付款，就是说，买方付款后，卖方交单。买方付款是卖方交单的前提条件。它是一种有条件的预付货款。对于进口商而言，只要支付货款，就能够得到代表货物所有权的单据；对于出口商而言，交付货运单据，即能得到款项。钱货两讫，对买卖双方都有一定的保证，风险相对小。在卖方对买方资信不了解的情况下采用此种支付方式，对卖方具有保护作用。

思考题：

1. 汇款的基本当事人有哪几个？
2. 汇入行如何鉴别电汇的真伪？
3. 汇出行与汇入行如何进行头寸清算？
4. 票汇是否可以退汇？
5. 汇款的种类有哪些？各自有什么特点？
6. 在什么情况下，选择汇款作为国际贸易的结算方式？

练习题：

一、选择题

1. 伦敦一家银行委托国外代理行向收款人办理汇款解付，头寸调拨如下(　　)。

A. 主动借记对方账户　　　　　　B. 主动贷记对方账户

C. 授权借记对方账户　　　　　　D. 授权贷记我方账户

2. 客户要求银行使用电汇方式向国外收款人汇款，则电讯费用由(　　)承担。

A. 汇出行　　　　B. 汇入行　　　　C. 汇款人　　　　D. 收款人

3. 银行办理业务时通常无法占用客户资金的汇款方式是(　　)。

A. 电汇　　　　B. 票汇　　　　C. 信汇　　　　D. 以上都是

4. 采用寄售方式来出售商品时，(　　)承担的风险很大。

A. 进口商　　　　B. 代销商　　　　C. 银行　　　　D. 出口商

5. 适宜采用电汇结算的债权债务，一般是(　　)。

A. 零星的、小额贷款　　　　　　B. 付款时间紧急的大额贷款

C. 贸易从属费用　　　　　　　　D. 不紧急的款项

6. 代理行向收款人解付电汇款项之前需要(　　)。

A. 核对汇出行授权人签章　　　　B. 核对汇出行密押

C. 核对汇出行电文格式　　　　　D. 核对汇出行汇票票根

7. 不必限定在汇入行取款的汇款方式是(　　)。

A. 电汇　　　　B. 信汇　　　　C. 票汇　　　　D. 以上都是

8. 对出口商有利的贸易结算汇款方式是(　　)。

A. 先结后出　　　B. 赊销　　　C. 延期付款　　　D. 售定

9. 对进口商不利的贸易结算汇款方式是(　　)。

A. 延期付款　　　B. 赊销　　　C. 售定　　　D. 预付货款

10. (　　)是我国南方沿海三省对港澳地区出口某些鲜活商品的一种特定的结算方式。

A. 延期付款　　　B. 赊销　　　C. 售定　　　D. 预付货款

二、判断题

1. 通常票汇方式下收款人收妥资金的时间比使用电汇方式要短。　　（　　）
2. 使用电汇时资金到账速度快，但是费用比信汇高。　　（　　）
3. 汇款结算都是通过银行来传递资金的，所以是以银行信用为基础的结算方式。

　　（　　）
4. 预付货款可以保证进口商得到所需的货物。　　（　　）
5. 未开设清算账户的两家银行之间发生汇款业务时，至少需要通过一家碰头行才能结清头寸。　　（　　）
6. 信汇委托书可以通过背书而流通转让。　　（　　）
7. 如果汇出行与汇入行之间互设清算账户，则肯定使用电汇办理客户汇款。

　　（　　）
8. 对进口商而言，售定比预付货款的风险要小。　　（　　）
9. 使用票汇时，银行即期汇票一经交付，通常不能主动止付；但若遗失或被偷盗，则可办理挂失止付。　　（　　）
10. 汇款方式目前广泛应用于国际贸易货款结算。　　（　　）

三、填空题

1. 汇款结算方式一般有四个当事人：汇款人、收款人、_____和_____。
2. 银行按汇款人的申请办理_____汇款业务；按汇出行的指示办理_____汇款业务。
3. _____方式适用于急需用款和大额汇款。
4. 电汇方式的特点有_____、_____、_____等。
5. 信汇方式的特点有_____、_____、_____等。
6. 在汇款方式中，_____所使用的汇款工具具有可转让性，通过_____即可转让。
7. 汇出行在汇入行设有清算账户时，汇入行可根据授权在解付汇款后_____对方账户。
8. 票汇方式的特点有_____、_____、_____等。
9. 在"先出后结"方式中，对出口商来说_____比_____风险更大。
10. 在目前，汇款方式更多用于_____或_____的结算。

推荐报刊和网络：

1.《金融时报》
2.《中国金融报》
3.《国际商报》
4.《国际金融》
5. 国家外汇管理局 http：//www.safe.gov.cn
6. 中国人民银行 http：//www.pbc.gov.cn

7. 中华人民共和国商务部 http：//www. mofcom. gov. cn

8. 中国贸易促进委员会、中国商会 http：//www. ccpit. org

9. 国际商会中国国家委员会 http：//www. icc-china. org

10. 国际商会 http：//www. iccwbo. org

11. 中国外汇网 http：//www. chinaforex. com. cn

12. 汇通天下国际结算网 http：//www. sinobankers. com

13. 汇天国际结算网 http：//www. 10588. com

14. 贸茂网 http：//www. exporteam. com

15. 国贸人 http：//www. guomaoren. com

16. 中国金融网 http：//www. zgjrw. com

第四章 托 收

【学习目的】

　　托收是国际贸易结算的一种重要方式，也是国际贸易实务中经常采用的结算方式之一。通过本章的学习，应掌握托收的概念、种类，了解每种托收方式的业务程序，熟悉托收方式存在的风险和防范措施等。

【案例导入】

　　某公司出口纺织类产品到欧洲某国家，客人要求做托收（D/P），并且指定××银行作为代收行。由于买卖双方是多次业务关系，并多次通过××银行托收，所以此次业务还是重复过去的做法。但是这次单据寄到××银行之后，却过了6个多月还未收到货款，而客人实际上早就把货物提走卖掉了。原来是××银行私自将提货单据放给了买方。于是该出口商聘请律师专门飞到欧洲，花费了巨大的代价将货款追回。后来该出口商仔细核对过去的收款记录，发现以前历次托收虽然都收到了货款，但是每次都是××银行先将单据放给了买方，买方都要滞后至少一个星期才付款。

　　跟单托收一般都适用国际商会的《跟单托收统一规则》。该规则从1996年1月开始生效，其第七款：商业单据的交单（承兑交单D/A和付款交单D/P），附有商业单据的托收，必须在付款时交出托收指示。

　　如果托收包含远期付款的汇票，托收指示应列明商业单据是凭承兑而不是凭付款交给付款人。如果未有说明，商业单据只能是付款交单，而代收行对由于交付单据的任何延误所产生的任何后果不承担责任。

　　如果托收包含远期付款的汇票，而且托收指示列明应凭付款交出商业单据时，则单据只能凭该付款才能交付，而代收行对由于交单的任何延误所产生的任何结果不承担责任。

第一节 托收方式概述

一、托收的含义

托收（Collection）是委托收款的简称。国际商会制定的《托收统一规则》（URC522）第2条对托收作如下规定：托收是指由接到托收指示的银行根据所收到的指示处理金融单据和/或商业单据，以便取得付款/承兑，或凭付款/承兑交出商业单据，或凭其他条款或条件交出单据。

托收所涉及的单据，包括金融单据和商业单据。通常金融单据（Financial Documents）又指资金单据，包括汇票、本票、支票、付款收据或其他类似用于取得付款的凭证；商业单据（Commercial Documents）指除金融单据以外的其他单据，包括发票、运输单据、物权单据或其他类似单据。"凭其他条款或条件"一般是指凭信托收据或承诺付款书等。简言之，托收是指债权人（出口商）出具债权凭证（汇票等）委托银行向债务人（进口商）收取货款的一种方式。

二、托收的特点

托收是以商业信用（Commercial Credit）为基础的一种结算方式。尽管银行参与结算，但银行不提供信用，即委托人最终是否能够取得付款或承兑，依赖于付款人的信用，银行只提供服务而不承担责任。其最大特点是："收妥付汇、实收实付。"

在托收中，票据或单据的流动方向与资金的流动方向呈反方向流动，所以也称为逆汇法。银行托收的基本做法是：出口商根据买卖合同先行发运货物，然后开立汇票（或不开汇票）连同商业单据，向出口地银行提出托收申请，委托出口银行（托收行）通过其在进口地的代理行或往来银行（代收行）向进口商收取货款。

三、托收的当事人

托收业务所涉及的当事人主要有：委托人、托收行、代收行、提示行、付款人以及需要时的代理。

（一）委托人

在托收中，委托人（Principal 或 Consignor）是指委托银行（代收行）向国外付款人代收货款的人（The "principal" who is the party entrusting the handling of a collection to a bank）。根据托收的方式，委托人可以是光票托收中的债权人，也可以是跟单托收中的出口商（卖方）。若有汇票，委托人往往也是该汇票的收款人。

委托人在委托银行办理托收时，应填制由银行提供的"托收指示书"，以及提交相关的金融单据或商业单据，并交付有关的托收费用。

（二）托收行

托收行（Remitting Bank），指接受委托人的委托代为收款的银行（The "remitting bank" which is the bank, to which the principal has entrusted the handling of a collection）。托收行有义务按照委托人的指示办事，它与委托人之间是委托代理关系。因此，托收行对单据的正确性不负责任。对于因委托人的指示利用外国银行的服务而发生的一切费用和风险，托收行均不负责任，只要其本身没有过失。

托收行也称为寄单行，它接受委托人的委托代为收款，需要负责将有关单据寄送代收行。托收行通常是债权人所在地的银行，即出口地银行。若有汇票，托收行可以是该汇票的收款人或被背书人。

（三）代收行

代收行（Collection Bank），是指接受托收行的委托，依照托收行指示向付款人取得付款和/或承兑，或在此之后向付款人交单的银行（The "collection bank" which is any bank, other than the remitting bank, involver in processing the collection）。

代收行通常是托收行的国外分行或代理行，一般为进口地银行。代收行应按照托收行的指示，尽快向付款人提示汇票，要求其付款或承兑，并在付款或承兑后，及时通知托收行。若有汇票，代收行可以为该汇票的收款人或被背书人。

（四）提示行

提示行（Presenting Bank），是指向付款人提示汇票和单据的银行，也称为交单行［The "presenting bank" which is the bank to submit (present) a financial instrument (check, draft, letter of credit, etc.) to the advising or paying bank to seek a payment］。当代收行与付款人没有往来关系，但与付款人的往来银行有账户往来时，代收行委托该与付款人有账户往来关系且与代收行有账户关系的银行充当提示行，这时代收行与提示行为两家银行。但在大多数情况下，代收行兼任提示行，为同一家银行。

（五）付款人

付款人（Drawee），是按照托收指示，由代收行向其提示单据并要求付款的人。付款人在跟单托收中通常是进口商（买方）。若有汇票，该付款人为汇票的受票人，应立即支付汇票金额（即期汇票），或应承兑汇票（远期汇票）并在到期日付款。

（六）需要时的代理

在托收业务中，如发生拒付，委托人可指定付款地的代理人代为料理货物存仓、转售、运回等事宜，这个代理人叫做"需要时的代理"（Customer's Representative in Case of Need）。委托人如指定需要时的代理人，必须在托收委托书上写明此代理人的权限。

四、托收指示

托收指示（Collection Instruction）是由托收行根据委托人的申请书而制作的寄送单据的面函（Collection Instruction/Covering Letter）。代收行按其指示办理代收业务。

托收指示和托收委托书的内容要求一致。托收委托书是委托人和托收行之间关于委托收款的权利与义务进行约定的合法文件。根据托收惯例，委托人首先填写托收委托书，详细具体地向托收行说明要求，以便托收行按此指示办理具体托收事宜。

通常，托收发生在出口方，出口商（委托人）的托收委托书内容应包括：

（1）委托人、托收行、提示行、付款人的情况，如全称、电话、电传、传真号码、业务参考号、SWIFT 地址、邮政地址和邮编等。

（2）托收金额和货币种类。

（3）所附单据及其份数。

（4）光票托收时凭借其取得付款和/或承兑的条款及文件，跟单托收时凭借其交单的条件、付款和/或承兑，以及其他条件。

（5）应收取的费用，同时须注明该费用是否可以放弃。

（6）应收取的利息（如果有利息），同时必须注明该项是否可以放弃，并包括利率、计息期、计息基础和计算方法（例如，1 年是按 365 天还是 360 天计算）。

（7）付款的方式和付款通知的形式。

（8）发生拒付、不承兑和/或执行其他指示情况下的处理指示。

依照《托收统一规则》（URC522）的规定，如果委托人、托收行没有按时提供所需的资料，则代收行对延迟或不符之处不承担责任；代收行对缺少资料应发出通知，在收到完整资料前，代收行没有义务采取行动办理托收。需要注意的是，以上所列的《托收统一规则》（URC522）规定的托收指示应包括的内容仅具有参考指南性质，具体的托收业务指示应根据实际情况加以规定，不拘泥于上述内容。

银行通常都有自己的托收指示格式，但其形式和内容都是大同小异的。现将通常的银行托收指示格式列举如图 4-1 所示。

××× BANK COLLECTION INSTRUCTION

TO：

ORIGINAL

Date：_____

Dear Sirs，

Our Ref No. _____

We send you herewith the under-mentioned item（s）/ documents for collection.

Drawer：	Draft No： Date：	Due Date/Tenor
Drawee（s）：	Amount	

Goods：	Form			To				
By Par	On							
Documents	Draft	Invoice	B/L	Ins. Policy/Cert	W/M	C/O		
1st								
2nd								

Please follow instructions marked "×"：

☐ Deliver documents against payment/acceptance.

☐ Remit the proceeds by airmail/cable.

☐ Airmail/cable advice of payment/acceptance.

☐ Collect charges outside _____ from drawer/drawee.

☐ Collect interest for delay in payment _____ days after sight at _____% P. A.

☐ Airmail/cable advice of non-payment/non-acceptance with reasons.

☐ Protest for non-payment/non-acceptance.

☐ Protest waived.

☐ When accepted, please advise us giving due date.

☐ When collected, please credit our account with _____.

☐ Please collect and remit proceeds to _____ bank for credit of our account with them under their advice to us.

☐ Please collect proceeds and authorize us by airmail/cable to debit your account with us.

Special Instructions

This collection is subject to

Uniform Rules for Collections

（1995 Revision）ICC Publication No. 522

For ××× Bank of China

_____

Authorized Signature（s）

图 4-1　银行托收指示格式

第二节 托收的种类及业务流程

通常，根据托收是否附带商业单据，分为光票托收和跟单托收。

一、光票托收

光票托收（Clean Bill for Collection），是指委托人仅签发金融单据而不附带商业单据的托收，即提交金融单据委托银行代为收款。

光票托收主要用于非贸易结算中，如赠款、知识产权使用费等其他的债权债务关系的结算。它也可以用于贸易结算中，主要用于收取货款的尾数、小额贸易货款、佣金、样品费、运费、赔偿金、保险费等从属费用。

二、光票托收的业务程序

光票托收所指的签发金融单据主要是指开立汇票，根据汇票的出票人不同，光票托收的业务程序也有所不同。

（一）债务人开立汇票的光票托收

债务人开立汇票的光票托收（Clean Bill for Collection by Debtor's Draft（s）），其运作程序如图4-2所示。

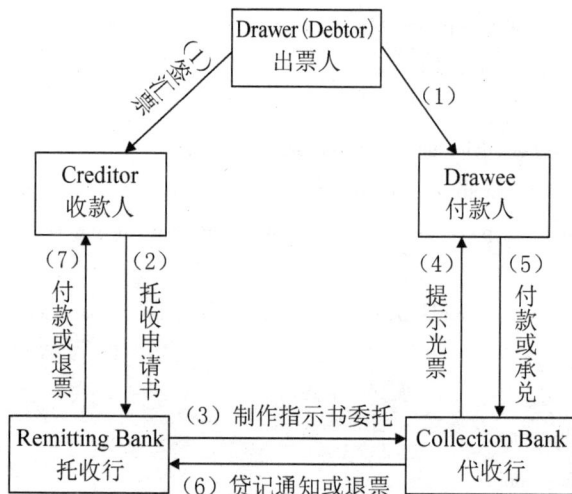

图4-2 债务人开立汇票的光票托收流程

图4-2说明：

（1）出票人（债务人）签发以受益人（债权人）为收款人的汇票，同时向付款人（银行）拨交头寸。

（2）受益人填写托收申请书并提交光票（汇票）委托托收行取款或取得承兑。

（3）托收行依据托收申请书制作托收指示书并将光票交代收行，委托其收款或取得承兑。

（4）代收行向付款人（银行）提示光票。

（5）付款人付款或承兑汇票，或拒付。

（6）代收行向托收行发出贷记通知书或退票。

（7）托收行向委托人付款或退票。

（二）债权人开立汇票的光票托收

债权人开立汇票的光票托收（Clean Collection by Creditor's Draft（s）），`其运作程序如图4-3所示。

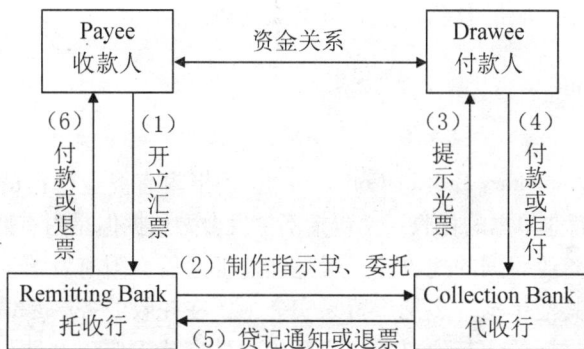

图4-3　债权人开立汇票的光票托收流程

图4-3说明：

（1）债权人开立以自己为收款人、债务人为付款人的汇票，填写托收申请书并提交汇票，委托其当地的一家银行（托收行）办理光票托收。

（2）托收行根据托收申请书制作托收指示书，委托代收行收款或取得承兑。

（3）代收行接受托收行委托，并依托指示向付款人提示光票。

（4）付款人付款或承兑汇票，或拒付。

（5）代收行向托收行发出贷记通知或退票。

（6）托收行向委托人付款或退票。

（三）光票托收的优缺点

光票托收，因为其通常不涉及商业单据，银行无须经过审单程序，仅涉及汇票本身业务，所以其程序和手续更为简便。另外，由于光票托收涉及的金额较小，银行一般集中处理，成本较低，因而光票托收的银行收取的服务费用也较低。

光票托收也存在一定的缺点，主要表现为：

1. 收汇速度慢

光票托收需要将汇票寄送至国外代收行，这需要一定时间。如果托收行与代收行无法直接办理业务，则还需中间银行参与，这样花费的时间就更长。一般说来，一笔正常的光票托收业务需要花费 30～40 天的时间。

2. 存在拒付、不承兑或不执行的风险

托收业务是建立在商业信用基础上的一种结算方式，收款人能否收回款项或取得承兑完全依赖于付款人的商业信用。由于光票托收没有付款的抵押（如海运提单），如果付款人拒付或不承兑，收款人通常是无法约束付款人的。

3. 银行对收妥款项具有追索权

在光票托收中，其金融单据（如汇票）的操作必须遵守相关票据法的规定。由于各国的票据法规定存在较大差异，光票托收就存在相当大的不确定性。同时，国际惯例和各国票据法均规定，正当的持票人对票据具有追索权。在光票托收中，银行在接受托收申请时，通常规定即使已收妥的款项被追索时，代收行、托收行均可向收款人再行使追索权。因此，光票托收的收款人具有被追索的风险。

三、跟单托收

跟单托收（Documentary Bill for Collection），是指附有商业单据的托收，既包括签发金融单据而且附带商业单据的托收，又包括不签发金融单据但是附有商业单据的托收。

金融单据附带商业单据的托收，一般是商业汇票后面附有发票、提单、装箱单、保险单、品质证书等其他单据，多见于贸易实务中，在托收业务中是最常见的。这种跟单托收是以汇票为托收标的，其他单据作为汇票附件支持汇票。这种跟单托收是指付款人根据汇票上指定的收款人或被背书后的持票人，即期或远期或板期支付汇票上表明的货币种类及金额。

商业单据不附带金融单据的托收，与上述跟单托收相比，没有了见票无条件支付命令的汇票票据。这类托收主要是由于有些国家对汇票必须贴有按税法规定的印花税才能有效引起的。为了减免印花税，在跨国分支机构、联号或相互往来且彼此信任的客户间，不需要利用汇票作为流通工具，或都是即期付款，不必利用汇票进行远期承兑的情况下形成的只有商业单据不附金融单据的托收形式。这种托收通常按照商业单据的金额付款，托收也就收妥。

四、跟单托收的业务程序

在国际贸易中，货款的收取大多采用跟单托收。

跟单托收的业务程序可以用图 4-4 来表示。

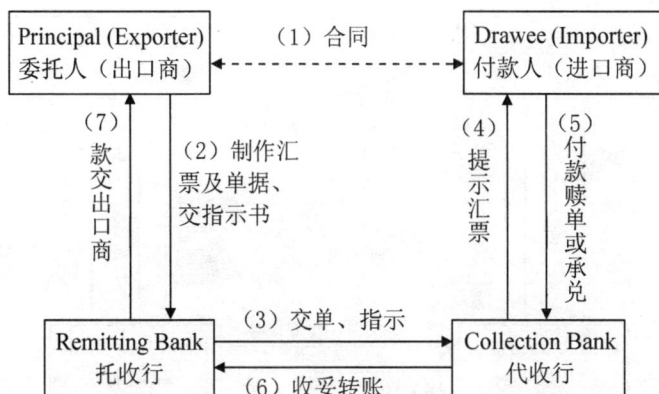

图4-4 跟单托收流程

图4-4说明：

（1）合同规定采用托收方式。

（2）委托人（出口商）按期装运，制作汇票及有关单据，填写托收指示书送交托收银行。

（3）托收行接受委托后，将有关单据寄交代收行，并说明指示书中各种指示（如D/P、D/A等）。

（4）代收行根据指示向进口商提示汇票。

（5）若为D/P即期，进口商付款赎单；若为D/P远期，先办承兑，到期付款赎单；若为D/A，承兑取单，到期付款。

（6）代收行收款后，通知托收行，收妥转账。

（7）托收行将货款交出口商（委托人）。

在跟单托收的情况下，按照货物单据和货款的支付是否同时进行，即向进口商交单条件的不同，跟单托收又可以分为付款交单和承兑交单两种。

（一）付款交单

付款交单（Documents against Payment，D/P），是指出口商的交单以进口商的付款为条件（D/P Means Documents to be Released to Drawee only on Payment），即出口商发货后，取得装运单据，委托银行办理托收，并指示银行只有在进口商付清货款后，才能把商业单据交给进口商。

根据付款时间的不同，付款交单又可以分为即期付款交单和远期付款交单。

1. 即期付款交单

即期付款交单（Documents against Payment at Sight，D/P at Sight），是指出口商发货后开具即期汇票和商业单据，通过代收行向进口商提示，进口商见票后立即付款，进口商付清货款后向银行领取商业单据，实现货款和物权的两清。

付款交单主要是指这种即期付款交单方式，其业务程序可用图4-5来表示。

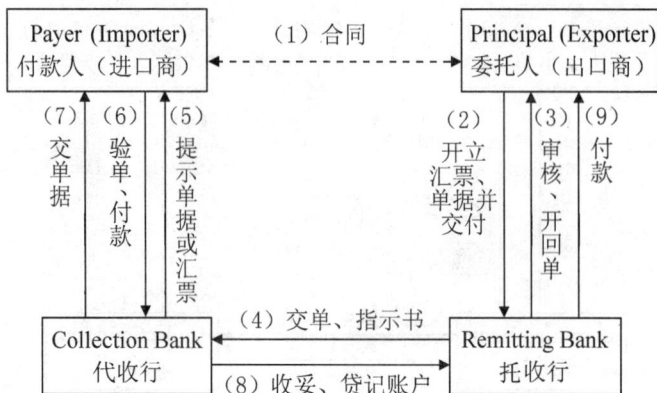

图 4-5　即期付款交单流程

图 4-5 说明：

（1）买卖双方签订合同，规定采用即期付款交单方式结算货款。

（2）出口商交货后制作托收申请书或开立即期汇票，与商业单据一起交付托收行。

（3）托收行审核申请书和单据无误后，开出回单给出口商。

（4）托收行按申请书的要求，制作托收指示书，与全套单据寄交代收行。

（5）代收行向进口商提示单据或汇票。

（6）进口商验单无误后付清货款。

（7）代收行将全套单据交给进口商。

（8）代收行通知托收行，款项已收妥并贷记托收行账户。

（9）托收行将货款付给出口商。

在理论上，即期付款交单进口商应该在单据提示时立即付款，凭付款取得单据。但在实务中，有些付款人为了将风险减少到最低限度，往往坚持在货物到达后才予以付款。有些非洲国家甚至以法令规定，即期 D/P 必须等货物到达后才可以付款。

2. 远期付款交单

远期付款交单（Documents against Payment after Sight，D/P after Sight），即出口商发货后开具远期汇票和商业单据，通过代收行向进口商提示，进口商见票后立即承兑汇票，在汇票到期时付款赎单。

这种交单方式的业务程序如图 4-6 所示。

图 4-6 说明：

（1）买卖双方签订合同，规定采用远期付款交单方式结算货款。

（2）出口商交货后制作托收申请书或开立远期汇票，与商业单据一起交付托收行。

（3）托收行审核申请书和单据无误后，开出回单给出口商。

（4）托收行按申请书的要求，制作托收指示书，与全套单据寄交代收行。

（5）代收行向进口商提示单据或汇票。

（6）进口商验单无误后承兑汇票，代收行保留汇票和全部单据。

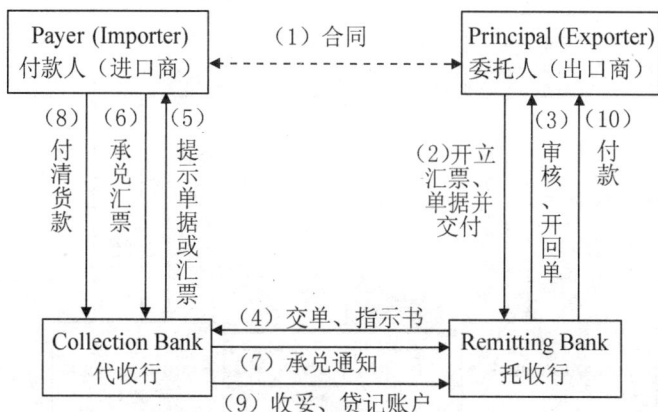

图4-6 远期付款交单流程

（7）代收行向托收行签发承兑通知书。

（8）汇票到期，进口商向代收行付清货款，代收行将全套单据提交进口商。

（9）代收行通知托收行货款已收妥，并贷记托收行账户。

（10）托收行将货款交给出口商。

这种交单方式，可以使进口商有一定的时间来筹集资金。在到期付款前，代收行持有单据以维护出口商的利益。但如果远期付款的期限较长，而有些货物运抵目的地的时间相对较短，若坚持到期日付款赎单，则影响进口商提货，进口商多不愿意接受。在这种情况下，进口商可以提前付款赎单，可减除提前付款日至原付款日之间的利息作为折扣，代收行收到款项后可以交单。此外，进口商还可以向代收行申请，经代收行征得托收行同意后开立一张信托收据（Trust Receipt，T/R），凭此信托收据向代收行借出单据，提取货物。待货物出售取得货款后再付款给代收行，换回信托收据。

所谓的信托收据，是指进口商借单时提供的一种书面信用担保文件，表示愿意以代收行的委托人身份代为提货、报关、存仓、保险或出售，并承认货物所有权仍属于代收行。货物售出后的货款应于汇票到期时交给银行。这是代收行自己向进口商提供的信用便利，与出口商无关。因此，如果代收行借出单据后，到期不能收回货款，则由代收行负责货款损失。鉴于这种风险，代收行往往要求进口商提供一定的担保或抵押。如果是由出口商主动授权银行凭信托收据借单给进口商，即远期付款交单凭信托收据借单（D/P·T/R），这种情况下出现进口商到期拒付的风险则由进口商自己承担。实际上，这种做法的性质与承兑交单相差无几。因此，使用时必须特别谨慎。

（二）承兑交单

承兑交单（Documents against Acceptance，D/A），是指委托人指示托收行、代收行在付款人接受单据时，由付款人先办理汇票承兑手续，再由代收行向付款人交出单据，付款人在远期汇票到期日付清货款。

承兑交单的业务程序可以用图4-7来表示。

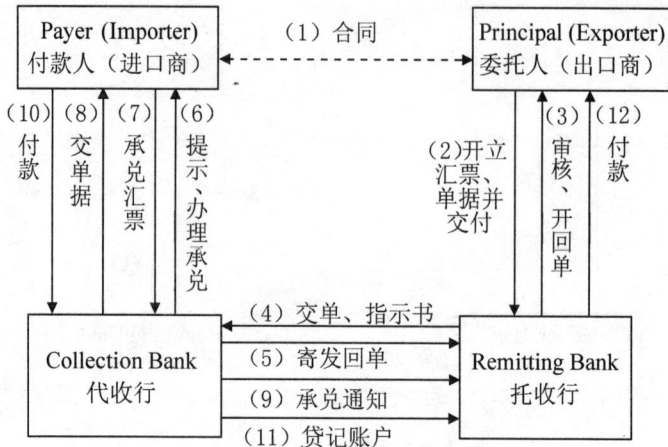

图4-7 承兑交单流程

图4-7说明：

（1）买卖双方签订合同，规定采用承兑交单方式结算货款。

（2）出口商交货后制作托收申请书，开立远期汇票，与商业单据一起交付托收行。

（3）托收行审核申请书和单据无误后，开出回单给出口商。

（4）托收行按申请书的要求，制作托收指示书，与全套单据寄交代收行。

（5）代收行向托收行寄发收到单据的回单。

（6）代收行向进口商提示单据和汇票，办理承兑手续。

（7）进口商验单无误后承兑汇票，代收行收回并保留汇票。

（8）代收行将货运单据交给进口商。

（9）代收行向托收行签发承兑通知书。

（10）汇票到期，进口商向代收行付清货款，代收行收款。

（11）代收行通知托收行货款已收妥，并贷记托收行账户。

（12）托收行将货款交付给出口商。

在托收业务中，常见的承兑汇票的时间有两种：一是见票后××天承兑交单（Documents against Acceptance at ×× Days after Sight）。这种情况下，汇票的到期日（付款时间）由付款人见票后确定，而付款人何时见票则很难受收款人控制。二是提单日后××天承兑交单（Documents against Acceptance at ×× Days after Bill of Lading Date）。这种情况下，汇票的到期日由于是从提单日起算的，收款人在发货取得提单后即可确定付款人的付款日期。此外，托收指示中也应表明汇票的到期日。

承兑交单对出口商来说风险较大。因为在承兑交单时，进口商只是对汇票金额承诺一定时期后支付，并无实际付款。对于出口商来说，一旦交出货运单据，就不能以物权和货运单据来约束进口商付款。从理论上来说，出口商可以凭付款日承兑的远期汇票依法起诉，但是在已承兑的汇票到期时被拒付的情况下，往往是付款人实际上已经无力偿还货款，起诉也是收效甚微。此外，也有一些资信不好的进口商存在欺诈行为，若遇到这种情况，其承兑后将货物取走，到期却拒付货款，尽管出口商可以对其进行起诉，但手续繁杂，费用较大，即使胜诉，最终进口商也不一定有能力赔偿全部货款和起诉费用。因此，对于资信不好或不了解的进口商不宜采用承兑交单方式。

第三节　托收方式下的风险及防范

托收的性质是商业信用。托收虽然是通过银行办理，但银行只是按卖方的指示办事，不承担付款的责任，不负责单据的问题及真伪。若无特殊约定，对于已经运到目的地的货物银行也不负责提货和看管的责任。因此，卖方交货后，能否收回货款，完全取决于买方的信用。总的来说，托收是建立在商业信用基础上的一种支付方式。

托收对于卖方来说，是先发货再收款，如果是采用远期托收的方式，卖方还必须先将货物运送到目的地后再收货款，这实际上是买方向卖方提供信用。卖方是否能够收回全部货款，取决于买方的商业资信信用。因此，卖方承担信用风险。

一、出口商风险及防范

出口商的风险主要表现为货款损失及其他费用支出损失。主要有：

（1）由于托收是先发货再收款，一旦进口商购买货物后发生倒闭而无力偿还货款，或者进口商拒不付款，则出口商将面临无法收回全部货款的风险。

（2）出口商与进口商签订贸易合同后，需经过备货、加工、打包、发运、制单及托收一系列的长期过程，期间利率、汇率、物价等因素都可能造成出口商盈利减少，甚至货款不能收妥。

（3）如果进口商资信差、财务状况恶化，特别是承兑交单方式下，汇票承兑后，货已提走，待到期时很容易出现进口商不付款，出口商货款两空的情况。

（4）当进口商因为利率、汇率、物价等因素影响而无利可图甚至亏损或其他原因时，进口商拒不履行合同，拒不付款，出口商则要承担货物到达目的地后提货、仓存、保险的费用和变质、短重的风险；若出口商进行转售，则面临价格损失风险；若出口商将货物运回国或转运他地，则要负责运费负担；若货物存储时间过长，还要承担被当地政府贱价拍卖的损失。

出口商为了减少风险，必须采取以下的防范措施：

（一）了解和熟悉进口国家的相关规定

在国际贸易中，远期付款条件下，承兑交单（D/A）比较常见，远期付款交单则相对较少。欧洲大陆国家的银行多不办理远期付款交单，拉美国家的银行则把远期付款交单按承兑交单处理。另外，实务中经常会出现货物到后货运单据未到，进口商不能取单提货的情况，这时只能将货物存仓保险。有些国家规定，如中东地区，货物进公仓后60天内无人提取即允许公开拍卖。因此，出口商及托收行在办理远期付款托收时，应注意了解进口商国家的银行（代收行）是否办理远期付款交单业务；了解进口商国家的代收行接受远期付款交单托收时，如何处理该种业务，以免在对进口商的资信不了解或进口商资信不好的情况下，代收行将付款交单变为承兑交单；了解进口国家海关等有关规定，如货物到达后存仓管理办法等，以便出口商据此掌握好货物发运时间，与付款日时间相匹配。

（二）争取选用 CIF 或 CIP 条件成交

在国际贸易中，跟单托收项下，出口商在与进口商签订货物买卖合同时，应争取选用到岸价格（CIF）或保税区价格（CIP）条件，这对出口商最为有利。在离岸价格（FOB）或成本加运费（CFR）条件下，进口商不负责办理保险，若货物在运输途中或进口商提货前遭受损失而进口商拒付，出口商将面临货款两空的风险。若进口商对货物投保，保险单在进口商手中，对保险公司索赔的款项有处理的主动权，出口商仍然十分被动，只能依赖进口商的商业信用。为了保障出口商自身的利益，出口商应尽可能争取以 CIF 或 CIP 条件成交，自己负责办理保险。

出口商在货物装运前办理货物保险，装运后即到银行办理托收，这时不论是采用付款交单还是承兑交单的方式，在付款人付款或承兑前出口商都拥有货物物权。若货物在运输途中发生损失，而货物是以 CIF 或 CIP 条件成交的，进口商仍可以通过付款或承兑方式取走货物单据，然后凭保险单向保险公司索赔。若货物受损后，进口商因此拒付，单据仍属于出口商，出口商可以凭保险单向保险公司索赔而直接获得赔款。

可见，出口商以 CIF 或 CIP 条件自办保险，在托收时面临的风险要小于以 FOB 或 CFR 条件成交的风险。若被迫采用 FOB 或 CFR 条件成交，出口商则可向保险人投保卖方利益险，尽可能减少损失。

（三）掌握付款到期日

北欧和拉丁美洲许多国家的进口商通常要求按照"当地习惯"把"单到"进口地付款或承兑，视为"货到"进口地付款或承兑，以拖延付款时间。部分进口商甚至在买卖合同中与出口商订有货到后才付款或承兑的条款。还有的进口商对即期付款的托收，要求汇票的期限写成"On Arrival of Goods"（货到后付款）。这对于进口商来说，一方面拖延了资金付出的时间，另一方面见到货物后付款的风险较小，避免托收项下付款后仅收到单据而不见货物的情况发生。

出口商为了及时收回货款，可以在买卖合同中明确规定托收项下的即期 D/P，"买方应在汇票第一次提示时即行付款"。托收银行也可以按出口商要求，在托收指示书上加注这一见票付款的时间要求，如：D/P at sight upon first presentation made by the collecting bank。对于见票后远期付款条件，出口商最好在签订合同时要求改为"出票远期"，即出票日后××天付款，或者也可以改为"提单日期后××天付款"。托收行则可按出口商指示，在托收指示书上注明：D/P, or D/A, at ×× days after draft issuing date or B/L date。这样，既可以防止进口商提出货到见票的要求，又可以便于出口商掌握付款的到期日，有利于及时顺利地收回托收款项。

（四）找好"需要时的代理人"

选择跟单托收时，当出口商已发货并且委托银行办理托收，为了避免进口商拒绝付款赎单或拒绝承兑时出口商无法及时处理在途货物或到港货物，出口商应事先指定"需要时的代理人"办理接货、仓存、保险、转售或运回等事项。根据《托收统一规定》（URC522）第 25 条的规定，该代理人的名称、权限等必须在托收指示书中详细列明才有效。我国出口商在办理跟单托收时，常常在托收指示书中要求代理人："If documents are not duly taken up on arrival of goods, please store goods and insure against fire and/or all available risks."

（五）投保出口信用保险

通过投保出口信用保险（Export Credit Insurance），可以使出口商在采用托收时因进口商无力偿付货款、不按期付款、违约拒收货物、进口国实行外汇管制、进口管制、进口国家发生战争、动乱等所导致的损失而获得出口信用保险人的赔偿。

短期出口信用保险是出口信用保险的一种险别。在采用托收时，出口商可以向保险人缴纳一定的保险费，保险人将赔偿作为被保险人（出口商）的债务人（进口商）因不能按贸易合同规定按期按量付款时所遭受的经济损失。目前，我国出口信用保险公司短期出口信用综合险承保托收项下的商业风险和政治风险。

（六）其他预防措施

除了以上几项措施外，出口商在签订贸易合同时应认真考察进口商的资信情况和经营作风等，并根据进口商的具体情况妥善掌握成交金额，不宜超过其信用程度；对于贸易管制和外汇管制较严的进口国家和地区，不宜使用托收的方式，以免货到目的地后由于不准进口或收不到外汇而造成损失；在采用托收方式时，要建立健全管理制度，定期检查，及时催收清理，如发现问题，应迅速采取应对措施，以避免或减少可能发生的损失；等等。

二、进口商风险及防范

与出口商相比，进口商承担的风险相对来说较少。作为进口商，除了同样存在利率、汇率、物价等风险外，由于货物单据化，还有可能在付款后发现货物与合同规定不符，甚至伪造单据进行诈骗，这时进口商就面临着货款两空的风险。为此，进口商也必须采取一定的防范措施：①必须事先对出口商的资信、经营作风等有全面深入的了解。②对进口货物的市场价格趋势、销售趋势、本国外汇管制等应有所预测和了解。③严格审单，单据与合同、单据与单据必须一致，以此来决定接受或拒绝。在跟单托收方式下，进口商争取以 FOB 或 CFR 成交。若货物运输途中受损，进口商可以向保险公司索赔并掌握对索赔款项处理的主动权。因此，有的国家规定，进口商品只能在进口国办理保险，即进口商品不能以 CIF 条件成交，这是对进口商利益的保护。

思考题：

1. 什么是托收？托收的性质是什么？

2. 托收业务涉及哪些当事人？

3. 托收可以分为哪几类？各类托收业务的流程是什么？

4. 在远期付款交单条件下，凭信托收据借单提货，如日后收不回货款，责任由谁承担？

5. 简述托收的风险及其防范措施。

练习题：

一、名词解释

托收　光票托收　跟单托收　付款交单　即期付款交单　远期付款交单　承兑交单托收出口押汇

二、选择题

1. 在托收业务中，以下关系中不属于委托代理关系的是（　　　）。

A. 委托人和委托行　　　　　　　B. 委托行和代收行

C. 代收行和付款人　　　　　　　D. 委托人和"需要时的代理"

2. 以下不属于代收行义务的是（　　　）。

A. 收到单据应与托收指示核对，如单据有遗失立即通知委托行

B. 按单据的原样，根据托收指示向付款人提示

C. 对于汇票上承兑的形式，负责表面上完整和正确之责

D. 在汇票遭到拒绝承兑或拒绝付款时，负责做成拒绝证书

3. D/P，T/R 意指（　　　）。

A. 付款交单　　　　　　　　　　B. 承兑交单

C. 付款交单凭信托收据借单　　　D. 承兑交单凭信托收据借单

4. 承兑交单方式下开立的汇票是（　　　）。

A. 即期汇票　　　　　　　　　　B. 远期汇票

C. 银行汇票　　　　　　　　　　D. 银行承兑汇票

5. 托收出口押汇是（　　　）。

A. 出口地银行对出口商的资金融通　B. 出口地银行对进口商的资金融通

C. 进口地银行对出口商的资金融通　D. 进口地银行对进口商的资金融通

6. 在托收业务中，如发生拒付，为了照料处理存仓、保险、重行议价、转售或运回等事宜，委托人可指定一个在货运目的港的代理人办理，这个代理人是（　　　）。

A. 委托行　　　　　　　　　　　B. 需要时的代理

C. 代收行　　　　　　　　　　　D. 承运人

7. 进口商付清货款后，代收行往往会（　　　）记托收行账户并向托收行发去相应通知书，托收行收到通知书后将货款（　　　）记出口方账户。

A. 借，贷   B. 借，借

C. 贷，贷   D. 贷，借

8. 即期付款交单中，出口商往往开立(　　)，通过代收银行向进口商提示。

A. 即期汇票   B. 远期汇票

C. 银行汇票   D. 银行承兑汇票

9. 在跟单托收业务中，出口商不能通过采取(　　)方式来减少和消除风险。

A. 调查了解进口商的资信和作风

B. 尽可能争取"到岸价格"(CIF)交易，争取自办保险

C. 尽可能争取即期付款交单方式

D. 尽可能争取承兑交单方式

10. 光票托收一般不用于(　　)的收取。

A. 出口货款尾款   B. 出口货款

C. 佣金   D. 样品费

三、判断题

1. 托收是一种付款人主动向收款人支付货款的方式。（　　）

2. 在托收业务中，银行的一切行为是按照托收委托书来进行的。（　　）

3. 光票托收和跟单托收一样，都是用于贸易款项的收取。（　　）

4. 托收因是借助银行才能实现货款的收付，所以托收属于银行信用。（　　）

5. 从理论上讲，承兑交单相比于付款交单对于买方更为便利，因为承兑交单中买方承兑后即可提货，往往可以不必自备资金而待转售所得的货款到期时付款。（　　）

6. 托收业务中，代收行对于汇票上的承兑形式，只负责表面上完整和正确之责，不负签字的正确性，或签字人是否有权限签署之责。（　　）

7. 委托人在出口托收申请书上可指定代收行，如不指定，委托行可自行选择它认为合适的银行作为代收行。委托行由于使用其他银行的服务而发生的费用和风险，在前种情况下由委托人承担，在后种情况下由委托行承担。（　　）

8. 在托收业务中，只要选择合适的委托行和代收行，委托人收回货款就不成问题。（　　）

9. 相比于付款交单，承兑交单一定是远期付款，对买方比较有利。（　　）

10. 无论何种情况下，代收行同意进口商凭信托收据借贷后产生的风险和后果都由出口商承担。（　　）

四、填空题

1. 托收是_____为向_____收取款项，出具汇票（债权凭证）委托银行代为收款的一种支付方式。

2. 托收业务的基本当事人包括_____、_____和_____。

3. 托收业务中，如果债务人和代收行不在同一地，代收行尚需委托另一家银行代收，这家银行成为_____，即由它来向债务人直接提示单据。

4. 根据委托银行代收的凭证中是否包括代表装运货物的货运单据，可以把托收分

为_____和_____。

5. 跟单托收根据交单方式的不同，可分为_____和_____。

6. 付款交单根据付款期限可以分为_____和_____。

7. 在托收中使用的汇票可以是_____或_____。

8. 托收业务中，出口地银行对出口商的资金融通，可以采取_____；委托人或代收行对进口商的资金融通可以允许进口商_____。

9. 凭信托收据借单提货发生在_____交单条件下。

10. 光票托收一般用于_____和_____。

五、实务操作题

请结合图示说明跟单托收的业务程序。

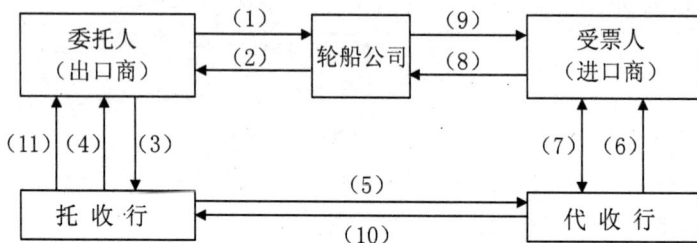

推荐报刊和网络：

1. 《金融时报》

2. 《中国金融报》

3. 《国际商报》

4. 《国际金融》

5. 国家外汇管理局 http：//www. safe. gov. cn

6. 中国人民银行 http：//www. pbc. gov. cn

7. 中华人民共和国商务部 http：//www. mofcom. gov. cn

8. 中国贸易促进委员会、中国商会 http：//www. ccpit. org

第五章 信用证

【学习目的】

通过本章学习，要求学生重点掌握信用证的基本概念、性质、特点、业务流程和作用，了解信用证的种类及遵循的国际惯例，熟悉信用证的开证申请、开立方式及各当事人权利义务。

【案例导入】

2009 年 7 月，经中国驻巴西代表机构介绍，中国某公司与巴西 S 公司签订货物买卖合同，合同约定：中国公司（卖方）向巴西公司（买方）销售建筑用钢筋，货物通过海运运往巴西，信用证结算。同年 8 月，我公司收到信用证一份，规定：最后装船日为 2009 年 9 月 15 日，信用证有效期为 2009 年 9 月 30 日，交单期：提单日期后 15 天，但必须在信用证的有效期之内。后因为货源充足，该公司将货物提前出运，开船日期为 2009 年 8 月 30 日。9 月 18 日，该公司将准备好的全套单证送银行议付时，遭到银行的拒绝。

在这个案例中，为什么银行会拒绝议付？该进出口公司将面临怎样的风险？与托收方式相比，信用证结算方式到底有哪些优势？而这些优势来自于哪些方面？本章将从信用证的概念、业务流程、种类、风险与防范等方面对信用证结算方式进行全面的介绍。

第一节 信用证概述

一、信用证的产生

信用证是 19 世纪发生的一次国际贸易支付方式上的革命，是商人们为解决买卖双方互不信任的问题而普遍采用的结算方式。这种支付方式首次使不在交货现场的买卖双方在履行合同时处于同等地位，在一定程度上使他们重新找回了"一手交钱，一手交货"的现场交易所具有的安全感。我们知道，采用汇付进行预期付款，使买方处于不利地位，而采用汇付进行迟期付款则使卖方处于不利地位，而采用托收方式，即使是即期交单付款方式，对卖方来说，也是一种迟期付款。因为，卖方必须在装运后，才能获得全套收款的单据。一旦买方拒付货款，即使货物的所有权还在卖方手里，卖方的损失还是难以避免的。

为了使买卖双方都处于同等地位，人们发明了一种由银行出面担保，只要卖方按合同规定交货，就可拿到货款，而买方又无须在卖方履行合同规定的交货义务前支付货款的支付方式，这就是信用证支付方式。但在信用证业务中，买卖双方及相关银行分别处于不同地区或国家，它们的法律和习惯做法各不相同，因此，自20世纪初期开始信用证交易的商业习惯做法开始经历了一个统一的过程，最终形成国际商会《跟单信用证统一惯例》（Uniform Customs and Practice for Documentary Credit, UCP）。自2007年7月1日起，国际商会开始实施新的跟单信用证统一惯例，即《UCP600》。

二、信用证的概念和特点

（一）信用证的概念

信用证（Letter of Credit, L/C）是银行（开证行）依照进口商（开证申请人）的要求和指示，对出口商（受益人）发出的、授权出口商签发以银行或进口商为付款人的汇票，保证在交来符合信用证条款规定的汇票和单据时，必定承兑和付款的保证文件。

对于信用证定义的理解应把握以下两点：

1. 信用证是银行（开证行）做出的书面付款承诺

信用证不同于汇款与托收的根本区别正在于此，开证行以其自身的信用为基础，向受益人（出口商）做出的一个付款承诺。这个承诺一经做出，银行则取代进口商成为第一性付款人。

2. 开证行做出的付款承诺是有条件的

银行只是在符合条件的情况下才履行付款责任。根据《UCP600》规定，这些条件包括：

（1）凭单付款。受益人必须提交与信用证规定完全相符的单据以获得付款。

（2）受益人必须在信用证规定的时间内，在规定的地点提交相符单据以获得付款。

（3）开证行支付的金额以信用证金额为限。

（二）信用证的特点

1. 信用证是一种银行信用，开证行负第一付款责任

信用证是银行做出的付款承诺，在任何情况下，银行一旦开出信用证，就表明银行以自己的信用做了付款担保，成为第一性付款人。只要受益人提交了与信用证条款一致的单据，银行就要履行付款责任。并且，银行的这种责任是一种独立的付款责任。

2. 信用证是一项独立文件，不依附于贸易合同

信用证的开立是以贸易合同为基础的。但是，一经开出并被受益人所接受，便成为一项独立于贸易合同的契约，不受合同约束，银行是否付款，只看受益人是否提交了与信用证条款一致的单据。

可见，信用证是独立于贸易合同之外的一种独立的契约。银行只对信用证负责，对贸易合同没有审查和监督的义务。贸易合同的修改、变化甚至失效都不影响信用证的效力。

3. 信用证业务所处理的是单据，遵循严格相符的原则

《UCP600》规定："银行处理的是单据，而不是单据可能涉及的货物、服务或履约行为。"银行只是根据单据是否符合信用证要求而决定是否付款，而对任何单据的形式、完整性、准确性、真实性以及伪造或法律效力概不负责。

可见，在信用证方式下，实行的是"交易单据严格符合的原则"，即要求"单单一致"、"单证一致"。只要单据表面上与信用证相符，开证申请人就必须向开证行付款。

【案例 5-1】

中国 P 食品公司（进口商）与美国 S 公司（出口商）达成协议，以 CIF 条件及信用证支付方式进口一批农产品。双方签订合同后，P 公司根据合同内容，通过当地银行向 S 公司开出即期信用证。由于货物的品质规格比较复杂，信用证仅规定："品质按照××年签订的第××号购货确认书为准。"合同中对货物品质要求的关键部分是水分不能过高，标准水分为 5%，最高不能超过 8%，若水分超过 5% 时，则每超过 1% 单价应相应下调 1%。

S 公司收到信用证后，按时将货物出运，并将信用证规定的全套单据送交当地银行，该银行按照有关规定，将单据寄至中国开证银行要求付款。开证行因证内关于货物的品质规格涉及买卖合同，因此通知 P 公司检查全套单据是否符合要求。P 公司经仔细检查单据后，发现 S 公司提交的单据存在以下问题：发票关于货物的水分注明是 5%，而在品质检验证书中，关于货物的水分却注明是 8%。

于是，P 公司一方面通知开证行暂时停止付汇，并请银行将暂停付汇的原因通过对方银行转告 S 公司，另一方面也与 S 公司直接联系，说明根据买卖合同规定，由于货物的实际水分已经超过标准水分 3%，因此应相应降价 3%。数天后，开证行收到国外银行转来 S 公司的反驳意见。同时，P 公司也收到国外 S 公司的传真，要求 P 公司立即按照原价支付货款，对于降价问题，则置之不理。

P 公司多次与 S 公司交涉，要求其遵照合同规定降价 3%，但均遭到拒绝。P 公司认为，S 公司所交来的单据中，发票上注明的货物水分与检验证书上注明的货物的水分数字不一致，已构成"单据与单据"不相符。

【案例分析】

本案涉及信用证及基础合同的关系。信用证是一项自足文件，即信用证是独立于有关合同以外的法律文件，《UCP600》第 4 条对此有明确规定。对于本案的信用证，有一

点应当特别说明，即合同内对"水分每超过1%，单价应相应下调1%"的规定是否同样适用于信用证？信用证引用货物品质规格与引用因品质规格变化相应增减价格的规定是有区别的。如果信用证中未明确规定增减价格，银行将不予理会合同内的相关规定。换言之，银行不得增减价格。虽然按国际惯例，信用证与可能作为其依据的销售合同或其他合同是相互独立的交易，但由于提示的单据内容有相互矛盾之处，出口商最终不得不同意降低货价3%。

三、信用证的作用

（一）对出口商的作用

（1）信用证可以保证其凭与信用证条款相符的单据取得货款。即使进口商有违约现象或破产倒闭等，也不会影响出口商收汇的安全性。

（2）信用证可保证其按时收汇。只要单据合格，银行都会在一段规定的时期内对出口商进行付款，或是由出口地银行垫款买入单据，从而使出口商能够尽早收汇。

（3）出口商可以凭信用证获得融资。大多数国家为了推动出口贸易，往往鼓励银行对出口商提供信用证项下的打包放款或是预支等，以此减少出口商本身的资金负担。

（二）对进口商的作用

（1）能够大大降低收货风险。进口商可以通过信用证条款控制出口商交货的各个环节，如质量标准、数量、运输、保险、商检等，从而尽可能最大地降低出口商交货违约的风险。而且一旦进口商付款，就能获得符合信用证要求的、通常包含特权单据的一整套单据，从而控制货物所有权。

（2）能够获得信用证项下的融资。进口商同样可以要求开证行提供进口押汇的便利，或通过信托收据等方式获得银行提供的融资，以减少自身资金压力。

（三）对银行的作用

信用证业务对于所有参与的银行来说，可谓风险小、收益高。以开证行为例，开立信用证时银行并不要垫资，只是出借自身的良好信用，但可以取得开证手续费收入及开证押金，只有当合格的单据向开证行提示时，银行才必须支付货款，但同时又可立即获得商业单据，享受特权的保障。此后，开证行可以立即要求进口商进行付款，从而回笼资金。如果进口商提货时发现问题，只能凭合同与出口商交涉，而不能将开证行牵涉其中。如果进口商无理拒付或无力清偿，开证行可以没收押金或质押品，并通过变卖货物来收回其余款项。若押金加货款仍不足以弥补开证行垫款及有关利息、费用，就差额部分开证行仍可以债权人的身份向进口商索赔或参与其破产清理并优先受偿。

四、信用证的形式

按照开立的手段来分，信用证有信开和电开两种不同形式，以下分别加以说明。

（一）信开本信用证

信开本信用证（Mail Credit）就是开证行用书信格式缮制并通过邮寄方式送达通知行的信用证。

信开信用证是传统的信用证开立形式。信开信用证一般一式两份或两份以上，开证行用函寄方式与其在出口地的代理银行联系，要求该行通知信用证给受益人（出口商）。

（二）电开本信用证

电开本信用证（Tele Transmission Credit）就是用电讯方式开立和通知的信用证。电开信用证的具体方式还可以进一步分为电报方式、电传方式和 SWIFT 方式。

（1）电报方式和电传方式下，开证行将信用证内容以加注密押的电报或电传通知出口商所在地的通知行。一般有简电本和全电本两种形式。

简电本（Brief Cable）即将信用证金额、有效期等主要内容用电文预先通知出口商，目的是使出口商早日备货。但由于内容不完整，简电本不是有效的信用证，在简电本后一般都注有"随寄证实书"字样。证实书则是随后寄来的信开信用证。

全电本（Full Cable）是以电文形式开出的完整的信用证。开证行一般会在电文中注明"This is an operative instrument no airmail confirmation to follow."后面不注有"随寄证实书"字样。这样的信用证是有效的，可以凭以交单议付。

（2）SWIFT 信用证。

随着计算机和通信技术的发展，为节省时间和费用，申请全电开证的客户越来越多。银行做全电开证时，多半采用 telex（电报或电传）和 SWIFT 方式，而且 SWIFT 正逐渐取代 telex 开证。

所谓 SWIFT 信用证，就是依据国际商会所制定的电报信用证格式，利用 SWIFT 系统所设计的特殊格式来传递的信用证。它具有标准化的特征，其传递速度较快，开证成本较低，各开证行及客户乐于使用。

五、信用证的内容

（一）基本条款

（1）信用证的类型（Form of Credit）。一切信用证均应明确表示为可撤销的信用证或不可撤销的信用证，否则应视为不可撤销的信用证。此点在《UCP600》中已取消。

（2）信用证的编号及开证日期、地点。这是信用证生效的基础。

（3）受益人（Beneficiary）。这是唯一享有利用信用证支取款项权利的人，一般为出口方，因此必须标明完整的名称和详细的地址。

（4）开证申请人（Applicant）。一般为国际贸易中的进口方，应标明完整的名称和详细地址。

（5）信用证金额（Amount）。这是开证行付款责任的最高限额，一般应有大写和小写数字。

（6）有效期限（Terms of Validity，Expiry Date）。一般是受益人交单取款的最后期限，超过这一期限，开证行就不再负付款责任。

（7）生效地点（Expiry Place）。即交单地点，一般为开证行指定的银行。

（8）信用证的适用性。是指该信用证适合在哪个银行使用，该银行的付款方式是即期付款、延期付款还是承兑、议付，以及信用证业务中是否使用汇票，汇票上的付款人是谁、付款时间等。

（9）开证行付款的保证文句。在信用证中，开证行必须明确表示其保证付款之意，如"我行保证凡符合本证条款所开立及议付的汇票须本行提示时，本行将对汇票出票人、背书人或正当持有人履行付款的义务。"（We hereby engage with drawers and/of bona fide holders that drafts drawn and negotiated in conformity with the terms of this credit will be duty honoured on presentation.）

（10）开证行的签章。

（二）装运条款

装运条款是信用证对出口商如何安排货物运输所做的说明和要求。一般包括以下几个方面：

（1）是否允许分批运输（partial shipment allowed or not allowed）。

（2）是否允许转船运输（Transshipment allowed or not allowed）。

（3）最迟装运期（latest date for shipment）。

（4）装运港或起运地（port of loading or departure）。

（5）卸货港或目的港（port of discharge or destination）。

（6）装运期限（Time of shipment），如"Latest date of shipment"（最迟装运日）或"Shipment must be no later than"（不晚于……）。

（三）单据条款

因为信用证业务处理的主要是单据，所以信用证上一般要列明受益人需要提交的单据名称、份数和具体要求。信用证结算中最基本和最重要的单据分别是商业发票（Commercial Invoice）、运输单据（Transport Documents）、保险单据（Insurance Policy）。此外，还包括卖方提供的商检证、产地证、包装单据等。

（四）关于商品的描述（Description of Goods）

商品的描述一般包括货名（Names）、数量（Quantity）、单价（Unit Price）以及包装（Packing）、唛头（Marks）、价格条件（Price Terms）、合同号码（Contract No）等最主要的内容。

（五）其他事项

（1）开证行对议付行、通知行、付款行的指示条款。

（2）开证行保证条款。

（3）开证行名称及代表签名。

（4）其他特别条件。

（5）适用《跟单信用证统一惯例》规定的声明。

第二节　信用证的业务流程

信用证的业务流程，如图 5-1 所示。

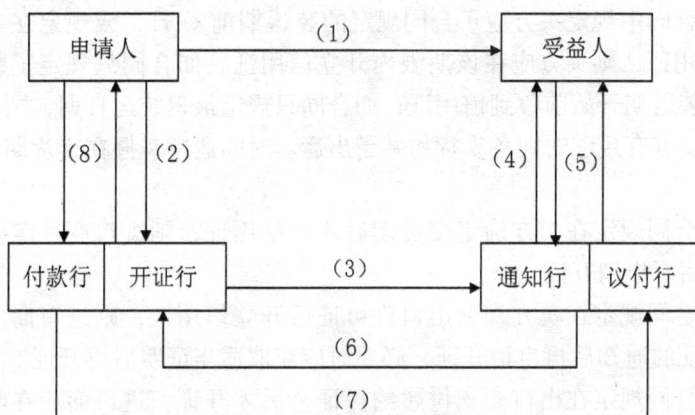

图 5-1　信用证业务流程

图 5-1 说明：

（1）进出口人贸易合同中，规定使用信用证方式支付。

（2）进口人（申请人）向当地银行提出申请，填写开证申请书，依照合同填定各项规定和要求，并交纳押金或提供其他保证，请银行（开证行）开证。

（3）开证行根据申请书内容，向出口人（受益人）开出信用证，并寄交出口人所在地分行或代理行（统称通知行）。

（4）通知行核对印鉴无误后，将信用证交与出口人。

（5）出口人审核信用证与合同相符后，按信用证规定装运货物，并备齐各项货运单据，开出汇票，在信用证有效签订后期间内，送请当地银行（议付行）议付。议讨行按信用证条款审核单据无误后，按照汇票金额扣除利息，把货款垫付给出口人。

（6）议付行将汇票和货运单据寄开证行（或其指定的付款行）索偿。

（7）开证行（或其指定的付款行）核对单据无误后，付款给议付行。

（8）开证行通知进口人付款赎单。

现将信用证业务流程详述如下：

一、进口商申请开证

以信用证为支付方式的贸易合约签订后，一般由进口商作为开证人，在其与出口商订立买卖合同之后，即应根据买卖合同的规定向开证银行申请开立信用证。开证人申请开证时，应填写开证申请书，开证申请书是开证银行开立信用证的依据。

1. 信用证的开证时间

（1）如果合同中规定买方应于合同规定的装运期前××日，或规定在本合同签订后××日内开出信用证，则买方应在该期限内开立信用证。如合同只规定了装运期的起止日期，则应在装运期开始前收到信用证；如合同只规定最迟装运日期，则应在合理时间内开证，以使卖方有足够时间备妥货物并予出运。时间通常掌握在交货期前一个月至一个半月左右。

（2）如果合同规定在卖方确定交货期后才开信用证，则进口商一定要在接到卖方交货期的通知后再申请开证。

（3）如果合同规定在卖方领到出口许可证后开立信用证，则进口商应该在接到卖方已领到许可证的通知后再申请开证，必要时应获取适当证明后再开证。

（4）如果合同规定在出口商支付履约保证金后才开证，进口商应在收到履约保证金后再申请开立信用证。

（5）如果合同规定进口商收到出口商提供的、由银行出具的履约保函之后开立信用证，则进口商应在收到上述履约保函并确认其内容与条款可以接受之后，再向开证行申请开立信用证。

【案例5-2】

5月21日，西北A进口公司到国内某银行申请开出以德国B出口商为受益人的信用证，信用证规定最迟装船期为当年5月31日。5月28日，A进口公司收到德国B出口商的通知，指责其迟开信用证，已经违约在先，要求撤销合同。因为买卖双方在合同规定："信用证必须在装运日前也即在5月以前开到卖方，信用证的有效期应为装船期后15天在装运口岸到期，否则卖方有权取消本售货合同并保留因此而发生的一切损失的索赔权。"经过双方几次协商，德国B出口商坚持以西北A进口公司迟开信用证为由而拒绝出货，并要求撤销信用证。鉴于此时市场行情上涨，西北A进口公司担心因进口货物落空而撤销国内售货合同，进而影响企业生产，损失更大，不得不用更高的价格买进货物。

【案例分析】

德国B出口商的做法是利用了西北A进口公司没有在合同规定的期限内开证而不及时催证，利用这一理由寻找出价更高的买主，以便获取更大的利润，最终迫使西北A进口公司付出高额代价。其做法虽欠妥，但也没有什么大错。

本案例中西北A进口公司没有在合同规定的期限内开证，给德国B出口商造成可乘之机。此案例的经验教训是：进口商应尽量在合同规定的期限内开证，履行合同。如果发现来不及开证，应尽早在开证日前与出口商协商修改合同中规定的开证时间，争取主动。

2. 填制开证申请书

开证申请书（Documentary Credit Application for Issuing L/C）是银行开具信用证的依据，是开证申请人订立委托代理契约为目的的要约，申请人在要约中请示银行于特定条件下代付货款、收取单据。当开证行接受了申请书，承诺了要约的请示，开证申请书便成为开证申请人与开证行之间的契约文件，具有法律效力。

（1）开证申请书的主要内容。开证申请书通常为一式两联，由银行专门印发。开证申请书有正面和背面两部分内容。正面（英文）是要求开立信用证的内容，即开证人按合同要求开证行在信用证上列明的条款，也是开证行凭以向受益人或议付行付款的依据。主要内容包括：受益人的名称及地址、信用证及合同号码、信用证的有效期及到期地点、装运期、信用证的性质、金额、种类、货物描述及装运细节、应被提示的单据、是否需要保兑等。

背面（中文）是开证人对开证行的声明，用以明确双方责任，一般为开证申请人承诺书（开证人签字）。一般由开证行根据相关的国际惯例和习惯做法事先确定并印制，申请人只需签字盖章即可。

（2）开证申请书的填制要求。开证申请书必须写明贸易合同的主要条款对信用证的各项要求，尤其是据以付款、承兑或议付的单据的种类、文字内容及出具单据的机构等。下面就部分栏目的填制要求介绍如下：

1）信用证的有效期和到期地点。有效期通常掌握在装运期后15天，到期地点一般在议付地。

2）信用证金额。填定合同规定的总值，包括小写和大写两种情况，并需注明币种。如果进口合同有溢短装条款，即允许金额有一定比例的增减，应具体列明增减幅度，或在金额前加上"about"或"approximately"等词语，按照《UCP600》的解释，该金额可有10%的增减幅度；另外，要注意进口合同中对于出口商佣金的规定，信用证金额需与相关规定一致。

3）兑现方式。申请书上已印有四种选择："即期付款（by Sight Payment）"、"承兑（by Acceptance）"、"议付（by Negotiation）"和"延期付款（by Deferred Payment）"。可根据合同的付款方式确定选项，并在其前面的方框中打上"√"；如果是延期付款信用证，还应在该选项中"at"后加注延期付款的具体条件，如收到单据后若干天付款等。

4）汇票金额。应根据合同规定填写；一般为发票金额的百分之多少，如"...for 95% of the invoice value..."。

5）所需的单据。信用证申请书一般印有可供选择的单据条款12条，其中第1条至第11条是具体的单据条款，而第12条为其他单据条款。具体单据条款应根据买卖合同的需要，在所选单据前的括号中选择，同时注明每份单据的份数及有关单据的内容等。有些单据本身又有一些选项可供选择，可在要选择项目前的括号中选择，如无括号，可以画掉非选项目。第12条的其他单据栏，可将本笔交易中所需的其他单据的要求填列在此处。

此外，开证申请书的内容应该明确、完整，避免出现歧义、误解；同时应该简洁扼要，不应罗列过多的细节。例如，某个进口商在申请一份用于木材交易的信用证时，要求受益人提供的发票除注明总立方数之外，还应记载原木的根数及每根原木的立方数，这一企图被信用银行劝阻。其实进口商的意图无非是想以详细的要求防范出口商欺骗自己，但这无济于事，因为出口商仍可以依葫芦画瓢地详细列出指定内容，照样进行欺诈。所以防范欺诈的方法应该是避免同信誉不良的出口商进行交易，而不应在信用证中罗列过多的细节。

二、开立信用证

开证银行根据开证人的申请向受益人开立信用证，所开信用证的条款必须与开证申请书所列一致。

信用证一般开立正本一份，副本若干份。其中，正本和若干份副本邮寄通知银行，以供通知受益人；另将副本一份给进口人，供其核对，以便在发现与开证申请书不符或有其他问题时，可及时进行更正或修改。如开证银行委托其他国家的银行代为付款，还需将信用证的副本寄一份给付款银行或另寄一份授权通知书给付款银行，以便付款银行于接到单据后核对或凭议付银行偿还通知拨款。

三、信用证的通知、转递与保兑

（一）通知与转递

信用证的通知，是针对电开本信用证而言的。电开本信用证是以通知行为收件人的，通知行收到信用证并核押无误后，即以自己的通知书格式照录全文，通知受益人。转递是针对信开本信用证而言的。当信用证在寄送到出口地银行后，由银行核对印鉴，若相符，银行只需将原证照转给受益人即可。

（二）保兑

若通知信用证时要求对信用证加具保兑，这时开证行通常会邀约通知行对信用证加具保兑。因此，保兑行通常是通知行或其他信誉卓著的银行。由于保兑行在信用证下责任同开证行，因此，被邀约加具保兑的银行应该注意避免风险。比如，应考察开证行的资信、与本银行的关系等，再决定是否保兑。因为保兑行与开证申请人并无合约关系，无法强制申请人付款赎单，因此，保兑行只能处理单据及货物，或者作为开证行的债权人对其提出清偿要求。所以，银行一般只对与自己保持有良好业务关系的联行或代理行开立的信用证提供保兑。

四、信用证审核、修改

（一）信用证审核

受益人接到信用证通知或收到信用证原件后，应立即进行审查。

1. 信用证审核的依据

审核信用证的依据主要有合同、《UCP600》以及业务实际情况与商业习惯三个方面。在实际操作中，出口商收到信用证后，应综合运用这三个依据及其内在关系，对信用证进行较为全面与系统的审核，对信用证的文字、条款有不明确的，可联系通知行向开证行查询；将"不能做到、不易做到"的信用证条款删除或修改，为日后顺利履行合同和安全收汇打下基础。但所有问题应一次提出，防止一改再改。

2. 审证操作要点

（1）审核开证申请人、受益人的名称、地址是否准确无误。信用证中常有误将开证申请人、受益人相互颠倒，或名称不全的情况。如合同上出口方原为"China National Textiles Import & Export Corporation, Shanghai Branch"，信用证中则写成了"China National Textiles Import & Export Corporation"，前者是"中国纺织进出口公司上海分公司"，后者则为"中国纺织进出口公司"，二者是完全不同的当事人。如来证误开，开证申请人应及时联系修改，以免寄单时发生困难。受益人的名称、地址如有误，应及时修改更正，以免给制单带来不必要的麻烦和无法解决的困难。

（2）检查信用证的金额、币种是否符合合同规定。主要检查内容有：信用证金额是否正确，信用证的金额应该与事先协商的相一致；信用证中的单价与总值要准确，大小写并用，内容要一致，如数量上可以有一定幅度的伸缩，那么，信用证也应相应规定在支付金额时允许有一定幅度的增减，而如果在金额前使用了"大约"一词，其意思是允许金额有10%的伸缩；检查币制是否正确，比如，合同中规定的币制是"英镑"，而信用证中使用的却是"美元"，这便是不正确的。

（3）检查付款期限（即期、远期天数）是否与合同一致。信用证的付款期限在信用证中往往不是直接通过信用证本身反映出来的，而是反映在汇票的期限上。例如，合同规定"凭即期信用证付款"，信用证中却表达为"L/C available by draft at sight"。出口商在审核信用证的付款期限时，应当审核汇票的期限，看看信用证项下汇票的期限是否与其相符，如果不符，则应当根据合同进行修改。

检查信用证的付款时间是否与有关合同的规定相一致，应特别注意以下情况：①信用证中规定有关款项须在向银行交单后若干天内或见票后若干天内付款等情况。对此，应检查此类付款时间是否符合合同规定的要求。②信用证在国外到期。规定信用证国外到期，有关单据必须寄送国外，由于我们无法掌握到达国外银行所需的时间且容易延误或丢失，有一定的风险，通常我们要求在国内交单、付款。在来不及修改的情况下，应提前一个邮程（邮程的长短应根据地区远近而定）以最快方式寄送。信用证到期地点最好为"IN CHINA"（或"IN ×× CITY, CHINA"）。③如信用证中的装运期和有效期是同一天，即通常所称的"双到期"，在实际业务操作中，应将装运期提前一定的时间（一般在有效期前10天），以便有合理的时间来制单结汇。

（4）检查装运期的有关规定是否符合要求。检查信用证规定的装运期应注意以下几点：①能否在信用证规定的装运期内备妥有关货物并按期出运，如来证收到时装运期太近，无法按期装运，应及时与客户联系修改。如果信用证规定的交货期较合同规定的稍晚，应可接受。一般信用证的有效期最好晚于最后装船期半个月到一个月，以便卖方有足够的时间制单、交单。②实际装运期与交单期时间相距不能太短。交单期的规定一般为装船期后15天，但不宜超过21天。③信用证中规定了分批出运的时间与数量，应注意能否办到，否则，任何一批未按期出运，以后各期即告失效。④检查能否在信用证规定的交单期交单。如来证中规定向银行交单的日期不得迟于提单日期后若干天，则若过了限期或单据不齐、有错漏，银行有权不付款。

（5）检查商品描述、数量、包装搭配是否与合同一致。对商品的说明包括商品的品牌、数量、包装、规格单价和价格术语等。如合同品名用英文，而来证品名用其他文字，应检查是否为同一货物。应看信用证金额的大、小写以及货币名称是否与合同一致，还有大、小写彼此之间的金额及货币名称是否相符。如数量上可以有一定幅度的伸缩，那么，信用证也应相应规定在支付金额时允许有一定幅度的增减。一般以重量为计量单位的货物，如果允许有溢短装的幅度要求，信用证条款应做类似这样的规定："Amount of credit and quantity of merchandise 5% more or less acceptable."（信用证的金额及货物的数量均可允许5%的增减。）该条款明确指出金额及货物数量均可增减5%。如果在金额前使用了"大约"一词，其意思是允许金额有10%的伸缩。对信用证中装箱单条款，受益人可按情况决定接受与否。如果货物数量较多，且每件非定量包装，须逐一列出每件的毛/净重，这将给提单或装箱单的缮制造成麻烦，且费时，受益人可要求删除该条款。当货物为散装货时，也应拒绝这种装箱单条款。如果买方坚持保留装箱单，而受益人制单确认困难可以要求以尺码单详细列明每个运输包装的状况，以替代提单或装箱单的有关内容。

（6）检查运输条款是否可以接受。有关运输保险方面的条款常见的问题有：起运港与合同规定或成交条件不符；目的港与合同规定或成交条件不符；分批装运或转运与合同规定不符；保险险别、保险金额与合同规定不符等。具体应注意以下事项：①起运地及目的港必须与合同一致。如果目的港有改变，在我方负担运费的价格术语下，应相应调整价格，或者规定变更地点与原目的港运费差价由买方负担。②如来证指定运输方式、运输工具或运输路线，要求承运单位出具船龄证明或船级证明之类，应及时与有关承运单位联系，如办不到应立即通知修改。③来证规定装20英尺或其他规格集装箱的，要视货量是否合适，还要看所去港口有无该尺寸的集装箱。④检查货物是否允许分批出运。除信用证另有规定外，货物是允许分批出运的。需要特别注意：如信用证中规定了每一批货物出运的确切时间，则必须按此照办，如办不到，必须修改。⑤检查货物是否允许转运。除信用证另有规定外，货物是允许转运的。

（7）保险条款是否符合合同规定。根据成交的贸易术语，确定是进口方还是出口方投保。在装运港船上交货（Free on Board，FOB）（或成本加运费（Cost and Freight）

的情况下，由进口方投保；在成本加保险费与运费（Cost Insurance and Freight，CIF）的情况下，由出口方投保。因此，在 FOB 或 CFR 成交的条件下，信用证中如果出现要求卖方投保、提供保险单的条款，应要求删除。在 CIF 成交的条件下，则应比照合同审查投保的风险、金额等是否与合同相符。

有些来证中规定：受益人将预保单（保险通知书）寄给进口国保险公司，待收到其签收的保险回执（Acknowledgement of Insurance）后，受益人凭回执及货运单据办理议付。在此条款下，若不能在信用证有效期内收到回执，受益人将无法议付，因而不宜接受，应修改为提交"装船人的保险通知书副本"（Copy of Shipper's Insurance Declaration）。

（8）检查信用证中有无"软条款"。"软条款"（Soft Clause）是指付款条件含混不清，银行责任不明的未生效条款。它的根本特征就是它赋予开证行或开证申请人单方面的主动权，使得信用证可能随时因开证行或开证申请人单方面的行为而解除，成为一种可撤销的"陷阱"信用证。

常见的"软条款"有以下几种：①信用证规定货物检验证书为开证申请人指定的人签发。如："The inspection certificate should be issued and signed by our nominated person."这样，当进口地市场行情发生变化或发生其他情况时，进口商会拖延时间或不派人签发单据，造成信用证过期，出口商收汇面临很大风险。②信用证规定某些单据如发票、货物收据等为特定人签发，而且签字式样应与开证行的预留字样相符。如"This document should be issued and signed by ××× and the signature must be in strict compliance with that on our side."此种情况发生的原因类似于上面一条的情况，但对出口商造成的影响可能更大。出口商提交单据的签字很难与开证行的预留印鉴相一致，因为进口商派出签单的人可能与预留印人不是同一个人。③有的信用证中规定暂不生效条款。出口商需等到开证行另行通知后，此信用证条款才能生效。如"The credit will be an operative instrument upon receipt of the advice(s) from the issuing bank."此种情况下业务的主权完全掌握在开证行以及进口商手中，出口商表面上已经获得开证行的保证，但此保证被附加条件限制住了，出口商不能及时发货，其资金周转将受到很大的影响。

【案例 5-3】

某年，我国 A 公司与外国 B 公司达成协议，以 CFR 术语向 B 公司出口女式服装，合同总金额为 400 万美元，以不可撤销信用证付款，双方在合同中约定：货物应由 B 公司指定的检验机构进行检验，货物品质若符合进口国的有关进口标准，则由该检验机构出具合格证书，否则 B 公司可凭拒绝验收报告向 A 公司索赔。合同签订后，B 公司通过当地银行开出了以 A 公司为受益人的即期不可撤销信用证。信用证的单据栏将 B 公司指定的某检验机构出具的合格证书作为 A 公司向银行申请付款时应提交的单据之一。A 公司收到信用证后未提出任何异议，并按时将货物发运。在货物的运输过程中，进口国的相关进口标准发生变动，货抵目的港后，经检验货物品质不符合进口国现行进口标准检验机构拒绝出具合格证书，买方拒收货物。由于缺少合格证书，A 公司遭到开证行拒付，最后只得以低价将货物转售给另一家公司，造成各种损失近 310 万美元。

【案例分析】

A 公司之所以损失惨重，是因为其接受了将 B 公司指定的检验机构出具的货物品质符合进口国标准的合格证书作为付款单据之一的信用证，这种"软条款"会使卖方冒很大的收汇风险。因为在信用证支付方式下，只有卖方向银行提交的单据与信用证的规定相符合，即"单证相符"时银行才会付款。本案中的买卖合同规定，卖方交付的货物的品质必须符合进口国的相关进口标准，并由买方指定的检验机构进行检验，卖方如对该进口标准不熟悉并未能随时把握该标准的变动，则会给其获得检验合格证书带来极大困难。没有合格证书，则单证不符，银行必会拒付。这样的信用证对卖方根本起不到保证支付的作用。

（二）信用证的修改

如果受益人审核发现信用证与合约不符或存在"软条款"，可以拒绝接受或提出修改信用证。《UCP600》第 10 条规定："Except as otherwise provided by article 38, a credit can neither be amended nor cancelled without the agreement of the issuing bank, the confirming bank, if any, and the beneficiary."（除本惯例第 38 条另有规定外，凡未经开证行、保兑行（如有）以及受益人同意，信用证既不能修改也不能撤销。）因此，不论是进口商还是出口商提出修改，都应经开证行同意后，由开证行通过原通知行将修改通知书或电报通知转告给出口商，出口商接受后此修改才能生效。但要注意不允许部分接受修改，部分接受修改将被视为拒绝接受修改的通知。

自发出信用证修改书之时起，开证行就不可撤销地受其发出修改的约束。保兑行可将其保兑承诺扩展至修改，且自其通知该修改之日起，即不可撤销地受到该修改的约束。然而，保兑行可以选择将修改通知受益人而不对其加具保兑，但必须不延误地将此情况通知开证和受益人。

五、议付与索汇

受益人收到信用证经审核无误或收到修改通知书认可后，即可根据信用证规定的条款进行备货和办理装运手续，缮制并取得信用证所规定的全部单据，签发汇票，连同信用证正本、修改通知书以及与信用证有关的其他文件在信用证有效期内，送交通知银行或信用证指定限制议付单据的银行办理议付。

1. 议付行审核无误，办理议付

议付就是办理议付的银行买进汇票及所附单据并将票款付给信用证受益人，办理议付的银行就是议付银行。议付银行在议付前首先要对信用证进行审核，一是审核信用证是否过期；二是审核信用证金额是否用完；三是审核信用证是否经开证行撤销。其次是严格按照信用证的规定审核单据，并在收到单据次日起不超过 5 个银行工作日将审核结果通知受益人。如审核无误，则按照信用证要求，以与出口人约定的方法议付货款，同时办理结汇，即银行将收到的出口外汇按当日人民币市场汇率的银行买入价购入，进而结算成人民币支付给出口人，然后向开证行寄单请求付款。

议付行办理议付后，应在信用证背面批注代付日期、金额、装运数量、提单签发日、承载船名及余额等内容，以便下次议付时查考，防止重复议付。批注后的信用证退还受益人，然后议付银行根据信用证的要求将单据分次寄给开证银行，并将汇票和索偿证明书分别寄给开证银行或偿付银行。以航邮或电报、电传索汇。

2. 议付行若发现不符点，视情况采取不同的处理措施

在议付行对单证进行审核的过程中，如果发现有单证不符点，议付行将视情况采取不同的处理措施。《UCP600》将银行处理不符单据的选择规定为四种：持单听候交单人的处理；持单直到开证申请人接受不符单据；径直退单；依据事先得到的交单人的指示行事。实务中，议付行经审单发现不符点，一般在审单记录上简明扼要地逐条记录下来，将单据退回受益人，待换单后达到单证相符才寄单索汇。若单据严重不符，受益人或受益人所在地银行不愿做托收处理，受理单据的银行可将单据退回。

在实际业务中，发生不符点的情况往往难以避免，比如船舶误期、航程变更、意外事故、差错疏忽等原因都可能造成不符点。在向银行提交单据之前已经形成不符点的事实，如交货数量超过合同规定的数量，或运输单据的签发日期超过了信用证最迟的装运日期，则受益人应及时与开证申请人联系，请其接受这种不符点的事实，或请求其修改信用证，以达到"单证一致、单单一致"，避免受益人遭受损失。在向银行交单结汇时，由于受益人制单疏忽造成不符点，则受益人可以修改单据或重新缮制单据，以争取做到单证一致。

如果在单据寄到开证行时才发现不符点，此时，如果时间允许，则可以改为请求开证申请人改证，以做到单证一致，确保安全收汇。如果时间有限，无法在信用证有效期内和交单期内做到单证一致、单单一致，则可以根据实际情况处理，例如：凭保议付、信用证项下单据作托收处理、电提或表提、退单退货；降价处理等。

3. 向开证行索汇

开证银行收到议付银行寄来的汇票和单据后，应立即根据信用证条款进行核验。如认为单据与信用证规定相符，应在合理时间内（一般习惯为两天以内）将票款偿还议付银行。如为远期汇票，开证银行或指定的付款银行应立即对汇票进行承兑，并将经承兑的汇票航邮寄还议付银行，如与议付银行有代理或往来协议，也可根据协议将汇票留存，但应向议付银行寄发承兑通知书，将汇票汇款到期日通知议付银行。在前一种情况下，议付银行在汇票到期日前将汇票与索汇证明书寄往开证银行或付款银行索偿；在后一种情况下，开证银行或付款银行应在到期日收入议付银行账户并通知议付银行或将票款用其他方式拨交议付银行。

根据《UCP600》第16条规定，若开证行在审核单据后发现单据不符，可以拒付，拒付时开证行应做到：毫不迟延地以电讯方式通知寄单银行，若单据由受益人寄来，则通知受益人；若不能采用电讯方式，则应以其他快捷方式，在不迟于自交单的第二天起第五个银行营业日结束前作出拒付通知；开证行在拒付通知中必须说明拒付理由或原因，即提出单据的"不符点"，且所有不符点以一次通知为有效，即开证行只有一次提

出不符点的权利，以后再提出不符点是无效的。开证行在拒付通知中须说明对单据的处理情况：该银行在获得提示人指示前代为保存单据；或开证银行代为保存单据直到收到申请人的放弃通知，并同意接受该放弃为止，或在同意接受之前从提示人处收到进一步的提示；或该银行将退还单据；或该银行将按照此前收到的提示人的指示行事。

六、开证人付款赎单与提货

开证银行将全部票款拨还议付银行后，应立即通知开证人付款赎单。开证人接到开证银行通知后也要立即到开证银行核验单据，认为无误后，将全部票款及有关费用一并向开证银行付清并赎取单据。如申请开证时曾交付押金，付款时可扣除押金，如申请开证时曾递交抵押品，则在付清票款和费用后，抵押品由开证银行发还。此时，开证人与开证银行之间由于开立信用证所构成的权利义务关系即告终结。

如果开证人验单时发现单证不符或单单不符，应与银行加强联系，共同协商，根据具体情况作出必要的处理，主要包括以下几项：

（1）接受不符点。对出现的不符点，进口商愿意接受的，可指示开证银行对外付款。

（2）要求更改单据。如果不符点较为"一般"，可通过寄单方式，由国外银行通知出口商更正单据。

（3）货到后经检验再付款。如果不符点较为"严重"，可由国外银行做出书面担保后付款，或者改为货到检验后付款。

（4）停止对外付款，拒绝接受单据。如果不符点"十分严重"，可以拒绝接受单据，并指示开证银行必须毫不迟延地以电废墟方式通知国外寄单的银行，并列明银行拒收单据的所有不符点，说明是否保留单据、听候交单人处理或退回交单人。

（5）保留追索权。由国外议付行提交书面担保后，开证行先行付款，如收到货物以后发现与规定不符，可以将已付的货款追回。

（6）相符部分付款，不符部分拒付。

第三节　信用证当事人的权利与义务

信用证业务最基本的当事人有开证申请人，一般来说有开证行、通知行、受益人，在实际业务中往往还有议付行、付款行，在某些情况下还会有保兑行、承兑行、偿付行。各当事人分别享有不同的权利，并承担相应的责任和义务。

一、开证申请人（Applicant）

开证申请人是指向一家银行申请开立信用证的当事人，在国际贸易中通常为进口商或中间商。开证申请人的权利与义务分别是：

（一）开证申请人的权利

（1）在单证不符时，有权拒绝赎单。

（2）在货物与单据或合同不符时，有权利向出口商、轮船公司或保险公司提出索赔。

（二）开证申请人的义务

（1）根据合同的规定申请开立信用证。

（2）开证时按规定缴付押金、担保及相关费用。

（3）及时付款赎单。

（4）当开证行破产、无力支付时，承担第二付款责任，向受益人付款。

二、开证行（Issuing Bank）

开证行是指应开证申请人的要求，开立信用证的银行。

（一）开证行的权利

（1）如果单证不符，有权拒绝付款。

（2）取得质押的权利。

（3）开证行在付款后，若进口商无力付款赎单，有权处理单据和货物。

（4）若所售货款不足抵偿其垫款时，有权向进口商索取不足部分。

（二）开证行的义务

（1）按申请书的要求，正确、完善、及时地开出信用证。

（2）按《UCP600》的要求开立信用证。

（3）第一性的付款责任。

（4）合理、小心地审核单据。

三、通知行（Advising Bank）

（一）通知行的权利

（1）可以向开证行收取通知费。

（2）通知行对开证行和受益人都不承担必定议付或代为付款的责任。

（3）对文电传递中出现的一些差错有权免责。

（二）通知行的义务

（1）核实信用证表面的真实性。

（2）及时、正确的将信用证通知受益人。

四、受益人（Beneficiary）

受益人是指信用证中明确指定的信用证的接受者，并根据信用证发货、交单和收款的人，通常为国际贸易中的出口方或卖方。

（一）受益人的权利

（1）审核信用证。

（2）如果信用证条款与合同不符，有权提出修改或拒绝接受。

（3）有权凭合同单据要求银行付款、承兑或议付。

（4）如果开证行倒闭或无理拒付，有权要求进口商付款。

（二）受益人的义务

（1）按信用证规定装货、制单、交单。

（2）做到四个一致，即"货约一致、单货一致、单证一致、单单一致"。

（3）如果进口商提货后发现货物与合约规定不符，且此种不符确属出口商的责任，则进口商有权要求出口商进行赔偿，此时出口商不得拒绝。

五、议付行（Negotiating Bank）

议付行是指对受益人交来的跟单汇票办理交单贴现的银行。限制议付信用证的议付行由信用证上指定的银行担当；而自由议付信用证的议付行可由受益人根据需要任意选择一家银行担当，通常是通知行或受益人的往来银行。

（一）议付行的权利

（1）垫款后，有权向开证行或其他银行索偿。

（2）垫款后，有权向出口商追索款项。

（3）可以收取相关的利息和费用。

（二）议付行的义务

在受益人提交满足"单证相符，单单相符"的单据时，对议付信用证先行给予垫款。

六、付款行（Paying Bank）

付款行是指在信用证中被指定对信用证项下的汇票进行凭单付款或在付款信用证项下执行付款的银行。付款行也称代付行，开证行通常委托通知行担任付款行。

（一）付款行的权利

付款行可以在开证行资信较差时，有权拒绝接受开证行代为付款的委托。

（二）付款行的义务

付款行一经接受开证行的代付委托，在对受益人进行验单付款后，即不得再向受益人追索。付款行付款后无追索权，它只能向开证行索偿。

七、保兑行（Confirming Bank）

保兑行是根据开证行的要求对不可撤销信用证加具保兑的银行。

（一）保兑行的权利

根据《UCP600》第八条的规定，如果开证行授权或要求一银行对信用证加具保兑，而其不准备照办，则其必须毫不延误地通知开证行，并可通知此信用证而不加保兑。

（二）保兑行的义务

（1）承担了凭单付款的责任。

（2）付款后，无权向出口商追索款项。

八、承兑行（Accepting Bank）

对受益人提交的远期汇票进行承兑的银行称为承兑行，也是付款行。

九、偿付行（Reimbursing Bank）

偿付行是指开证行委托的对议付行或代付行进行偿付的代理银行。通常说来，当开证行与议付行或代付行之间无账户关系时，为了结算便利，开证行往往委托另一家与其有账户关系的银行代向议付行或代付行偿付。

（一）偿付行的权利

偿付行不接受单据，不审核单据，不与受益人发生联系，因此偿付行对议付行或代付行的偿付，不能视为开证行的付款，不是终局性付款。当开证行收到单据发现与信用证条款不符时，可以向议付行或代付行追回已付款项，但不能向偿付行追索。

（二）偿付行的义务

依据偿付授权书在权限内对有权索偿银行（议付行或付款行）偿付货款。当信用证中规定有偿付行时，开证行开出信用证后应立即向偿付行发出偿付授权书，通知授权付款的金额、有权索偿银行等事项。有权索偿银行在议付或代付款项之后，一面将单据寄开证行，一面向偿付行发出索偿书。偿付行收到索偿书后，与开证行的偿付授权书进行核对，如与索偿银行相符，且索偿金额不超过授权金额，则立即向出口地银行付款。

十、信用证主要当事人之间的关系

（一）开证行与开证申请人

开证行与开证申请人之间的关系是建立在开证申请书基础上的契约关系。两者产生契约关系的原因在于：开证申请人（进口商）为履行买卖合同义务，以出具开证申请书的形式要求一家银行为合同的另一方（出口商）提供付款承诺。若开证申请人能够提供偿付信用证金额的开证担保，并履行了申请开证的一切手续之后，该银行即以开出信用证的形式同意提供这种付款承诺。信用证一经开出，开证行与开证申请人之间的契约关系即告成立。开证行按约定将信用证及时通知至受益人（通常通过通知行），并须对表面合格的单据承担付款责任；开证申请人应按期付款赎单，若到期不赎，开证行有权处理单据及单据项下的货物。

（二）开证行与通知行

开证行与通知行之间属委托代理关系，两者间通常订有业务代理协议。开证行是委托信用证通知的委托人，通知行是接受开证行的委托履行信用证通知义务的受托人。通知行接受通知委托后，应立即证明信用证印鉴或密押的真实性，并迅速、准确地将信用证内容通知受益人。通知行对受益人不负有除通知责任以外的信用证责任，开证行无权强迫通知行向受益人偿付款项；但通知行如接受了开证行的议付或付款委托并履行其职责后，则有权凭正确的单据向开证行要求偿还所垫付的款项。

（三）开证行与受益人

开证行与受益人之间虽然不存在直接的契约关系，但开证行一旦以开出不可撤销信用证的形式，向受益人承担对表面合格单据不可推卸的付款责任后，双方之间即产生了事实上的契约关系，产生了其权利与义务建立的基础即信用证条款。开证行有对表面合格单据必须付款、妥善保管受益人提交的全套单据、不当拒付时对受益人赔偿损失等义务，享有要求受益人严格履行信用证义务并提交与信用证规定相符的全套单据的权利，以及审核单据、拒付表面不合格单据、拒绝接受监管货物等权利；受益人有根据信用证的指示提交正确单据的义务，享有凭正确单据获得开证行付款的权利。

（四）开证行与保兑行

开证行与保兑行之间属根据业务代理协议产生的委托代理关系。当开证行邀请或委托一家银行以该行的名义保付信用证时，该银行有权接受委托，亦有权拒绝接受委托。若为前者，该行即成为信用证的保兑行，应承担保兑行的全部责任义务，并享有相应权利。

（五）通知行与受益人

若通知行不承担保兑责任，其与受益人无直接或事实上的契约关系。通知行只是按照开证行的委托，将确认为真实有效的信用证迅速、准确地通知受益人，而不负除此以外的其他责任。受益人不得向通知行主张超越其责任范围之外的任何权利。

（六）开证行与议付行

开证行与议付行之间不存在直接的契约关系，两者关系的确立需依据信用证条款的规定，议付行以汇票及/或单据持有人的身份对开证行主张权利。由于议付行根据开证行的邀请与付款承诺向受益人垫付款项；开证行有义务对议付行提交表面合格的单据付款，有权拒付不合格单据。在开证行拒付的情况下，议付行作为正当持票人并根据其与受益人之间的协议，对受益人享有追索权。

（七）议付行与受益人

议付行与受益人之间属票据关系和融资关系。议付行根据开证行的邀请对受益人提交的合格汇票、单据进行议付垫款属票据买卖行为。受益人作为汇票的出票人和出让者向议付行转让跟单汇票，议付行以单据为抵押议付垫款后即成为跟单汇票的受让者及正当持票人。因此，开证行不论以何种理由拒绝偿还议付行的垫款，议付行作为正当持票人享有向受益人追索票款的权利。此外，议付行的议付垫款使受益人获得了资金融通，前者是资金的提供者，后者是融资的获得者；根据融资协议，当议付行遭开证行拒付时，其有权向受益人索回议付垫款。

（八）保兑行与受益人

保兑行对受益人具有与开证行相同的权利义务，两者之间存在着事实上的契约关系，这一关系确立的基础即是保兑行在开证行开立的信用证上加注了"保兑"字样。作为保兑行，它一方面是作为开证行的代理人，另一方面它又以当事人的身份对受益人独立负责。保兑行有对合格单据必须付款的义务；付款后无论因何原因得不到开证行的偿付，均不得向受益人追索票款。受益人应向保兑行提交合格单据，并凭以获得保兑行的支付。

（九）开证行与付款行

开证行与付款行之间为业务代理关系。付款行是开证行的付款代理人，它根据两行间的业务代理协议承担代理付款责任。付款行代表开证行对受益人提交的单据进行核验，若表面合格，应予付款；若表面不合格，有权拒付。付款行验单付款后有权向开证行索要款项；若开证行偿还垫款后而又发现单证不符时，有权向付款行追索，付款行应予退款。

第四节 信用证的种类

一、按银行责任进行分类的信用证种类

（一）可撤销信用证与不可撤销信用证

根据开证行对所开出的信用证所负的责任来划分，信用证分为可撤销信用证和不可撤销信用证。根据《UCP600》第三条的规定，现在实际业务中信用证都是不可撤销的，即使未如此表明。

1. 可撤销信用证

可撤销信用证是指开证行在开证之后，无须事先征得受益人同意就有权修改条款或者撤销的信用证。这种信用证对于受益人来说缺乏保障。

2. 不可撤销信用证

不可撤销信用证是指未经开证行、保兑行（如果有的话）以及受益人同意，既不能修改也不能撤销的信用证。这种信用证对于受益人来说比较有保障。

（二）保兑信用证与不保兑信用证

根据是否有另一家银行对信用证加具保兑，不可撤销信用证又可分为保兑信用证与不保兑信用证。

1. 保兑信用证（Irrevocable Confirmed Credit）

保兑信用证是指根据开证行的授权和要求，另一家银行（保兑行）对不可撤销信用证加具保兑，只要信用证规定的单据在到期日那天或以前提交至保兑行或指定银行，并与信用证条款和条件相符，则构成保兑行在开证行以外的确定承诺去支付、承兑汇票或议付，从而成为不可撤销的保兑信用证。

《UCP600》规定，保兑行对信用证加具保兑之时起就不可撤销地承担承付或议付的责任。

保兑信用证的使用有以下两种情况：一种情况是受益人对开证行的信用程度及金融地位不信任和了解时，或对进口国政治上有顾虑时，要求开证申请人指示银行开立不可撤销加保兑的信用证；另一种情况是开证行本身担心其开出的信用证不能被受益人接受或不容易被议付行议付时，主动要求一家银行对其开出的信用证加具保兑。

2. 不保兑信用证（Unconfirmed L/C）

不保兑信用证是指未在信用证中注明"保兑信用证"字样的信用证。即便开证行要求另一家银行加保，如果该银行不愿意在信用证上加具保兑，则被通知的信用证仍然只是一份未加保兑的不可撤销信用证。通知行在给受益人的信用证通知中一般会写上："This is merely an advice of credit issued by the above mentioned bank which conveys no engagement on the part of this bank."（这是上述银行所开的信用证的通知，我行只通知而不加保证。）

不保兑信用证的特点是只有开证行一种确定的付款责任。

二、按信用证下指定银行的付款方式的信用证种类

（一）即期付款信用证

信用证规定受益人开立即期汇票，或不需汇票仅凭单据即可向指定银行提示请求付款的信用证称为即期付款信用证（Credit available by payment at sight or Sight payment Credit）。

（二）延期付款信用证

不需汇票，仅凭受益人交来单据，审核相符确定银行承担延期付款责任起，延长一段时间，及至到期日付款的信用证称为延期付款信用证（Credit available by deferred payment or Deferred payment Credit）。

确定到期日的方法是：

交单日以后若干天付款（15 days after presentation of documents）。

装运日以后若干天付款（30 days after the date of shipment）。

固定的将来日期付款（On a future date fixed）。

（三）承兑信用证

信用证规定开证行对于受益人开立以开证行自己为付款人或以其他银行为付款人的远期汇票，在审单无误后，应承担承兑汇票并于到期日付款责任的信用证称为承兑信用

证（Credit available by acceptance or Acceptance Credit）。

（四）议付信用证

议付信用证下面开证行的承诺扩展至第三当事人即议付行，它议付或购买受益人在信用证下交来的汇票和单据，确信任何议付行被授权议付汇票/单据，而这些汇票、单据将被开证行正当付款，只要它们与信用证条款相符。一家银行有效地议付汇票/单据，从受益人那里购买以后，就成为正当持票人（Holder in due Course）。

（五）自由议付信用证

自由议付信用证（Free negotiable Credit）不限制某银行议付，可由受益人选择任何愿意议付的银行，提交汇票、单据给它请求议付，任何银行就成为被指定议付行。自由议付信用证可以规定在一个城市，或在一个国家的任何银行自由议付，但不宜规定全世界的任何银行自由议付，因为那将带给开证行很大的风险。

三、根据受益人使用信用证的权利能否转让，信用证可以分为可转让信用证和不可转让信用证

（一）可转让信用证

1. 可转让信用证定义

根据《UCP600》第 38 条规定，可转让信用证是指特别注明"可转让"（transferable）字样的信用证。可转让信用证是指该信用证的受益人（第一受益人）可以请求授权付款、承担延期付款责任、承兑或议付的银行（转让行），或如果是自由议付信用证时，可以要求信用证特别授权的转让行，将信用证全部或部分转让给一个或数个受益人（第二受益人）使用的信用证。

凡可转让信用证必须载明以下文句，以表示其可以转让：

"This Credit is transferable."（本信用证可以转让。）

"Transferable to be allowed."（本信用证允许转让。）

2. 可转让信用证适用的贸易方式

（1）进口商委托国外中间商采购商品时，可开具以中间商为受益人的可转让信用证。中间商可将一地或异地的各供应商作为第二受益人予以分割转让其信用证的全部或部分金额。对中间商而言，这种做法一方面可以保守商业秘密，不让国外进口商知道实际的货源和交易条件；另一方面又可以赚取中间利润。

（2）大公司接受国外大量订货，而实际由分散各口岸的分公司分头装货时，可要求进口商开立可转让信用证。大公司可以总公司作为信用证的第一受益人，然后再将信用证的金额分别转让给实际供货的各分公司，即信用证的第二受益人。

（二）不可转让信用证

不可转让信用证（non-transferable L/C）是指信用证的受益人不能将信用证的权利转让给他人的信用证。

四、根据信用证能否循环使用，可分为循环信用证和非循环信用证

（一）循环信用证

循环信用证（Revolving Credit）是指受益人在一定时间使用规定的信用证金额后，能够恢复再度使用其金额，周而复始，直至使用到规定的次数和金额为止。

循环信用证适用的贸易方式是在交易条款中明确说明是定时、定量、定品种的合同货物，而且只限向同一个贸易伙伴提供同一种货物。同时，循环信用证也适用于当出口商向进口商较长时间分批、定量、定时提供大型设备的零配件、易损件等业务。使用循环信用证无须分批逐个地由不同的银行开证和议付，因而买卖双方都可以节约银行费用，简便易行。

循环信用证可以按时间或按金额循环。

（二）非循环信用证

非循环信用证是指信用证所列金额不可循环使用的信用证。在实务中，一般的信用证都是非循环信用证。若未注明信用证为循环信用证，则为非循环信用证。

五、根据付款时间不同，信用证可分为预支信用证、即期付款信用证、延期付款信用证和远期信用证

（一）预支信用证

1. 预支信用证定义

预支信用证（Anticipatory Credit）是在该证列入特别条款授权保兑行或其他指定银行在交单前预先垫款给受益人的一种信用证。

2. 预支信用证主要用于以下情形

（1）合同中商品系市场上供不应求的紧缺商品，进口商欲采用优惠的有竞争性的支付条件，以求尽快获得商品。

（2）出口商资金紧缺或周转不灵，进口商可借此机会，采用预支货款的支付方式，以求压低价格。

3. 预支信用证的分类

（1）全部预支信用证（Clean Payment Credit）。全部预支信用证的进口商欲融资于出口商，在申请开证时，将全部预支款项足额交给开证行，开证行加列预支条款，授权指定银行凭受益人交来光票或收据，以及承诺书予以议讨购买，按照全部信用证金额扣除利息，把货款垫付给出口人，对于预支款项从议付货运单据款项中扣还，然后向开证行寄单索偿。

（2）部分预支信用证（Partial Payment in Advance Credit）。

（3）红色条款信用证（Red Clause Credit）。是指用来表示预支部分金额的条款用红色打印字体显示的信用证。红色条款内容应当表明允许出口商预支部分金额，然后在

指定的日期补交单据后，银行扣除预支款项的本息，付清余额。

若进口商同意采用红色条款信用证，一旦出现风险，其预支款项由自身负责，因此进口商应当谨慎行事。

（4）绿色条款信用证（Green Clause Credit）。它与红色条款信用证功能相似，但所含的内容和做法比采用红色条款信用证更为严格。绿色条款信用证要求出口商将预支资金所采购的合同货物，依银行的名义存放仓库，并将仓库单据交付银行持有，以保证该预支款项按照信用证的规定使用并受到监控，以减少资金被挪用的风险。

（二）即期付款信用证

即期付款信用证（Sight L/C）是指在信用证中规定受益人开立即期汇票后，一般不需即期汇票仅凭单据即可向指定银行提示请求付款的信用证。

即期信用证的付款行应借记开证行账户，贷记受益人账户。如果开证行没有在付款行开立账户，则由付款行向开证行发电索偿，电报费由开证行负担。

即期信用证对卖方有利，加速了其资金周转。对买方而言，付款、赎单、提货，乃是正常交易行为。

（三）远期付款信用证

1. 远期付款信用证定义

远期付款信用证（Usance L/C）是指由信用证受益人签发远期汇票，在其交单后，由开证行授权的银行先对远期汇票进行承兑，并于汇票到期日再进行付款的信用证。

远期付款信用证是出口商为了促进出口，增强竞争力，向进口商提供的先提货后付款的融资便利方式。

2. 远期信用证对于买卖双方的利弊

远期信用证的开证行审单无误后，对受益人或指定银行承担到期付款责任，对申请人来说，一般是开证行通知他于到期日付款赎单（D/P），允许申请人在一定的额度内开立（Trust Receipt），借取单据以便提货。因此，远期信用证对卖方不利，占压其资金，使他面临或有风险。如开证行倒闭，进口地发生战争，外汇不能调拨，买方先提货、后付款，可能假借货物品质问题申请法院下令开证行禁止付款（Injunction）。远期信用证对买方有利，不占压其资金。

六、其他类型的信用证

（一）背对背信用证

背对背信用证（Back to Back L/C）是指以原始信用证作为担保品，请求银行依据原始信用证条款，开出以供货人为受益人（第二受益人）的信用证，称为背对背信用证，又称第二信用证，凭此信用证由第二受益人发货、制单、索款。

背对背信用证主要用于三角贸易或转口贸易，这种贸易方式也称"三方两份契约"方式，即出口商、中间商和进口商签订两份契约。中间商和进口商签订的是第一份契约，依该契约签订的信用证为原始信用证；中间商和出口商签订的契约为第二份契约，依该契约开立的信用证为背对背信用证。

（二）对开信用证

对开信用证（Reciprocal Credit）指两张互相制约的信用证，进出口双方互为开证申请人和受益人，双方的银行互为开证行和通知行。这种信用证一般用于补偿贸易、易货贸易和对外加工装配业务。

第五节　信用证方式下的风险及其防范

信用证是目前我国对外贸易结算中采用最多的一种结算方式，有着以银行信用为基础、独立于贸易合约、单据交易的特点。尽管信用证结算与商业信用为基础的汇票托收相比，更具安全性，但仍然不能排除其业务过程中可能出现的风险和在结算中发生的欺诈行为。因此，在实际业务中，要采取必要的控制措施，把风险降到最低限度是很有必要的。

一、进出口商面临的风险及防范

（一）出口商所面临的风险

信用证是开证行向出口商开具的有条件付款保证，所谓条件就是通常所说的"单证一致、单单一致"。这样出口商发运货物后，只要能提交满足信用证条款要求的单据，开证行就可以保证付款。因此，相对于其他支付方式而言，由于有银行信用的出现，似乎出口商在信用证方式下并无风险，事实上，出口商也会面临各种风险。主要表现在以下几个方面：

1. 来自信用证条款的风险

（1）信用证条款过于苛刻。有些信用证对货物的品质要求很严格，容易造成出口商有时不注意或难以满足这些要求。如对某些产品的出口，信用证要求出口商必须满足对方国家或某一国产品的质量标准等。这样出口商将面临巨大的收汇风险。

（2）信用证对有效期、装运期以及交单期规定得过于短促。出口商较难满足这些要求，不能提供相应的单据，很容易造成对方拒付。

（3）信用证规定海运提单的收货人为开证申请人。此时进口商无须提单即可提取货物，而出口商不能很好地掌握这些货物，丧失了对货物的控制权。

（4）信用证规定部分正本海运提单直接寄给开证申请人，不利于出口商控制货物。如有些信用证中规定类似文句："1/3 or 2/3 original ocean bill of lading must be sent to the applicant directly after the date of shipment."（1/3 或 2/3 的正本海运提单必须在货物装运后直接寄给开证申请人。）由于此时的提单通常为物权证书，且每份提单对货物的效力相同，因此如果出口商将一份或两份正本提单直寄申请人，则易发生进口商用提单提货后指示开证行以各种理由挑剔出口商提交的单据并拒付。这样出口商既丧失了货物，也不能收到货款。

（5）信用证规定的到期日及到期地点均在开证行所在地。这样，出口商提交单日期就要提前，开证行对出口商提供的付款保证期限，从实际操作而言就缩短了。出口商难以保证准时按照信用证的要求将单据交到开证行手中，容易形成不符点，因此出口商收汇将面临巨大风险。

（6）信用证规定了银行费用均由出口商负担，加大了出口商的成本。信用证业务中的银行不仅包括出口商国内的，而且也涉及进口商国内的，有时还可能涉及第三国的银行。由于各个银行提供的服务不同、收费标准不同，因此如果信用证业务中的所有银行费用都由出口商承担，则出口商的业务成本将大大增加。这对出口商是极为不利的。

（7）信用证中出现"软条款"。如检验证书必须由买方指定的人签发，此信用证需待收到开证行通知后才生效等条款。

2. 虚假信用证风险

虚假信用证是以根本不存在的虚假银行名义的假信用证，或是冒用其他银行开立的伪造信用证。其目的是利用贸易合约中列有出口商预付佣金、质押金、履约金并规定出口商收到信用证后立即支付条款，或列有收到信用证后立即发货条款，来骗取钱、货。

虚假信用证的主要特征是：电开信用证无密押；电开信用证声称使用第三家银行密押，而所谓的第三家银行的确认电文并未加押；信开信用证的签字无从核对；信开信用证随附印鉴式样确系假冒；开证银行行名、地点不明；单据要求寄往的第三家收单行不存在；信用证金额大而有效期短。

3. 进口国的国家风险

（1）外汇管制风险。

（2）贸易管制风险。

（3）战争或内乱。

4. 来自开证行的风险

（1）信用证的开证行因破产或丧失偿付能力而对受益人构成的风险。出口商提供相符单据后，能否从开证行处得到付款，主要由开证行是否实力雄厚、经营稳健，具有良好的信用等因素决定。但在西方，一些国家银行破产的事情时有发生，即使一些历史悠久的大银行也不例外，因此开证行倒闭的风险是存在的。开证行一旦倒闭，出口商可凭合约要求买方付款，尚有挽救余地。

（2）开证行的资信、经营作风等方面存在问题可能给受益人造成的损失。有些开证行由于经营管理不善，亏损严重，便不顾信誉，百般赖账或严加挑剔，找出不符点，迫使出口商降价。

5. 进口商信用不佳的风险

（二）出口商对风险的防范

从保障货物和收汇安全的角度，出口商应注意以下几个方面的问题：

1. 了解和掌握开证行的资信

开证行的资信直接关系到出口商及出口商银行的利益，因此开证行最好是资信好、偿付能力强、与我方银行有代理关系的银行。但开证行通常不是由出口商选择的，这样，在收到国外开来的信用证时，首先要关心的就是开证行的资信。对此，我们可以通过网络、国际上比较权威的银行资信评定机构等途径来对开证行的资信状况进行了解。

2. 出口商应谨慎签约

信用证虽然与合约是相互独立的，但信用证开出的依据却是合约。因此，出口商在签订合约时，合约中的付款条件一定要具体、明确、完善。如为防止进口商拖延开证，合约中应规定信用证的开证时间；明确信用证的种类，如为"不可撤销"、"不可转让"等；列明费用由谁承担等。

3. 认真审证

当出口商收到信用证时，应认真审核信用证中的各种条款。信用证条款是出口商获得付款的条件，当信用证中的条款难以满足或者对自己不利时，出口商应通过进口商要求开证行修改信用证，直至满意为止。这样，出口商的收汇才有保障。

4. 严格按信用证规定制单、装运和交单

出口商应按信用证的要求，正确、及时地缮制所规定的各种单据、安排装运并在规定的期限内交单。一旦与信用证条款有出入，就会招来不必要的损失。

5. 通过单据控制货物

一般而言，海运提单是物权证书，海运提单的抬头应做成对出口商比较有利的抬头形式，这样，通过背书转让，出口商可以把单据交付其委托的银行，才能有效地控制货物。

6. 出口商应向所在国保险机构投保

（三）进口商面临的风险

在信用证业务中，由于各当事人处理的是单据，而不是实际货物，因此出口商只要提交与信用证相符的单据，开证行就应付款，这样，进口商获得单据后可能面对以下风险。

1. 虚假单据风险

有些出口商会利用信用证凭单付款独立于合约的特性，将根本不存在的货物载入假造的提单或其他有关单据，迫使开证行在单证相符的情况下无条件付款。进口商发现上当要求赔偿时，由于开证行和议付行均不负赔偿之责，保险公司也不承担货物未上船的索赔，因此买方的损失很难挽回。此外，信用证通常规定装船期限，以督促出口商在一定期限内交运，否则将无法取得信用证项下的货款。当货物因故未能及时装船时，出口商往往会要求承运人倒签提单或先行签发已装船提单，以便取得符合信用证规定的装船日期的提单结汇。这两种提单签发方式的实质是伪造装运日期，借以掩盖出口商违反合约装运条件的非法行为。

2. 出口商利用预支信用证进行欺诈

预支信用证项下银行对出口商的预支款项通常是在获得进口商及开证行的指示后进行的。预支的目的本来是帮助出口商准备货物，但当出口商获得付款后不发货或者携款潜逃时，进口商预付的款项就要遭受损失。

3. 对开信用证项下货物或设备进口后对方迟迟不开证

对开信用证是用于"三来一补"的补偿贸易形式下的信用证。进口商授权银行向对方开出信用证进口原料和设备的本意在于利用这些原料和设备生产成品后，反过来向对方出口，但当对方迟迟不开证或开来的信用证不生效时，进口商会遭到重大损失。

（四）进口商对风险的防范

1. 加强对出口商的资信调查

进口商在开证前应对出口商的资信状况进行调查了解，只有这样，业务双方才能防患于未然。具体而言，进口商应了解出口商的生产经营状况、经营实力、经营规模、有无不良信贷记录等。

2. 谨慎合理地制定信用证的条款

进口商是通过信用证中的各项条款来制约受益人执行合约的。因此，信用证的条款应能最大限度地限制国外不法商人的不轨行为，以保障自身的利益。进口商可以通过信用证中加列一些条款来约束出口商发运货物。

（1）要求出口商提交商品相关的检验证书，如质量检验证书、数量/重量检验证书等。这样进口商可以对出口商发运的货物加以控制，以避免出口商不发货、发假货、发残次货及少发货的行为发生。

（2）对出口商货物发运状况加以规定，如货物装船日、装运港口、卸货地点、是否允许分批装运、是否允许转船等情况加以限制，以避免出口商不按时发货或货物发运后进口商不能按时获得货物等情况的发生。

（3）对出口商发运货物后向银行提示单据的日期加以规定。此日期的规定对进口商而言同样重要。如果出口商发运货物后迟迟不交付单据，除了会发生许多不必要的费用支出外，进口商就不能及时得到货物，这样会影响进口商的资金周转。

3. 对开信用证项下应加列生效条款

在对开信用证项下，买方应当在信用证上加列诸如"当收到对方银行开来信用证时，本方银行开出的信用证方可生效"之类的条款。只有加列此类条款，原料或设备的进口商才可以避免对方货物出口后由于不开证或不及时开证而造成己方生产的产品不能出口的损失。

4. 预支信用证项下应加列限制预付条款

进口商应要求开证行在信用证中加列"此信用证项下预付款应伴随着出口商货物及发运情况分批支付"条款。此外，如有条件，进口商尽可能派人监督出口商备货、发货，只有这样，进口商才可避免银行预先支付款项后出口商不发货或携款潜逃等方面的风险。

二、银行面临的风险及防范

（一）银行面临的风险

由于信用证方式是建立在银行信用基础上的支付方式，业务比较复杂，涉及的当事人多，因此信用证业务中的银行将面对巨大风险问题。总体而言，这些风险主要表现在以下几个方面。

1. 银行提供开证服务时面临的风险

信用证是一种有条件的银行付款保证。当开证行向出口商开出信用证时，则构成开证行的一项承诺，即出口商只要提供与信用证条款相符的单据，开证行就应履行付款责任。当开证行对外付款后，尽管此时开证行往往掌握进口商申请开证时预先交付的信用证金额一定比例的押金，但进口商并未向开证行付款赎单或并未完全支付信用证中的金额，这样开证行就要承担垫款后进口商不赎单或拒付的风险。

2. 银行通知信用证时可能面临的风险

信用证的通知一般是由开证行在信用证中指定的出口地银行承担。按照《UCP600》的规定，当出口地银行接一些对方银行开立的信用证时，应通过核对密押号码和预留印鉴等方式来表面审核所收到的信用证的真伪。如不能确定真伪时，出口地银行在不承担责任的前提下告知出口商此信用证尚未确定真实性的事实，并以最快方式联系开证行加以确认。如果通知信用证时未满足上述要求，则通知行应承担相应的责任。

3. 出口地被指定银行提供服务时可能面临的风险

当出口地银行接受开证行的请求参与信用证的议付或兑付时，这些被指定银行就要审核出口商提交的单据，并在"单证相符，单单一致"的条件下向出口商付款、承兑远期汇票或者议付票据，然后向开证行寄送单据，并向开证行或其指定的偿付行索汇。

如果在向开证行寄单索汇时，未发现单据中的不符点，或者遭遇到开证行资信不佳时，这些银行就会面临遭遇巨大损失的风险。

4. 保兑行向受益人付款后可能遭遇开证行拒付的风险

信用证业务中的保兑行通常是由开证行在信用证中指定的、信誉好的大银行来担任，当它接受开证行的指定并对信用证加具保兑时，保兑行就要承担与开证行相同的付款保证责任。

在根据保兑信用证发货后，出口商通常向保兑银行提交单据要求付款。保兑行的这个付款是终局性付款。保兑行凭单付款后还应向开证行索汇。如开证行信誉不佳或者进口国政治风险较大时，保兑行则承担遭遇损失的风险。

5. 循环信用证项下开证行面临进出口商联手套取银行信用的风险

循环信用证是用于方便进出口双方业务交往的一种信用证。当双方经常发生贸易往来，为了节省进口商每次进口申请开证的费用而由开证行向出口商开出的允许在一定期限内可以使用多次的信用证。在此信用证项下，进口商一次交付一定比例的押金，就可以由开证行对出口商多次提交的出口单据予以支付。在这种情况下，进出口双方可以联手欺诈，套取开证行的资金。进口商可以通过向银行交付一定的押金而出口商却可以从银行获得数额更大的资金，随后二者瓜分这些资金，从而使开证行遭受损失。

（二）银行对风险的防范

1. 开证行应认真审核进口商的资信状况

对于不同信用等级的进口商，开证行可以仅凭信用证或凭进口商交付的低比例开证押金或者高比例押金向出口商开出信用证。这样当信用不佳的进口商拒绝赎单时，开证行可以减少遭遇的损失。此外，开证行为避免风险，可以信用证中规定海运提单必须做成以开证行为抬头，这样当进口商拒绝赎单的情况发生时，开证行通过自己掌握的提单可以提取货物变卖，从而抵消或减少出现的损失。

2. 严格按照《UCP600》的规定正确处理单据

正确处理单据：一是指要认真审核单据，保证审单质量；二是指开证行要保管好单据。

3. 信用证项下被指定银行提供服务时的风险防范措施

首先，被指定银行首先应考核开证行的信用状况，避免出现由于开证行信誉不佳而造成己方代为付款而开证行却拒不履行偿付义务的情况出现。其次，被指定银行应加强自身人员业务训练，不断提高业务水平，严格审核出口商提交的单据，避免出现己方认为单据相符而开证行却发现不符点，进而造成拒付的情况。最后，当开证行面临的国内政治风险较大时，被指定银行可以拒绝接受指定以避免风险。

4. 被指定银行提供保兑服务时的风险防范措施

被指定银行同样应审核开证行的信誉状况以及所在国政治风险的大小，避免发生保兑付款后因开证行拒付而给自己带来的损失。当面临风险较大时，保兑行可以拒绝接受开证行的保兑请求。另外，开证行要求某银行提供保兑服务须在此银行开有账户并存有一定数额的资金。如果没有这种关系，被指定银行则应该谨慎从事。

阅读材料：中国东方公司向外国B公司出口一批冻对虾，合约规定以信用证方式结算，凭卖方开具的见票后30天付款的跟单汇票议付。经卖方反复催促，B公司于1993年6月20日开来信用证，规定装运期为7月20日，并规定："本信用证在你方收到授权书后方生效。"东方公司审证时误以为此条属银行业务未提出异议。7月5日，东方公司装船完毕，议付交单时，因信用证未生效而被拒绝，即电告B公司"货已装船，但无授权书"。7月8日，B公司告知授权书办理需要时间，要求将信用证付款方式改为托收，并采用"承兑交单见票30天付款托收"。因货随船已起航两天，东方公司只得回电同意，但要求托收费由B公司负责。B公司对此确认。8月21日，代收行电告：7月21日B公司承兑，8月20日收款时拒付，其理由是产地证与发票合二为一，不符合当局规定，并且产地证上的重量与发票上不一致，无法通关。东方公司立即纠正，通过委托行重寄发票、产地证。但B公司仍不付款，后经第三方调解，降价20%付款。但代收行、委托行因B公司不承担托收费，便从货款中扣去托收费。最终东方公司不仅损失20%的货款，还要额外支付托收费。

本案是一起典型的买方利用信用证"软条款"陷阱，卖方因签约、审证失误，中了对方圈套，造成不必要的经济损失。

思考题：

1. 上网搜索《UCP600》，认真学习其内容。

2. 我国某出口公司通过通知行收到一份国外信用证。该公司按照信用证要求将货物装船，但在尚未交单议付时，突然接到开证行的通知，称："开证申请人已经倒闭，本开证行不再承担付款责任。"那么开证行的做法是否正确？

3. 进出口双方签订了一份贸易合同，合同规定的商品规格为"60 克书写纸"，而信用证中错写成了"60 克复写纸"。受益人装货后，单据按合同规定写成"60 克书写纸"。试问：

（1）开证行是否有权拒付？为什么？

（2）如果你是受益人，对此类错误应怎么办？

4. 某议付行在 2008 年 7 月 12 日上午十点根据单证相符原则议付了某个可撤销信用证项下合格的单据。7 月 12 日上午 10：30 时接到开证行撤销信用证的通知。问：议付行该如何处理？

5. 我国某出口公司向中东某国出口素色绒 10 万码，但开证行开出的信用证上的品名误打为"考花"。出口公司为了使单证相符也就将错就错，所有单据上的品名均按"考花"制作。试问：出口公司这种做法是否正确，为什么？

6.（1）合同规定："Partial Shipment and Transshipment allowed."（允许分批与转运。）来证规定："Parttial Shipment and Transshipment not allowed."（不允许分批与转运。）

（2）合同规定："L/C shall be available by draft（s）at sight..."（见票即付……）来证规定："draft（s）at 30 day's sight"（见票后 30 天付款）

（3）合同规定："金额 USD20000.00 CIFC3 Hamburg."来证规定："金额 USD20000.00 CIF Hamburg."

（4）来证规定："Transshipment is allowed by Evergreen Line at Hong Kong port only."（只能通过承运人 Evergreen Line 在香港地区转运。）

问题：出口商审证时发现上述四种情况，你将如何处理？若（1）和（2）中的合同规定与来证规定互换，你又将如何处理？

7. 我国 A 公司与美国 B 公司签订了一份国际货物买卖合同，由 A 公司向 B 公司销售一批工艺品，双方在合同中约定采用信用证方式付款。合同订立后，B 公司依约开来信用证。该信用证规定，货物最迟装运期至 9 月 30 日，提单是受益人 A 公司应向银行提交的单据之一，信用证到期日为 10 月 15 日，信用证未规定交期。A 公司于 9 月 12 日将货物装船并取得提单，提单的日期为 9 月 13 日。10 月 5 日，A 公司向银行交单议付，银行以已过交单期为由拒绝付款。问题：银行拒绝付款是否有理？

8. 某银行开立一份不可撤销的议付信用证，并通过另一家银行将信用证传递给受益人，受益人发货后取得单据并向通知银行议付，议付银行议付后将单据传递给开证行，开证行在收到单据后第九个工作日以不符点为由拒付。开证行在收到单据后拒付是否合理？开证申请人是否有理由拒付？如果开证申请人拒付，谁将承担损失？

练习题：

一、名词解释

循环信用证　议付信用证　背对背信用证　可转让信用证　信用证的有效期限

二、判断题

1. 当买卖合同与信用证的内容有差别时，卖方应按合同来履行义务，这样才能保证按期得到足额货款。　　　　　　　　　　　　　　　　　　　　　（　　　）

2. 开证银行在得知开证申请人将要破产的消息后，仍须对符合其所开的不可撤销信用证的单据承担承兑、付款的责任。　　　　　　　　　　　　　　　（　　　）

3. 在开证行资信差或成交额较大时，一般采用保兑信用证比较好。　（　　　）

4. 软条款信用证的实质就是变相的可撤销信用证。　　　　　　　（　　　）

5. 开证行开立信用证时，应尽量使受益人所在地、通知行所在地、信用证有效地保持一致。　　　　　　　　　　　　　　　　　　　　　　　　　　（　　　）

6. 信用证修改书必须在受益人明确表示接受以后才能生效。　　　（　　　）

7. 信用证业务中使用禁制令可以有效起到保护申请人免遭受益人的欺诈。（　　　）

8. 受益人对同一信用证的修改书上涉及两个或两个以上条款的修改，可以部分同意，部分拒绝。　　　　　　　　　　　　　　　　　　　　　　　（　　　）

三、简答题

1. 信用证的含义与特点。

2. 信用证业务的流转程序。

3. 信用证业务的基本当事人及其权利和义务。

4. 简述可转让信用证与背对背信用证的异同。

推荐报刊和网络：

1. 《金融时报》

2. 《中国金融报》

3. 《国际商报》

4. 《国际金融》

5. 汇通天下国际结算网 http：//www. sinobankers. com

6. 小叶手记——国际结算网 http：//www. intl. 51. net/phparticle/index. php

第六章 银行保函与备用信用证

【学习目的】

通过本章的学习，要求学生掌握银行保函及备用信用证的含义、性质及主要内容、银行保函的几种开立方式与相关内容；了解银行保函的业务处理流程和方法；明确银行保函、备用信用证与跟单信用证的区别。

【案例导入】

中国公司 A 在上海投资某大型项目时碰到了资金短缺的问题，面临着选择：要么在短时间内筹集到资金并投入该项目，要么放弃该项目，但是，如果选择放弃，A 公司先期投入的资金则全部转为不可弥补的损失。经过深思熟虑，A 公司决定向 B 银行贷款，继续该项目。B 银行发放贷款的前提是借款人必须向银行提供与贷款相同数额的担保。但是，A 公司没有可供担保的财产。

这时候，C 公司出现了。C 公司是一家美国的投资公司。在其为客户提供的融资工具中，备用信用证是被经常使用的一种方式。C 公司为 A 公司设计的方案是这样的：假设 A 公司需要 100 万美元。C 公司与 A 公司事先签订一项委托开证协议，由 A 公司委托 C 公司开出备用信用证，A 公司支付一般相当于开证金额 1%～3% 的手续费。

根据开证协议，C 公司按时向其位于美国的开证银行 D 申请开立 100 万美元的备用信用证，受益人是 A 公司在国内的开户银行或者贷款银行 B。与此同时，A 公司与 B 银行就贷款问题达成协议，即由 A 公司将该备用信用证抵押给 B 银行，B 银行向 A 公司提供相当于信用证金额的贷款，也就是 100 万美元。备用信用证以最快的方式到达 B 银行，B 银行审查信用证，确认无误后向 A 公司发放贷款。

银行保函和备用信用证是继信用证之后迅速发展起来的新型的信用结算方式。因其使用灵活便利，而被引入国际结算领域，广泛应用于国际借贷、项目融资、工程承包、招（投）标、租赁、劳务输出、技术合作、赊购赊销等领域。

本章将对银行保函和备用信用证的基本概念、基本理论及其应用进行介绍。

第一节　银行保函概述

一、银行保函定义

银行保函是银行应交易的一方当事人要求，向交易的另一方对该交易项下某种责任或义务的履行所做出的，在一定期限内承担一定金额支付责任或经济赔偿责任的书面付款承诺。它是以银行信誉为基础，以货币支付为表现的保证书。银行保函的英文表示有多种，常见的有：Bank Guarantee、Letter of Guarantee、Bank Security 等。

银行保函源于最初的口头信誉担保，在商品经济不发达，法制不健全的情况下，商品交易中采用第三者担保具有手续简便，降低成本、易于操作等优点，受到了广大交易者的欢迎。

进入 20 世纪 60 年代以后，随着国际结算的内容、形式及交易环境的新变化，交易结算日益频繁，金额越来越大，手续越来越烦琐和程序化、惯例化，银行担保适应了这一新形势的要求，其形式日益规范，并与银行信用相结合，形成了标准化的银行保函，逐渐发展成为一种简单灵活、用途广泛的结算方式。

保函就其与基础合同的关系不同可以分为独立性保函和从属性保函。独立性保函（Indepen-dentguarantee）是根据基础合同开出的，但不依附于基础合同而存在的具有独立法律效力的法律担保文件。担保银行承担第一性的付款责任。即不管委托人是否同意付款；不调查基础合同履行的事实，担保银行均应该付款。从属性保函（Accessary guarantee）是基础合同的一个附属性契约，其法律效力随合同的存在而存在。担保银行承担第二性的付款责任，即担保行的偿付责任从属于或依赖于委托人在基础业务合同下的责任义务。只有委托人违约时，担保行才负责赔偿。本章所讲的保函主要是独立性保函。

随着国际贸易的不断增长以及国际投资的不断扩张，风险的防范对于贸易当事人具有前所未有的重要意义，尤其是国际贸易的全球化，伴随着贸易规模的扩大、地域的扩展、贸易方式的复杂化和多样化，使国际贸易当事方所面临的风险比以往任何时候都有很大的增加。根据独立保证的独立性原则，只要也只有当债权人提出索款的要求和条件与保函中规定的付款条件严格相符，银行就必须向债权人付款，银行不能主张源于基础交易的任何抗辩。从债权人的角度来看，独立保函的担保功能比从属保证大大加强，较好地起到了防范的风险的作用；从保证人的角度来看，保证人不对当事人的基础合同履行和纠纷承担任何责任，省去了许多麻烦。

独立保函发展如此迅速的一个原因是其用途的广泛性，它不仅可以适用于支持非融资交易（Non-financial Transaction），如买卖合同、租赁以及工程承包等，也可以适用于支持融资交易（Financial Transaction），如贷款、透支便利、参与合营企业、发行债券、再保险以及其他融资性活动。而传统的从属性保函则只适用于非融资交易的担保，并不具有融资功能。随着国际贸易的发展，其融资功能日显突出，因而，要求国际贸易的担保工具也相应地具有融资功能，这是国际贸易实践发展的必然需要。

银行独立保函可适用的国际规则主要有：国际商会制定的《见索即付保函统一规则》和联合国国际贸易法委员会制定的《联合国独立保证和备用信用证公约》。但前者尚未被世界各国广泛承认和采纳，而后者也只能对参加公约的国家生效。

二、银行独立保函的法律特征

学者们对独立保函的法律特征进行了概括，有人认为独立保函的特征主要有：

（一）抽象性

所谓抽象性是指独立保函的保证人的付款义务产生于保证人出具保函这一抽象行为，只要受益人不拒绝，保证即告成立。大陆法系国家的学者从法律行为要因理论出发论证独立保证的抽象性，他们认为，独立保证合同是一种不要因合同，即独立保证合同与作为独立保证产生原因的基础交易合同是相互分离、相互独立的，不因基础交易合同的无效或有瑕疵而受到影响，这被称为独立保证的抽象性。

（二）独立性

有学者认为，独立保证并非无因行为，因为独立保证合同是因为基础交易合同关系的存在才产生的。但是承认独立保证的要因性并不等于承认它与基础交易合同是相互依赖的，而是认为独立保证具有独立性。所谓独立性是指独立保证本身是独立存在的，它不依赖任何其他法律关系或事实。基础交易合同一旦失效，独立保证债务也不因之而解除。

根据有关国际惯例及有关判例，独立性原则的含义可以概括为以下几个方面：

第一，就保证人与受益人之间的关系来说，独立性原则包括两方面的含义：一是该关系不受保证人与申请人之间的委托关系的影响；二是保证人的付款义务和受益人要求付款的权利都由保函中规定的条件和条款决定，而不是由保函提及的基础交易关系来决定。因此，如果保证条件满足，保证人必须付款，也只有在这种情况下银行才需要付款，保证人不能提出像从属性保证那样来源于基础交易的抗辩。而且，主债务人是否违约对衡量银行与受益人之间的关系没有影响，因此，受益人只需满足保证条款，而不需要以别的方式证明违约。

第二，就申请人与保证人之间的关系而言，独立性意味着付款义务和赔偿权利不受来源于基础合同的权利和义务或来自基础合同的有关赔偿的抗辩的影响。因此，保证人不能牵涉进可能发生在基础交易关系当事方的争端中。

第三，就基础交易当事人之间的关系而言，独立性常被发现在他们的协议"先付款，后争论"（Pay First, Argue Later）的表述中，即基础交易当事人经常在协议中规定，一旦保证协议中的条款得以满足，他们通过补偿方式获得付款的协议必须实施。

（三）无条件性

所谓无条件是指受益人索赔只须符合保函规定的手续即可。保证合同对受益人索赔提供证明文件只是具有书面形式的要求，不是实质性条件。只要受益人提供文件表面上符合保证合同的约定，保证人就要负绝对付款的责任。

（四）不可撤销性

所谓不可撤销性是指保函一经出具，在保证人与受益人之间就产生了独立保证合同关系，根据有约必守原则，任何一方都不能单方面的撤销合同或解除合同。

（五）一致性

所谓一致性是指独立保证人在独立保证合同项下处理的只是受益人索款时所提出的单据是否与独立合同所规定的单据相符合、相一致，只要受益人向独立保证人提出索款所依据的单据与独立保证合同所要求的单据相一致，则独立保证人即应无条件履行保证义务，除非独立保证人有充分的理由证明受益人欺诈的存在。

（六）清偿债务的第一性

相对于从属保证的保证人承担补充责任而言，在独立保证合同项下，独立保证人清偿保证债务的责任永远是第一性的，即只要受益人满足了独立保证合同所要求的条件进行有效索赔，独立保证人就得无条件第一位清偿债务。

以上对独立保函法律特征的概括反映了人们从不同的角度对独立保证的认识，提示了独立保证与从属性保证的某些区别。但是，笔者认为独立保证最本质的特征就是其独立性，而上述其他的特征要么就是独立性的另一种表述如抽象性，要么就是从独立性这一本质特征中派生出来的非本质特征如一致性、无条件性、清偿债务的第一性等。

三、银行保函的基本内容

银行保函虽然种类繁多，用途不一，但目前各国银行开出的保函已逐渐形成了一个较为统一、完整的格式，其基本要素是相同的，主要有以下几个方面：

（一）基本栏目

1. 保函的编号及开立日期

为便于管理和查询，银行通常要对保函进行编号。注明保函开立的日期有利于确定担保银行的责任。

2. 保函当事人的名称和详细地址

保函应写明各方尤其是担保人的完整名称和详细地址，因为《合约保函统一惯例》明确规定"担保书受担保人营业地所在国的法律约束，如果担保人有几个营业地，则受担保人签发担保书的那个营业地所在国的法律约束"，而各国法律差异很大，因此，明确当事人各方尤其是担保人的全称和地址，不仅可以保证保函的完整、真实，而且对于明确保函的法律问题，各方当事人的权利、义务，处理纠纷都十分重要。

3. 保函依据的基础合同的号码、日期等内容

写明交易基础合同、协议或标书的号码、签约日期、签约双方及其规定的主要内容，作为确定合同违约的依据。

4. 保函的种类

对于不同性质和用途的保函，必须注明其种类，如投标保函、付款保函等。

5. 保函金额

它是担保人担保责任的最高限度，通常也是受益人的最高索偿金额。保函的金额可以是具体的金额，也可以用交易合同金额的一定百分比来表示，一般要写明货币种类。金额的大小写要完整、一致。

6. 保函的有效期

保函的有效期包括生效期和失效期两个方面。生效期是指保函开始生效的日期，例如投标保函一般自开立之日生效，预付款保函则要在申请人收到款项日生效，以避免在申请人收到预付款之前被无理索赔的风险。保函的失效日期是指担保人收到受益索偿文件的最后期限。原则上应规定一个明确时间，期限一致，担保人应立刻要求受益人将保函退还注销。这主要是因为一些国家法律规定保函不得失效，收回保函可以避免一些不必要的纠纷。

7. 承诺条款

承诺条款又称责任条款，表示担保行负责在任何条件下，凭受益人提供何种单据、证件向受益人付款。

（二）索赔条款

（1）索赔办法，指受益人向担保行提出索偿的方式和路线等。

（2）索赔的证明文件，标明受益人向担保行索赔的条件。

（三）仲裁条款

保函发生纠纷时，由哪个仲裁机构仲裁。

四、银行保函的开立方式及当事人的责任

（一）银行保函的开立方式

根据银行保函的用途与实际交易的需要，银行保函的开立方式主要有直接开给受益人、通过通知行或转递行通知和通过转开行转开三种方式。

1. 直接开给受益人

即担保行应申请人的要求直接将保函开给受益人，中间不经过其他当事人环节，这是保函开立方式中最简单、最直接的一种。其主要业务流程如图 6-1 所示。

图 6-1 说明：

（1）申请人和受益人之间签订合同或协议。

（2）申请人向担保人提出开立保函的申请。

（3）申请人向反担保人提出申请开立反担保函。

（4）反担保人向担保人开立不可撤销反担保函。

（5）担保人向受益人直接开出保函。

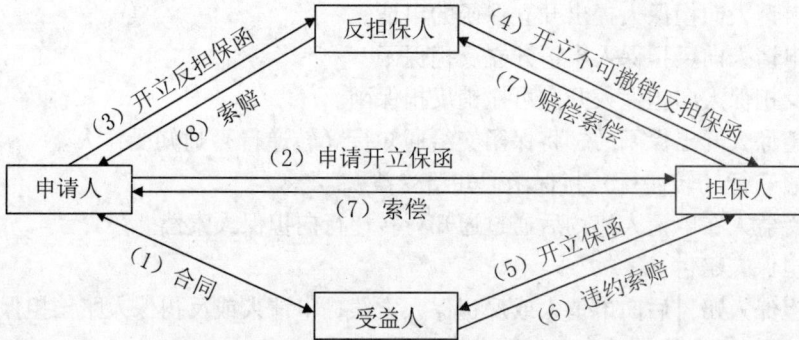

图6-1 直接向受益人开立保函业务的流程

（6）受益人在发现申请人违约后，向担保人提出索赔，担保人赔偿。

（7）担保人在赔付后向申请人或反担保人索偿，申请人或反担保人赔偿担保人损失。

（8）担保人向反担保人索偿，反担保人赔付后，向申请人索赔。

很显然，受益人一般不愿接受这种形式的保函，因为：①受益人接到担保银行开来的保函，无法辨别保函的真假，因为无法保障自身的权利。②索偿不方便。即使申请人违约，受益人具备索偿条件，但他要求国外担保行进行赔偿不太方便，如文件的起草和翻译、依据的标准和法律规定的了解、赔偿的支付等都有一定困难。

2. 通过通知行或转递行通知

由于受益人往往难以辨别国外开具的保函的真伪，因此受益人往往要求开具通过通知行或转递行通知的保函，这样通知行或转递行可以验明保函真伪，受益人不必担心保函是伪造的。因此，这种开立方式较为普遍。其业务流程如图6-2所示。

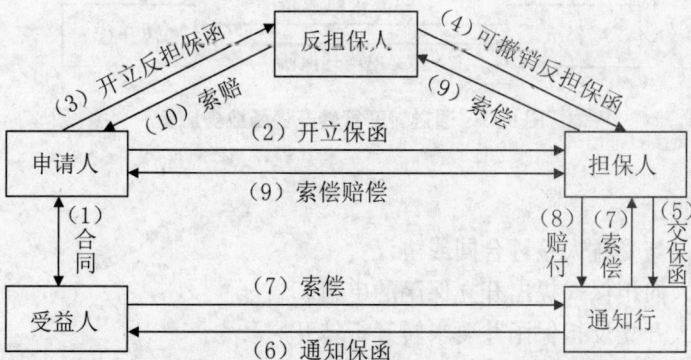

图6-2 通过通知行（转递行）开立保函业务的流程

图6-2说明：

（1）申请人与受益人签订合同或协议。

（2）申请人向担保人提出开立保函的申请。

（3）申请人向反担保人申请开立反担保函。

（4）反担保人向担保人开立可撤销反担保函。

（5）担保人开出保函后，将保函交给通知行（转递行）通知受益人。

（6）通知行（转递行）将保函通知给受益人。

（7）受益人在申请人违约后通过通知行转递行向担保人索偿。

（8）担保人赔付。

（9）担保人赔付后向申请人或反担保人索偿，申请人或反担保人赔偿担保人损失。

（10）反担保人赔付后，向申请人索赔。

这种开立方式开立的保函受益人不用担心保函是伪造的，但在该方式下，受益人索偿不方便的问题仍然存在。受益人只能通过通知行或转递行向担保行索偿，而通知行或转递行只有转达的义务，他们本身不承担任何责任。因此，实际上还是受益人向国外担保行索赔。

3. 通过转开行转开

当受益人只接受本地银行为担保人时，原担保人要求受益人所在地的一家银行为转开行，转开保函给受益人，这样，原担保人变成了反担保人，而转开行则变成了担保人，其业务流程如图6-3所示。

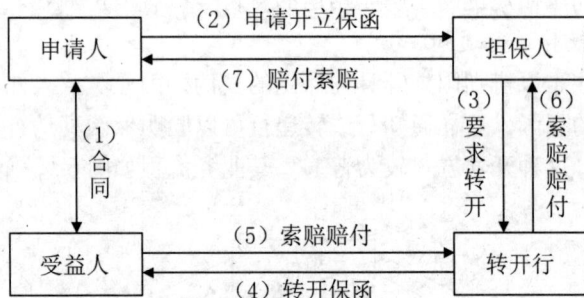

图6-3　通过转开行转开保函业务流程

图6-3说明：

（1）申请人与受益人签订合同或协议。

（2）申请人向担保人提出开立保函的申请。

（3）担保人开立反担保函并要求转开行转开。

（4）转开行转开保函给受益人。

（5）受益人在申请人违约后向转开行索偿，转开行赔付。

（6）转开行根据反担保函向担保人索赔，担保人赔付。

（7）担保人向申请人索赔，申请人赔付。

以这种方式开立保函在现实中也很普遍，其优点有三个方面：

（1）解决了受益人对国外担保行不了解，从而不信任的问题。转开行是本地的银行，受益人比较了解和信任。

（2）易辨真伪，并且容易查询。

（3）索赔方便。两者处同一国家，并且通常是同一城市或地区，不存在风俗习惯、制度和法律方面的差异，一般是互相比较了解的。

以这种方式开立保函，对受益人最为有利。

以上只是介绍了三种开立保函的基本流程，在实际业务中，可能没有反担保人，也可能还有保兑行等其他当事人，流程不尽相同。

（二）银行保函当事人

1. 银行保函的基本当事人

（1）申请人（Applicant）：向银行申请出具保函的一方。其主要责任是履行合同的有关义务，并补偿担保人为履行担保责任所做出的赔付。

（2）受益人（Beneficiary）：有权按保函规定的条款向担保人提出索赔的一方，如投标保函项下的招标方。其责任是履行合约项下的义务。

（3）担保人（Guarantor）：根据申请人的要求开立保函的银行。其责任是在申请人违约时，根据受益人提交的符合保函规定的索赔文件，向受益人做出的不超过保函金额的经济赔偿。

2. 在保函业务的实际操作中，视具体情况还可能涉及的当事人

（1）通知行（Advising Bank）：将保函通知或转递给受益人的银行，通常为受益人所在地（国家）的银行。通知行只负责保函的表面真实性，即核对担保人的印鉴或密押，并收取通知费。

（2）转开行（Reissuing Bank）：应担保人要求，凭担保人的反担保向受益人开出保函的银行。此时，转开行即变成为担保人，原担保人可看作是新保函的申请人，反担保函可视为新的担保申请。

（3）保兑行（Confirming Bank）：应受益人要求，在担保函上加具保兑字样的银行，也称第二担保人，一般为受益人所在地的大银行。应该注意的是，保兑行不另出具担保函，因而只承担第二付款责任，也就是说当担保人不履行或不完全履行赔偿责任时，承担全部或部分连带赔付责任。

（三）银行保函的基本要素

银行保函虽然种类较多，条款各异，但都包含以下基本内容：

（1）银行保函申请人的名称和详细地址。

（2）银行保函受益人的名称和详细地址。

（3）担保人（出具保函的银行）的名称和详细地址。

（4）保函的通知行或转开行（若有）的名称和详细地址。

（5）保函的编号和开立的日期。

（6）保函所依据的合同或标书等协议的号码、日期及事由等。

（7）保函项下担保人承担的最大金额（大、小写）及币种。

（8）保函的种类，如投标保函或履约保函等。

（9）保函的有效期，包括保函的生效日期（Effective Date）和保函担保人的责任及申请人、受益人的权利和义务。

（10）保函的索赔文件，即受益人根据保函条款向担保人提出索赔时应附的文件。

（11）保函的仲裁条款，即规定保函项下的纠纷应由哪个仲裁机构仲裁等事项。

第二节　银行保函的种类

结合公司出口业务的特点，业务中通常使用的银行保函可基本分为两大类：

第一类：信用保函，即以公司客户为受益人由我公司开具的银行保函，主要包括投标保函、履约保函、预付款保函、维修保函、质量保函、关税保函等。

第二类：付款保函，即以公司为受益人由客户开具的银行保函，主要包括进口付汇保函、租赁保函等。

一、信用保函

（一）投标保函（Bid Bond/Tender Guarantee/Tender Bond/Bid Guarantee/Bid Security）

保证投标人（公司）履行标书所规定的义务：① 在标书规定的期限内，投标人投标后不得修改原报价、不得中途撤标；② 投标人中标后必须与招标人签订合同并在规定的日期内提供银行的履约保函。

投标保函的金额一般为投标报价的1%～5%（具体视招标文件规定而定），实际操作中为了避免过早暴露标底而失去中标机会，在向银行申请开立保函时，将项目金额与保函金额略为放大一些。

注意：投标保函的格式应严格按招标文件中的统一格式和要求，原则上不能改动，否则，招标人有权予以拒绝。

附：我国开立的投标保函参考格式

Form of Bid Bond

Whereas [name of the Bidder] (hereinafter called the "Bidder") has submitted its bid dated [date of submission of bid] for the supply of [name and/or description of the goods] (hereinafter called the "Bid").

KNOW ALL PEOPLE by these presents that we [name of bank] of [name of country], having our registered office at [address of bank] (hereinafter called the "Bank"), are bound unto [name of Purchaser] (hereinafter called the "Purchaser") in the sum of for which payment well and truly to be made to the said Purchaser, the Bank binds itself, its successors, and assigns by these presents. Sealed with the Common Seal of the said Bank this _____ day of _____ 19 ____ .

THE CONDITIONS of this obligation are：

1. If the Bidder withdraws its Bid during the period of bid validity specified by the Bidder on the Bid Form；or

2. If the Bidder, having been notified of the acceptance of its Bid by the Purchaser during the period of bid validity：

fails or refuses to execute the Contract Form, if required.

We undertake to pay to the Purchaser up to the above amount upon receipt of its first written demand, without the Purchaser having to substantiate its demand, provided that in its demand the Purchaser will note that the amount claimed by it is due to it, owing to the occurrence of one or both of the two conditions, specifying the occurred condition or conditions.

This guarantee will remain in force up to and including thirty （30） days after the period of bid validity, i. e. _____, and any demand in respect thereof should reach the Bank not later than the above date. After the expiry date, this guarantee shall automatically become null and void even if you hold the original guarantee. Please return this guarantee to us for cancellation.

[signature of the bank]

（二）履约保函 （Performance Bond Guarantee）

招标人出于自身的考虑，要求中标人提供以招标人为受益人，保证中标人履行某项合同项下义务的书面保证文件。

在进出口贸易中，履约保函主要保证出口方（如华为公司）履行贸易合同项下的交货义务，包括按时、按质、按量地交运合同规定的货物。

附：国际工程履约保函 （中文文本）

致：_____

_____公司（以下简称"×××"），该公司执行_____国家法律，注册办公地址为_____。

鉴于：

1. 甲方（×××）和乙方（承包商）就_____达成协议，并签订本"合同"，承包商同意完成合同规定的内容。

2. 合同明确规定了此条款，即由_____银行（以下简称"担保人"）及时递交给×××保函。

_____银行不可撤销和无条件地向×××担保以下内容：

（1）如果承包商在任一方面不能履行合同或违约，则根据×××第一次提出的不带证据和条件的要求，担保人在收到其要求后 14 天内，不论承包商或任何第三方是否有异议或反对，担保人都应立即支付总额为_____美元的担保金。

（2）在征得或未征得担保人同意的条件下，无论承包商和×××间签订何种协议，或者无论承包商在合同项下的义务发生何种变化，或者无论×××对于付款时间、履行情况以及其他事项做出何种让步，或无论×××或承包商的名字组织机构发生何种改变，都不能免除担保人的担保重任。

（3）本保函持续有效，有效力将相应地保持到最终验收通知单签发日期，或合同终止后 3 个月，两者以先为准。

（4）担保人同意，无论未偿还金额能否通过法律行为或仲裁方式获得，并且无论这笔偿还金额是否由于承包商亏损、损坏、花费以及由于×××的某些原因造成的，担保人同样给予担保。

本保函由担保人于_____年_____月_____日签订。

_____银行

签字：_____

名字：_____

职务：_____

银行印章：_____

附：国际工程履约保函（英文文本）

TO：_____ (Company name, hereinafter called "×××"), a company incorporated under the laws of and having its registered office at _____ .

WHEREAS：

（Ⅰ）by an agreement for the _____ (hereinafter referred to as the of the one part and ××× of the other part), the CONTRACTOR agrees to perform the WORKS in accordance with the CONTRACT.

（Ⅱ）one of the expressed conditions of the CONTRACT is the receipt by ××× of this guarantee duly executed by (name of banker：) _____ (hereinafter called the "GUARANTOR") who hereby irrevocably and unconditionally guarantees and undertakes to ××× as follows：

i) if the CONTRACTOR shall in any respect fail to execute the CONTRACT or commit any breach of this obligations there under the GUARANTOR shall pay to ××× on first demand without proof or conditions the sum of US. Dollar _____ (USD：_____) within 14 days after receipt of the said demand not with standing any contestation or protest by the CONTRACTOR or any other third party.

ii) The GUARANTOR shall not be discharged or released from this Guarantee by any agreement made between the CONTRACTOR and ××× with or without the consent of the

GUARANTOR or by any alteration in the obligations undertaken by the CONTRACTOR or by any forbearance whether as to payment time, performances or otherwise, or by any change in name or constitution of ××× or the CONTRACTOR.

iii) This guarantee is continuing security and accordingly shall remain in force until the issuance of the notice for final acceptance of three months after the early termination of the CONTRACT, whichever is earlier.

iv) The GUARANTOR agrees that the guarantee is given regardless whether or not the sum outstanding occasioned by the loss, damages costs, expenses or otherwise incurred by ××× is recoverable by legal action or arbitration.

In witness whereof this guarantee has been duly executed by GUARANTOR the _____ day of _____ 199 ____.

For and on behalf of _____
(name of banker)
signature: _____
name: _____
designation: _____
banker's seal: _____

（三）预付款保函（Advance Payment Guarantee）

也称定金保函（Down Payment Guarantee）。在进出口贸易中，进口商在支付了预付款后，有时会要求出口商提供银行保函，保证一旦出口商不履行合同或未能按合同规定发货，担保银行一定将这部分预付款及相应利息退还给进口商。

附：我国开立的预付款保函参考格式
Form of Advance Payment Guarantee for Supply

Date: _____

To: _____ (Beneficiary)

Dear Sirs,

This guarantee is hereby issued as the advance payment guarantee of (Applicant) (hereinafter called the "supplier") for _____ (the name of the contract and its number) to _____ (the name of the beneficiary) (hereinafter called the "buyer").

Whereas the buyer has agreed to advance to the supplier an amount of _____ (say only), whereas the buyer has required the supplier to furnish a guarantee with an amount equal to the above said advance payment for performance of his obligations under and in consideration of the buyer's agreeing to make the above said advance to the supplier, who has agreed to furnish the above required guarantee.

119

Now, therefore, the guarantor hereby guarantees that the supplier shall utilize the above said advance for the purpose of contract and if he fails and commits default in fulfillment of any of his obligation for which the advance payment is made, it shall entitle the buyer to be paid not exceeding the above-mentioned amount.

Against notice in writing of any default, which the guarantor should be given by the buyer stating that the supplier has failed to fulfill its obligation to the buyer, and upon such first demand payment shall be made by the guarantor of the sum then due under this guarantee without any obligation.

The sum of this guarantee shall be automatically and proportionally reduced in step of the progress of the contract, and the guarantor's obligation under this guarantee shall not in any case exceeding the sum of _____ (say _____ only).

This guarantee shall become effective from the date of receipt of the above said advance by the supplier and valid until _____ (the date of expiry). Upon expiry, please return this guarantee to us for cancellation.

[signature of the bank]

（四）质量保函/维修保函 （Puality/Maintenance Guarantee）

质量保函和维修保函基本上是一样的。不同的是，质量保函多用于商品买卖交易中，而维修保函多用于劳务承包工程中。

在商品买卖，比如机械设备交易中，买方为了确保商品的质量，常会要求卖方提供质量保函，保证如果出口的货物质量不符合合同规定，又不更换或维修时，担保银行负责赔偿。在劳务承包工程中，工程业主为了工程的质量，常会要求承包方提供银行担保，保证在质量不符合合同规定，承包方又不维修时，担保行负责向工程业主赔付。

质量保函及维修保函的金额一般为合同金额的5%～10%，有效期从开出到合同规定的维修期满再加3～15日的索偿期。

（五）补偿贸易保函 （Compensation Guarantee）

补偿贸易中指贸易双方应某个项目达成协议后，由出口方提供该项目生产所需的设备和技术，由进口方提供厂房、劳动力进行生产，产成品以返销的形式来补偿出口方的设备款、技术转让费及相应的利息。在补偿贸易中，出口方为了因进口方违约而不能按时补偿设备价款、技术费用而使自己遭受损失的风险，往往要求进口方提交补偿贸易保函（Guarantee under Compensation Trade），保证在合同规定的期限内补偿设备款及相应利息，否则，由担保人负责赔付。

保函金额由出口方提供的设备、技术价款确定；有效期从进口方收到设备，并安装调试完毕，进行试生产时开始，致保函项下全部价款清偿完毕或双方约定的具体日期止。保函必须注明担保银行的付款责任随着申请人或担保人向受益人所做的任何补偿而递减（例如，Our responsibility under this L/G is automatically reduced by the amount paid by Party A or by us.），以避免不必要的纠纷。

二、付款保函

（一）付款保函（Payment Guarantee）

付款保函主要保证出口方（如华为公司）在正常履行贸易合同相应条款下的义务之后，能够及时和有保证地收到货款。

附：客户开立的付款保函参考格式
Form of Guarantee for Payment

Date：＿＿＿＿＿＿

To：＿＿＿＿＿＿＿＿＿＿（Beneficiary）

Advised through：

Dear Sirs，

Our Irrevocable Letter of Guarantee No.

With reference to the contract No. ＿＿＿＿＿＿ signed between your goods and （hereinafter referred to as party A） at ＿on＿ and at the request of party A, we hereby establish in your favor an Irrevocable Letter of Guarantee No. ＿＿＿＿＿＿. We guarantee that party A shall effect payment , in accordance with the terms and conditions of the above-mentioned contract, for your delivery to them of totaling ＿＿＿＿＿＿.

Should party A fail to make payment wholly or partially within the time limit as stipulate in the contract , we undertake to effect such payment to the extent of the guaranteed amount for the unpaid value of the goods you delivered to them plus interest at ＿＿＿% p. a. calculated as from ＿＿＿＿＿＿ up to ＿＿＿＿＿＿, that after our receipt from your bank within the validity of this L/G of your written demand to be verified by party A.

The guaranteed amount of this L/G will reduce in proportion to the sum plus interest already paid by party A and / or by us.

This Letter of Guarantee is valid up to ＿＿＿＿＿＿ and should be returned to us for cancellation upon its expiry date.

（二）租赁保函（Leasing Guarantee）

保证银行向受益人保证，承租人将会按租赁协议的条款支付租金。如承租人在租赁协议规定期间不付租金，银行承诺支付未付的租金加上违约利息（如果有的话）。

（三）借款保函（Loan Guarantee）

在国际间借贷业务中，贷款方在向借款人提供一定金额的贷款前，往往会要求贷款人提供一份由银行出具的书面保证文件，即借款保函，保证如果借款人未按贷款契约规定按时偿还贷款并付给利息，担保行则代借款人偿还借款本息并利息。银行一般为两种形式的贷款提供贷款保函：一种是 1 年以上（不含 1 年）的中长期贷款，另一种是 1 年以下的短期融资。

借款保函的金额为贷款金额加利息，保函有效期为借款契约规定的还清贷款并付给利息之日再加 15 天。

（四）透支保函（Overdraft Guarantee）

透支保函是贷款保函的外延，是以账户透支形式来达到融资目的的资金借贷方式。一般来说，承包公司在外国施工，为了得到当地银行的资金融通，常会申请开立透支账户，由银行提供一定的透支限度。在开立透支账户时，须提供银行担保，向当地账户行保证，如果该公司未按透支合约规定及时向该行补足所欠透支金额，担保行代其补足。

保函金额为透支合约规定的透支限额，保函有效期一般为结束透支账户日期再加 15 天。

（五）保释金保函（Bail Bond Guarantee）

装运货物的运输工具，由于运输公司的责任造成货物短缺、残损，使货主遭受损失，或因碰撞事故造成货主或他主损失；在确定赔偿责任前，被出事当地法院扣留，须交纳保释金予以放行时，可由运输公司向当地法庭提供银行担保，保证如运输公司不按法庭判决赔偿货主或受损方损失，担保行应代其赔偿，当地法庭即以此银行担保代替保释金，放行所扣留之运输工具，这种担保函即为保释金保函。

保函金额视可能赔偿金额大小，由当地法庭决定。保函有效期一般至法庭裁决日期后若干天。

第三节　备用信用证

银行保函的适用范围相当广泛，然而美国原有的《联邦银行法》规定，在美国的商业银行不得开立保函。为了规避法律对银行保函的禁止，满足客户提出的为其经营活动提供担保的要求，美国的商业银行就开立了具有保函性质的备用信用证。

一、备用信用证的定义

关于备用信用证的起源问题，国内外有两种大体相似的说法：

第一种说法认为，备用信用证最初应用于美国，1879 年美国联邦法律认为银行作为一家私营机构，无权替他人承担保证付款义务，并禁止美国银行为其客户提供保证。在此之后，美国大多数州的法律都规定银行无权替其客户开具保函，为了回避这样的法律规定，许多银行采用备用信用证来代替保函。后来，这种做法引起了美国法律界和银行实务界的广泛长期的争论，最终获得了美国法律的认同。

第二种说法认为，备用信用证的起源可归因于两个因素：首先，1864年6月3日的《联邦银行法》（The National Bank Act）规定了银行必须经过授权才能经营的业务范围。根据该法规定，银行无权对他人的债务承担保证责任，银行出具保函被认为是超载其经营范围的一种越权行为（ulara vires），因而是无效的；而只有保险和担保公司（insurance and bonding companies）才能经营保证业务，这一规则被称为银行不得提供保证规则（No-guarantee Rule）。美国银行为了同外国银行竞争，不得不想办法规避法律的这一禁止性规定，于是美国银行开始借助于承兑汇票和签发具有潜在担保功能的信用证等手段实现对其顾客债务的担保作用。因为信用证是开证银行应开证申请人（通常为进口人）的请求向受益人（通常为出口人）开立的在一定金额和一定期限内凭规定的条件承诺付款的凭证。根据信用证的规定，在受益人提出付款请求并提交了符合信用证要求的单据后，开证人应不延迟地向受益人支付一定的金额或承兑其汇票。所以，在银行向其客户的债务提供担保时，可以不开立银行保函，而是按照借款人的要求向贷款人开出相当于担保债务金额的信用证，同样达到了银行提供担保的目的。于是，就在实践中产生了一种不同于传统商业信用证的新型信用证。这种新型信用证只有当借款人违反借款合同不能履行还款义务时，开证银行才需根据受益人的索赔要求代借款人履行付款义务或承担不能付款的赔偿责任。而如果借款人能够在贷款到期后自觉履行还款义务，那么该信用证则自动失效。所以，此种信用证常常处于"备而不用"的状态，因此美国人称之为备用信用证（Standby Letter of Credit）。实践中的这种做法逐渐得到了认同，一些法院的判决明确地支持这种做法，并且对因此而产生的义务实行强制执行。其次，尽管备用信用证从其产生那天起，法学界和实务界就从未停止过对其存在的合理性的争论，但最终能够使备用信用证的地位得到法律认可的决定性因素是英美法中长期公认的银行不得提供保证规则，实际上是指银行不得提供从属性保证担保。尽管"Guarantee"一词有时用于描述一种类似信用证开证人所负的独立义务，但在美国"Guarantee"一词更典型的含义是用于描述一种保证交易，据此"保证人"（Guarantor）仅负第二性责任，并且有权行使基础债务人的抗辩权。这样就使银行不至于被认为故意规避法律，因为银行根据备用信用证提供的担保显然不属于从属性保证，而属于独立保证。因为在此种情况下，银行的付款责任仅仅由信用证的条款和条件以及受益人提交的有关单据来决定，并不需要参照基础交易的效力来确定。这种独立性与欧洲国家盛行的独立保函在本质上是一致的。所以，尽管备用信用证从其产生之日起就引起了广泛的争议，但是最终在1977年5月美国货币监理官（the Comptroller of Currency）的一项解释规则中，承认了银行充当独立保证人的权力（Power）并赋予了这种独立保证的法律效力。

备用信用证一经产生就在实践中得到迅猛的发展，尤其是到了19世纪70年代，由于其用途的广泛性和运用的灵活性，它的使用已经突破了其发源地美国，在日本、法国以及中东、拉丁美洲的许多国家都得到了广泛的运用。其应用的领域也从最初的国内交易扩展到国际贸易领域。

美国联邦储备银行管理委员会对备用信用证下了一个定义，即"任何信用证或类似的协议，不论其如何命名或怎样叙述，只要开证行对受益人承担如下义务即为备用信用证：一是偿还开证申请人的借款或预收款；二是支付由开证申请人承担的任何债务；三是赔偿因开证申请人在履行合同中的违约所造成的任何损失"。

备用信用证与跟单信用证一样，只要受益人提交了与信用证规定相符的单据，即可取得开证行的偿付。这里所指的单据是指信用证规定的任何单据，一般跟单信用证中规定的单据是发票、提单等商业单据，而备用信用证规定的单据是指汇票、开证申请人未履约的声明或证明文件等。如果到时开证申请人履约无误，则备用信用证就成为"备而不用"的结算方式，故称为"备用信用证"。

二、备用信用证的性质

根据国际商会于1998年4月6日正式颁布，并自1999年1月1日生效的第590号出版物《国际备用信用证惯例》（International Standby Practices 1998—ISP98），备用信用证的性质分为以下四个方面：

（一）银行备用信用证的不可撤销性

备用信用证的不可撤销性是指在没有明确指明的情况下，备用信用证及其修改书自脱离开证人控制时起，在未征得有关当事人同意的情况下，开证人即不能修改和撤销。《联合国独立担保和备用信用证公约》就规定，担保的修改若要生效，必须是修改要求为受益人所接受，除非担保中另有相反的规定。《ISP98》也明确规定了备用信用证的不可撤销性，即"除非备用证中另有规定或经相对人同意，开证人不得修改或撤销其在该备用证下之义务"。这一规定与《UCP600》将信用证分为不可撤销信用证和可撤销信用证两种类型不同。

（二）银行备用信用证的独立性

信用证的独立性原则是信用证制度的基石与支柱，它是指信用证的法律效力不受申请人与受益人之间的基础交易、申请人与开证人之间的委托开证合同关系以及开证人与受益人之间信用证以外的其他交易关系的影响，而是完全取决于信用证条款本身的规定，银行仅信用证条款和卖方提交的单据自主地作出付款决定。备用信用证的独立性与一般商业信用证的独立性含义一样，因此，即使是受益人与备用信用证开证人/申请人之间的基础交易关系无效，开证人必须对备用信用证进行支付。有关备用信用证的国际惯例和国内立法均对这一原则作出了明确规定，如《UCP600》第3条规定："就其性质而言，信用证与可能作为其依据的销售合同或其他合同是相互独立的交易，即使信用证中含有对此类合同的任何援引，银行也与该合同毫不相关，并不受其约束。因此，一家银行作出的付款、承兑和支付汇票或议付和/或履行信用证项下其他义务的承诺不受申请人与开证行或与受益人之间的关系而提出的索赔或抗辩的约束。""受益人在任何情况下均不得利用银行之间或申请人与开证行之间的合同关系。"

（三）银行备用信用证的单据性

备用信用证的单据性是指备用信用证项下必须有一定的单据要求，并且保证人/开证人在面对一项付款要求时，其义务被限制在审查付款要求和支持付款的单据，并确定付款要求与提交的其他单据在表面上是否一致，与担保中规定的条件是否相符。《ISP98》对此有明确规定，即"开证人的义务取决于单据的提示，以及对所要求单据的表面审查"。《UCP600》也对信用证的单据要求作了详尽的规定，但是它主要规定的是提单、保险单、货物检验证书等代表物权或证明卖方履约的商业运输单据，因而并不能完全适用备用信用证，因为备用信用证并不要求提供这些商业运输单据，而要求提供的单据一般只是由受益人出具的关于申请人违约的声明证明文件。备用信用证的单据要求与商业信用证的单据要求并不相同，例如，对商业信用证，开证行必须合理谨慎地审核单据之间表面是否一致，若不一致，即视为表面与信用证不符，这就是通常所说的"单单相符"原则。之所以要规定该原则，是由于商业信用证下的单据需要由第三人签发，受益人有可能自己或与第三人串通伪造单据来骗取货款，这就需要加强开证人对单据的审核义务。然而，"单单相符"原则对备用信用证并不是必要的，因为备用信用证下的单据即申请人违约的证明书是由受益人自己提供的，单据是否伪造全凭受益人的良心和诚实，即使规定开证行对单据的严格审核义务，也难以避免受益人伪造单据的问题。因此，为了改善开证申请人的不利地位，只能由申请人在与受益人进行谈判时，规定除了应提交一份简单的违约声明外，还应提交最好由无利害关系的第三人出具的证明，证实备用信用证的兑付条件已经成立。此外，在有些情况下，"单单相符"原则对备用信用证是不可能的，因为单据之间的不一致有时恰恰是申请人违约的证明，从而成为交单付款的理由。因此《ISP98》规定，开证行或其指定的人应只在备用信用证规定的限度内审核单据之间是否一致。

（四）银行备用信用证的强制性

备用信用证的强制性是指无论申请人是否授权开立，开证人是否收取了费用，或受益人是否收到或相信备用信用证或修改，备用信用证和修改对开证人都是具有约束力的。这一规定是克服英美法中合同对价这一传统理论而特别作出的。因为，如果将备用信用证视为一种担保合同，按照英美法的合同对价理论，就会因缺少对价而无法在英美国家获得强制执行。英美法系国家为了摆脱传统理论的束缚，纷纷在司法实践中确立了"信用证无须对价"的原则，以此推动信用证在商业活动中的运用。鉴于此，《ISP98》明确规定了备用信用证一经开立，即对开证人具有约束力。

备用信用证的这些基本性质与跟单信用证的性质基本相同。因此，国际商会的连续三个版本的《跟单信用证统一惯例》都规定了"适用于所有在其文本中明确表明受本惯例约束的跟单信用证，在其可适用的范围内，包括备用信用证"。

三、备用信用证的法律关系结构

备用信用证包括申请人、开证人、通知人、保兑人、指定人以及受益人几个基本的当事人。在其基本结构中包括如下几个法律关系：

（1）申请人与受益人之间的基础交易合同关系，这是开立备用信用证的前提条件，没有这一关系的存在，就不可能开立备用信用证，但是，备用信用证一旦开立，其法律效力就不受基础交易关系的影响，开证人不能以基础交易的瑕疵来对抗受益人的索偿要求，受益人也不能利用基础交易的瑕疵向开证人进行不公平索偿。

（2）开证申请人与开证人之间的委托合同关系，这是备用信用证得以开立的直接原因。同样，备用信用证一经开出，其法律效力就不受这一委托关系的影响，申请人不能援引这一委托合同要求开证人对受益人拒付；开证人也不得援引这一委托合同关系的瑕疵拒绝向受益人付款。该委托合同关系只调整申请人与开证人之间的关系，因此，申请人可以开证人未履行开证委托合同的条件，或开证人对受益人的付款未满足单证相符的条件，而拒绝偿付。

（3）开证人与受益人的关系，二者的权利义务完全由备用信用证的条款规定来决定。开证人不得援引基础交易合同、开证委托合同或申请人的其他关系对抗受益人。受益人也不得援引开证人与申请人的关系对抗开证人。保兑人的法律地位与开证人相同，根据《ISP98》的规定，备用信用证的保兑人必须由开证人指定，而不包括未经开证人指定，由受益人自己选定的保兑人。《ISP98》特别强调备用信用证的保兑人负有与开证人同样的义务与责任，因此它将保兑人视同为一个独立的开证人，其保兑相当于代表开证人开立独立的备用信用证。因此保兑人与受益人之间的关系等同于开证人与受益人之间的关系。

（4）开证人与通知人之间的关系以及开证人与保兑人之间的关系，这两种法律关系在本质上是一致的，都是民法上的委托代理关系，因此，其权利义务均可适用民事代理的一般规定来调整。

四、备用信用证格式与内容

备用信用证的内容与跟单信用证相似，通常具备以下六个基本要素：
（1）备用信用证的完整编号。
（2）各方当事人的名称，包括开证行、申请人、受益人。
（3）基础合同（进出口双方的贸易合同）签订日期、编号和主要内容。
（4）备用信用证担保的范围（责任）、币种、金额。
（5）索偿时所需要提供的文件或单证及提示方式。
（6）备用信用证的效期，包括生效日期、失效日期。

五、备用信用证的运作程序

银行备用信用证的运作一般按照以下程序进行：
（1）开证人申请根据基础合同的规定，向其所在地的开证人（银行或其他机构）申请开立备用信用证，经开证人审核同意后，该申请书构成申请人与开证人之间的合同；申请人通常要提供押汇等担保，有义务支付开证费；开证人有义务根据申请书的指示开证，并承诺首先向受益人付款。

（2）开证人开证后，通常通过与受益人同地的通知人向受益人通知或转交信用证。通知人无义务必须为之，若该通知人不欲履行通知义务，则需及时通知开证人；若该通知人欲履行通知义务，则在开证人与通知人之间形成一种合同关系，通知人有义务核验备用信用证的表面真实性，有权利从开证人处取得报酬。当然，信用证也可由开证人或申请人直接寄交受益人，但在较大金额的交易中，受益人通常会要求通过通知人的专业核验来防止信用证欺诈。

（3）在大宗交易中，受益人也可以要求对备用信用证进行保兑，开证人通常请求通知人提供保兑。通知人无义务必须进行保兑，若该通知人不提供保兑，则需及时通知开证人；若该通知人对备用信用证进行保兑，则成为保兑人，对受益人承担与开证人同样的义务和责任。

（4）受益人获得信用证后，即可发货或为其他履约行为，如果开证申请人也按承诺或基础交易合同的规定履行了义务，那么备用信用证就自动实效，受益人应将备用信用证退还给开证人。至此，备用信用证的全部交易程序即告结束，这也是大多数正常情况下备用信用证的运作程序。

（5）如果开证申请人未能按照承诺或基础交易合同的规定履行其义务，受益人即可向开证人或保兑人提交符合备用信用证规定的索偿要求以及备用信用证相符的单据，向开证人或保兑人索偿。这里涉及受益人究竟是向开证人还是向保兑人索偿的问题，根据《ISP98》的规定，当备用信用证存在保兑人的情况下，在未明确规定将单据应提交给开证人还是保兑人时，交单人可任意选择。开证人或保兑人经审查，如果认为受益人所提交的索偿要求和相关单据符合备用信用证的规定，就必须按约定向受益人支付信用证金额。

当然开证人或保兑人也可指定一家银行或其他机构即指定人替它向受益人付款。指定人无义务必须为之；若指定人同意为之，则必须履行审单义务，以确定其表面真实性；因指定人自己的过错导致的错误付款等行为将使它丧失对开证人的索偿权。指定人作出付款后，将单据寄交开证人索偿已付款项，并取得相应报酬。

（6）开证人或保兑人如果没有任何过错做了最后偿付后，可以向开证申请人要求赔偿，若申请人不付款或不能付款，则开证人可以从押汇等担保中获得偿付；若开证人或保兑人因没有履行谨慎审单义务而错误地向受益人付款，则丧失对申请人的求偿权；若单证相符而受益人交货与基础交易合同不符，申请人不能对开证人拒付，而只能依据基础交易合同向受益人索赔。

第四节 银行保函与备用信用证的比较

一、备用信用证与银行保函的主要相同点

备用信用证于 19 世纪中叶起源于美国，因为 1879 年美国联邦法律禁止美国国内银行为其客户提供担保，当时各州银行为争取这方面业务，就采取变通的办法创立了具有保函性质的备用信用证。如今备用信用证的运用早已突破了它的诞生地美国，在日本、法国、拉美及中东等许多国家都得到广泛运用。从法律上讲，备用信用证与见索即付银行保函十分接近，但在实务做法仍存在着明显的区别。其重要异同点归纳如下：

（1）均为见索即付的银行保证文件。

（2）都具有自足性，即一经开立后，其业务的办理独立于其产生所依据的基础合同。

（3）都具有单据性，即其业务的办理仅以所规定的单据为对象，而不涉及相关的货物、服务或其他当事人（如申请人等）；但对所提交的非备用信用证或银行保函规定的单据，则不予审核或理会。

（4）都具有不可撤销性，即未经受益人同意，开证行或担保行在有效期内不能单方面宣布撤销或修改其保证文件的条款。

（5）都要求受益人在索偿时要提交相应的索偿证明。

二、备用信用证与银行保函的主要不同点

（1）适用的国际惯例不同，备用信用证适用《国际备用信用证惯例》（ISP98）的全部条款和《跟单信用证统一惯例》（UCP600）的部分条款，银行保函则适用《见索即付保函统一规则》（URDG458）。

（2）可转让性的不同，根据《ISP98》规则 6 的规定，备用信用证项下，受益人可以请求开证行或指定人向另外一个人承付，除非信用证明确禁止转让；银行保函则不能转让。

（3）开证行或担保行的利益维护手段不同，银行保函项下，开证行可以要求申请人提交反担保来保证担保行的利益维护，备用信用证则是以向申请人收取各项有关的费用方式，让开证行得到偿付。

（4）银行偿付的责任可能不同，备用信用证的开证行承担第一性付款责任，银行保函的担保行视保函的不同，既可能承担第一性付款责任，也可能承担第二性付款责任。

（5）在所提交的单据之间存在不一致时的处理不同，备用信用证项下，不能将此作为拒付的理由，而银行保函项下，则可以将此作为拒付的理由。

（6）在实务中，备用信用证已成为适用于各种用途的融资工具，其范围比见索即付保函更广泛。

阅读材料：某德国银行反担保项下的权力转让是否有效

2002年5月14日莫斯科联邦仲裁庭的一个案例涉及了保函转让问题。一家德国银行为担保一个国际销售合同出具了一份付款保函，为此一家俄罗斯银行出具了反担保。此后，德国银行将其在反担保项下的权利转让给了其在俄罗斯的一家附属机构。附属机构提出索赔遭拒付后，提起了诉讼。但是，俄罗斯的这家银行提出反诉，称有关转让是无效的，因此，附属机构无权作为原告提出有关诉讼。

在应诉过程中，附属机构的理由如下：首先，有关转让依据了德国法律；其次，通过第一受益人（德国银行）向俄罗斯银行发出通知的方式，已使反担保可以转让；最后，（反）担保人对有关转让没有提出任何异议。

一审法院驳回了附属机构有关转让有效的请求，上诉法院也维持原判。法院的判决基于以下考虑：第一，在适用法律发生冲突的情况下，俄罗斯银行出具反担保的准据法应为俄联邦法律；第二，虽然有关转让人和受让人之间的法律关系应由德国法律管辖，但德国法律对依照俄罗斯法律出具反担保的俄罗斯银行是不适用的；第三，对权利转让的适用法律与该权利本身的适用法律是相同的，即适用俄罗斯法律；第四，除非保函中另有明确规定，俄罗斯法律是禁止这种转让的；第五，鉴于有关法律已明确规定了保函可以转让的唯一方式，本案中对转让情况的通知（尽管可能担保人已接受）并不导致权利的有效转让；第六，根据俄罗斯法律，一项交易如不符合法律或法规的相关要求，是无效的。

处理单据的程序及对不符点的认定

对于处理保函项下受益人提交的要求付款的单据，法典规定，一经接到受益人的索赔，担保人必须立即将有关情况通知申请人并将索赔书及所附单据的复印件转交给申请人。但法典并没有明确审核单据的标准及时间，也没有规定审单后的付款期限。法典仅规定，担保人对单据的处理及付款应尽量合理审慎并在合理的时间内完成。如索赔或随附单据存在不符点（但受益人可在保函的效期内修改单据并再次提交），以及保函效期已过后的交单，担保人应予拒付，拒付时，担保人无须指出不符点。

思考题：

1. 2006年3月7日，中国银行江苏省分行应苏美达集团公司的申请开出LC9400644/06号即期自由议付信用证，金额为60万欧元，受益人为Sweden Energy and Environment Absagverksgatan, Sweden, 通知行为SWEDBANK, STOLKHOLM, SWEDEN；信用证所需要的单据中含一份正本银行保函，保函金额为10%的合同款，有效期至2008年9月30

日。2006年7月31日该行收到该L/C项下全套正本单据，单据金额为信用证金额，交单行为信用证通知行SWEDBANK。经审核，银行认为单证相符，除留下待核实真实性的银行保函外，将其余单据交给申请人，并定于8月7日对外付款。从表面上看，该保函的出具银行是交单行SWEDBANK, STOLKHOLM，江苏省分行向其发出查询电后收到回电，该行称无法核实保函，要求江苏省分行传真保函，江苏省分行立刻将保函传真至该行。8月7日，苏省分行收到该行的回电，电文出人意料地告知该保函是伪造的。江苏省分行立即暂停了这笔信用证的付款，并与申请人联系，申请人退回已收到的所有单据要求拒付。8月8日，江苏省分行在收到单据的第6个工作日，向交单行SWEDBANK, STOLKHOLM发出拒付电报，拒付理由该行某日的电报银行保函系伪造。之后江苏省分行没有收到对方银行的电文。8月21日，申请人书面通知江苏省分行已收到该信用证项下真实合格的银行保函并同意江苏省分行付款，江苏省分行当日解除拒付并对外付款，此笔业务圆满闭幕。问：保函能否作为信用证的单据？

2. 某市A公司与德国B公司签订了一份出口地毯的合同，收货人为B公司，付款条件为D/P30天。A公司按照合同的要求发货，在取得空运提单和FORM A产地证之后，A公司会同已缮制好的汇票、发票、单据一起交到该市C银行。因A公司近期资金紧张，随即以此单向C银行申请办理押汇。C银行考虑虽然托收风险大，但A公司资信状况良好，与本行有良好的合作关系，无不良记录，就为A公司办理了出口押汇。同日C银行将此笔款项转到A公司账户，随后A公司便支用了该笔款项。若干日后C银行收到国外提示行电传，声称客户已经承兑，并取走了该套单据。但是，在到期日之后，却迟迟未见这笔款项划转过来。经A公司与C银行协商，由A公司与买方联系，但买方声称已将这笔款项转到银行。等了一段时间后B公司突然来电声称自己破产，已无偿还能力。至此，该笔托收已无收回的可能。C银行随即向A公司追讨，但A公司一直寻找借口，拖欠不还。C银行见A公司无归还的诚意，就将A公司告上法庭，要求A公司履行义务，清偿所欠的银行债务。

在法庭上，A公司则认为自己不具有清偿该笔贷款的义务。理由是自己已将全套单据在C银行办理了质押，已经将全套单据卖给了银行，既然银行买了全套单据，那么银行应该对这套单据负责，自己虽然可以协助银行追讨欠款，但并无代为付款的义务。那么A公司的说法是否正确呢？A公司是否负有归还此笔贷款的义务？

练习题：

一、名词解释

银行保函　独立性保函　从属性保函　直开保函　转开保函　投标保函
履约保函　维修保函　提货保函　借款保函

二、选择题

1. 开立保函申请书是（　　　）代表了一定的法律义务和责任划分的书面文件。

A. 申请人与担保行之间　　　　　　B. 申请人与通知行之间
C. 申请人与受益人之间　　　　　　D. 担保行与转递行之间

2. 以下不属于申请人的主要责任是（　　　）。

A. 严格按照合同的规定履行自己的义务，避免保函项下发生索偿和赔偿

B. 索偿时应按保函规定提交符合要求的索偿证明或有关单据

C. 承担保函项下的一切费用和利息

D. 在担保行认为必要时，预支担保保证金，提供反担保

3. 卖方或承包方（申请人）委托银行向买方或业主（受益人）出具的，在不能履约时保证退还与预付款等额的款项，或相当于合约尚未履行部分相应比例的预付金款项的保函，称为（　　　）。

A. 维修保函　　　　　B. 履约保函　　　　　C. 保留金保函　　　　　D. 预付款保函

4. 提货保函的受益人为（　　　）。

A. 银行　　　　　B. 出口商　　　　　C. 船公司　　　　　D. 进口商

5. 以下不属于银行保函和跟单信用证相同点的是（　　　）。

A. 两者都是由银行作出的承诺

B. 两者形式相似

C. 两者都是单据化业务

D. 银行对单据的审核责任都仅限于表面相符

6. 在（　　　）中，担保人的偿付责任从属于或依附于申请人在交易合同项下的义务。申请人是否违约要根据基础合同的规定以及实际履行情况来作出判断的，这往往使银行因卷入买卖双方的贸易纠纷而进退两难。

A. 从属性保函　　　　　B. 独立性保函　　　　　C. 付款保函　　　　　D. 透支保函

7. 保函项下担保权益的享受者，也就是有权按保函规定通过提交某种单据或声明向担保行索取款项的人，是保函的（　　　）。

A. 申请人　　　　　B. 担保行　　　　　C. 受益人　　　　　D. 反担保行

8. 在（　　　）情况下，往往不需要保兑行。

A. 担保行信誉、资金实力较差

B. 申请人信誉、资金实力较差

C. 担保行处于外汇紧缺的国家

D. 担保行处于政治经济局势动荡的国家

9. 投标保函的申请人是（　　　）。

A. 招标国政府　　　　　B. 招标人　　　　　C. 投标人　　　　　D. 中标人

10. 下列不属于进口类保函的是（　　　）。

A. 付款保函　　　　　B. 租赁保函　　　　　C. 提货保函　　　　　D. 质量保函

三、判断题

1. 签发保函意味着担保行承担了一项确定的负债。因此，担保行出于自身利益的考虑，在签发保函之前往往要对申请人的资信情况及财务状况、担保品及反担保措施、项目可行性及效益、保函申请书或委托担保协议等内容进行详尽的审查。　　　　　（　　　）

2. 转开保函是最基本的一种开立保函方式。　　　　　（　　　）

3. 独立性保函中担保人承担第一性的偿付责任，即担保人的偿付责任独立于申请人在交易合同项下的义务。　　　　　　　　　　　　　　　　　　　　　（　　）

4. 保函的修改必须经有关当事人一致同意后方可进行，任何一方单独对保函条款进行修改都视为无效。　　　　　　　　　　　　　　　　　　　　　　　　（　　）

5. 任何一份银行保函都有保兑行这一基本当事人。　　　　　　　　　　　　（　　）

6. 银行在为申请人开立银行保函时，为了控制自身风险，往往都要求申请人提供反担保。　　　　　　　　　　　　　　　　　　　　　　　　　　　　　　（　　）

7. 银行保函的修改必须经有关当事人一致同意后，由受益人向担保行提出书面的修改申请。　　　　　　　　　　　　　　　　　　　　　　　　　　　　　　（　　）

8. 银行保函的应用范围要远远大于普通的跟单信用证，可以用于保证任何一种经济活动中任何一方履行其不同的责任与义务。　　　　　　　　　　　　　　　　（　　）

9. 保函的担保期限即保函的有效期，只有在保函的有效期内，担保行才承担保证责任。所以受益人必须在规定的期限内向担保行提出赔付要求，否则担保行可以不付款或不履行赔偿义务。　　　　　　　　　　　　　　　　　　　　　　　　（　　）

10. 在向受益人赔付后，担保行有权向申请人或反担保人索偿。如果申请人不能立即偿还担保行已支付的款项，担保行有权处置保证金或抵押品；如果处置后仍不足抵偿，担保行自行承担该损失。　　　　　　　　　　　　　　　　　　　　　（　　）

四、填空题

1. 实务中的银行保函包括两大类：_____和_____。

2. 保函的基本当事人包括：_____、_____和_____。

3. 保函的有效期包括：_____和_____。

4. 银行开立保函主要有_____和_____两种方式。

5. 银行保函和跟单信用证在以下方面存在不同：_____、_____、_____和_____。

6. 受担保行委托，将保函通知或转递给受益人的银行称为_____或_____。

7. 经过保兑的银行保函由_____和_____对受益人共同承担连带责任，从而使受益人得到双重担保。

8. 转开保函使受益人的_____变为_____，产生争议和纠纷时受益人可在国内要求索赔。

9. _____是指担保行应供货方或劳务承包方的请求而向卖方或业主开立的一种保证文件，保证申请人忠实地履行商品或劳务合同，按时、按质、按量地交运货物或完成所承包的工程。

10. 维修保函是指担保行应_____的请求出具给_____，以担保工程质量符合合同规定的保函。

推荐报刊和网络：

1.《金融时报》

2.《中国金融报》

3.《国际金融》

4. 国际商会 http：//www. iccwbo. org

5. 中国外汇网 http：//www. chinaforex. com. cn/

6. 汇通天下国际结算网 http：//www. sinobankers. com

7. 汇天国际结算网 http：//www. 10588. com

8. 国贸人 http：//www. guomaoren. com

第七章　国际保理服务

【案例导入】

　　某医药经销商通过使用中国工商银行"国内保理池融资"产品，盘活了资金，销售增长率提高100%。该公司2006年的销售收入为3亿元，应收账款余额保持在6000万元左右，其中4000万元应收账款的债务人为当地各大医院，付款期大多为半年左右，占用了企业的流动资金。

　　工行针对该公司应收账款质量良好且余额稳定的特点，采用"国内保理池融资"的方式，对企业与各大医院的应收账款余额提供最高达3200万元的融资，当应收账款新增发生额与回笼资金形成动态平衡，在保证应收账款余额不低于设定金额时，回笼资金可划回企业的结算账户，由其自由支配。工行灵活的融资方式解决了企业的资金占压难题，提高了企业的资金周转速度，有力地促进了该企业的销售增长。

　　经过一年多的运作，企业销售管理和资金管理效果明显好转，稳定并扩大了客户群体，2007年销售收入增加到6亿元，整整翻了一番，企业在工行的"国内保理池融资"额度也随之扩大。

　　从以上案例可以看出，国际保理服务将"一揽子"服务综合起来由一个窗口提供，并可根据客户需求提供灵活的服务项目组合，加速了出口商的资金流转，缓解了出口商的资金紧张。

　　本章将对国际保理服务的含义、内容、基本特征、服务种类及其在实际领域的应用进行详细介绍。

　　保理可以称为是一种古老的商业行为，渊源能够追溯到五千年前的古巴比伦时代。早在18世纪的欧洲，最初是通过"采用寄售方式的商务代理制逐渐演变成为提供短期贸易融资的保理服务"。保理业务的真正发展始于19世纪90年代的美国，当时，非银行拥有的家庭所有保理公司为本国的纺织服装业提供了国内保理服务，提供坏账防范和货物存储融资服务。在 20 世纪 40 年代，纽约州和新英格兰州的法院都有多起国际保理方面的案例。在 20 世纪 50 年代的美国，《统一商法典》颁布以来，保理服务中的"应收账款融资（Accounts Receivable Finance）"业务膨胀很快。20 世纪 60 年代，美国的银行开始渐渐取代了这些家庭所有保理公司，业务也由单纯的国内保理扩展到国际保理。同一时期，西欧各国的银行和金融机构逐步开始国内国际保理业务，并相继成立了保理公司。在欧洲，英国率先从美国引进保理服务。

近年来，随着国际贸易竞争的日益激烈，国际贸易买方市场逐渐形成，赊销日益盛行。由于保理业务能够很好地解决赊销中出口商面临的资金占压和进口商信用风险的问题，因而在世界各地迅速发展。

保理业务在国际上的迅猛发展可以归功于两个方面：一方面是国内、国际贸易发展的需要和金融银行业的大力拓展。国内、国际贸易的需要特别是在国际贸易中买方市场的普遍形成，国际保理业务因为可以为买方减少开立信用证的费用，并可提供信用担保，而备受买方青睐，使得国际保理业务很快得到发展。另一方面是在日益激烈的银行业竞争中，如何为顾客提供更好的服务是竞争制胜的关键之一，顾客需要的保证收款、账户管理、资信咨询、融资等服务，银行可以通过提供保理业务来提供；而顾客通过支付合理的保理费用，使银行能赚取不薄的利润，一般可达到货款发票金额的 3% 左右，比经营信用证业务和其他结算业务的利润都要高，是商业银行盈利的一个亮点。此外，信息产业的进步和电子通信技术的普遍应用、国际保理相关惯例规则的制定和实施也极大地促进了国际保理服务的发展。

从目前国际贸易市场的结算手段来讲，保理已经成为绝大多数参与国际贸易活动主体的一种较为常用的结算形式和手段。1968 年在荷兰阿姆斯特丹以 100 多家银行所属的保理公司组成了"国际保理局联合会"（Factors Chain International，FCI），使保理这项国际结算业务有了自己的规范运作秩序。保理服务在 20 世纪 90 年代以来得到了快速的发展，据国际保理商联合会统计，2004 年全球保理业务量已经达到了 8600 亿欧元，其中国内保理业务量达 7900 亿欧元，国际保理业务量超过 680 亿欧元，其中欧洲占 80.51%，亚太地区占 9.3%，北美占 8.87%。迄今为止，仅欧洲就拥有 3000 多家保理业务公司，在大多数欧洲国家里，保理服务主要是提供有追索权的贸易融资和其他服务，提供坏账担保处于次要地位，这主要是因为这些国家的短期出口信用保险很普及。

欧洲、北美和亚太地区是开办保理业务的三大主要区域，其中以亚太地区的增长幅度为最大，其国内和国际保理业都以超过 25% 的幅度增长，发展势头良好。相对而言，中国的保理业务还处于起步阶段。中国银行在 1992 年就推出了国际保理业务，并于 1993 年加入 FCI 成为 FCI 的正式成员。2000 年推出了国内综合保理服务，与 20 多个国家和地区的 50 多家保理公司签署了国际保理业务协议。据国际保理商联合会统计，2004 年我国保理业务量仅为 43 亿欧元，其中国内保理业务量为 35.6 亿欧元，国际保理业务量为 7.6 亿欧元，我国保理业务量仅为全球保理业务量的 1%。我国保理业务量偏低，并且保理服务局限于国际上渐渐被摒弃的单保理形式，这和我国作为贸易大国的地位是很不相称的。但同时中国内地是目前全球保理业务发展最快的地区之一。1999～2004 年，内地的保理业务量从不足 0.2 亿欧元增长到 43 亿欧元。内地的 FCI 会员也由原来的中行与交行两家发展到 12 家，包括四大国有商业银行及交行、光大、招商、浦发、中信、民生、上海银行和上海汇丰。随着我国经济发展和参与国际贸易活动实际的需要，保理业务将会逐渐得到广泛应用，在国际贸易支付方式上，会有更多的国际贸易伙伴愿意通过保理的方式进行结算。

第一节 国际保理服务概述

一、国际保理服务的含义和内容

（一）国际保理服务的含义

对于保理（Factoring）服务来说，目前尚无统一的定义。根据国际保理商联合会颁布的《国际保理业务惯例规则》（Code of International Factoring Customs, IFC），一般认为国际保理服务是一项集贸易融资、结算、代办会计处理、资信调查、账务管理和风险担保等于一体的综合性金融服务业务。其一般做法是：在国际贸易中赊账或承兑交单的结算方式下，由商业银行或者专业保理商从出口商那里购进以单据表示的对进口商的应收账款，从而为出口商融通资金，并且同时提供资信调查、销售分账户管理、货款回收和坏账担保等服务。当然，出口商可以根据本公司的实际情况选择要求保理商提供全套服务或者部分服务。保理商通常是国际上一些资信良好、实力雄厚的跨国银行或其全资附属公司。国际统一私法协会《国际保理公约》认为，保理是指出口商与保理商间存在的一种契约关系。根据该契约，出口商将其现在或将来的基于其与买方（债务人）订立的货物销售、服务合同所产生的应收账款转让给保理商，由保理商为其提供贸易融资、销售分户账管理、应收账款的催收和信用风险控制与坏账担保服务中的至少两项。

一般来说，国际保理服务指在国际贸易中，出口商在采用赊销（O/A）、承兑交单（D/A）、付款交单（D/P）等信用方式向进口商销售货物或提供服务时，由出口保理商和进口保理商共同提供的一项集商业资信调查、应收账款催收与管理、保理融资及信用风险控制与坏账担保于一体的综合金融服务。其核心内容是以收购出口债权的方式而提供出口融资和风险担保。保理服务可分为出口保理业务和进口保理业务。

（二）国际保理服务的内容

国际保理服务是保理商向出口商提供的综合性金融服务，保理服务的核心内容是提供贸易融资和坏账担保，保理商可以提供的国际保理服务的内容主要有以下几个方面：

1. 贸易融资

保理业务根据提供融资与否，分为到期保付代理（Maturity Factoring）和融资保付代理（Financed Factoring）。

在保理业务发展的初期，保理业务多为到期保理，出口商将出口单据出卖给保理机构，该机构承诺并同意于到期日将应收账款即单据的票面金额的收购价款无追索权地付给出口商，至于能否按期收回债款，则是保理商的事情。保理商只是承诺在买方应付账款到期时才向卖方付款。

现在国际上施行的是融资保理，也称为预支保理业务（Advanced Factoring）。也就是在卖方发货及向保理商提供销售发票后，在保理合同约定的额度内，卖方可以立即获得不超过发票净额80%的预付款融资，剩余的20%于买方应付账款到期日再进行结算，这样一来就解决了卖方的融资问题，基本解决了在途和行用销售的资金占用问题，加快了资金周转。

贸易融资可通过有追索权购买提供，也可通过无追索权购买提供。在有追索权的保理业务中，保理商不负责审核买方的资信，不确定信用额度，主要功能是提供融资。如果买方到期没有付款，卖方则必须向保理商归还融资款项的本息。在这种方式的保理业务中，保理商不承担债务人的信用风险，该保理业务在银行业务中应用较少。无追索权购买时，只要保理商预先垫付资金，就意味着同时提供了风险担保和贸易融资的双重服务。保理商对债务人核定相应的信用额度，在信用额度内购买卖方对该债务人的应收账款，如果该债务人因清偿能力不足，而无法收回应收账款时，不能再向卖方追回购买款项，或者未向卖方支付购买应收账款的款项时，不能拒付。在此类保理业务中，保理商须承担债务人的信用风险，为债务人的坏账提供担保服务。但不管是到期保理还是融资保理，一般国际上的惯例是保理商不享有对卖方的追索权，即不管保理商催收债务成功与否，保理商皆有向卖方付款的义务，这也就起到了坏账担保的作用。

2. 销售分户账管理

银行作为公共会计已有一千多年的历史。它拥有最完善的账务管理制度，先进的管理技术和丰富的管理经验。银行还是电子计算机和现代化办公机民应用最为广泛的行业之一，它能提供高效率的社会化服务，提供保理服务的一般均为有国际背景的商业银行的附属机构，具备银行在账务管理方面的各种有利条件，因此完全有能力向客户提供优良的账务管理服务。

销售分户账管理指的是在卖方将应收账款的债权转让给保理商的同时，有关买方债务人的账户管理也移交给了保理商。卖方叙做保理业务后，保理商会根据卖方的要求，定期或不定期向其提供关于应收账款的回收情况、逾期账款情况、信用额度变化情况、对账单等各种财务和统计报表，协助卖方进行销售管理。保理商设立相应的账户，输入必要的信息和数据如金额款项、付款方式和期限等，进行记账、清算、催收、计息等工作，并可根据需要提供详细的统计数据。在卖方有诸多业务和客户的情况下，保理商提供的服务销售分户账管理为卖方节省了大量的人力和财力，摆脱了账户管理的后顾之忧。

3. 应收账款的催收

回收债款，特别是回收在跨国贸易中的债款是一项专业性要求很高的技术，除了精通各国贸易习惯和法律外，还必须掌握丰富的收债经验，并且在买方拒不付款的情况下及时付诸法律调解和诉讼程序，强制执行，而这些专业技术并非贸易中卖方之所长。在一个有众多客户和业务的贸易公司经常会出现不能及时发现欠款的问题，也就不能及时收回债款。

保理商一般有专业人员和专职律师进行账款追收，保理商拥有专门的收债技术和丰富的收债经验，并可运用母公司作为资本雄厚的大银行的威慑力量，催促进口商遵守信用按时付款。保理商会根据应收账款逾期的时间采取信函通知、打电话、上门催款直至采取法律手段。交付保理费用，由专业保理商运用母行的资源与威慑力量，使买方守信付款。在国际贸易中，一般都采用双保理机制，出口方的保理商和进口方的保理商签有协作合同，由进口方的保理商负责向进口方收债，变跨国收债变为国内收债，这样也减少了付款的风险。保理服务也使进口商节省了营运资金，又免除了其对跨国度收债而存在的顾虑。

4. 进口商信用额度的核定

保理商向客户提供信用销售控制服务，主要是体现在为出口商制订一个向进口商提供赊销的信用额度，并根据履约和支付情况，随时作出调整。要达到这一目的，保理商一方面要通过多种渠道随时了解进口商的资信变化和业务表现，另一方面也要随时知晓有关外汇管制、金融政策、政局事态等对进口商支付情况有直接影响的因素。在没有保理商的服务时，这些事项必须由出口商自己去完成，但基于资金、人力、经验、设备等的限制，很难达到随时了解情况、控制风险的目的，而保理商的服务则解决了这一难题。保理商可核定并随时修改出口商每个客户的信用销售额度，从而将坏账风险降到最低限度。

5. 信用风险控制与坏账担保

保理商在购买出口债权时除为自己核准进口商的信用额度外，还可以专门为出口商提供该项服务，使出口商通过控制出口金额而控制收款风险。卖方与保理商签订保理协议后，保理商会为债务人核定一个信用额度，并且在协议执行过程中，根据债务人资信情况的变化对信用额度进行调整。对于卖方在核准信用额度内的发货所产生的应收账款，保理商提供100%的坏账担保。

对于由贸易纠纷引起的呆账和坏账，保理商不承担信用风险。这样做的目的是使出口商必须交付合格的货物，严格履行合同义务，不可借保理商的风险担保而交付质量低劣，与合同要求不符的货物。保理商为保证自己不受不法出口商的欺骗，通常要求出口商提供货物检验和运输方面的保证。因此，在通常情况下，只要出口商将对每个客户的销售量控制在保理商核定的信用额度以内，就能有效地消除因买方信用而造成的坏账风险。

第二节　国际保理服务程序

在国际贸易中，为了满足不同的需要，产生了多种不同的保理方式，基本可以分为双保理、单保理、直接进口保理、直接出口保理、背对背等保理机制。其中，双保理机制是最重要，也是运用最为广泛的一种。

双保理（the Two Factoring System）是指买卖双方都承担保付代理商的保付代理业务的保理机制。

一、双保理业务流程

双保理业务流程如图7-1所示。

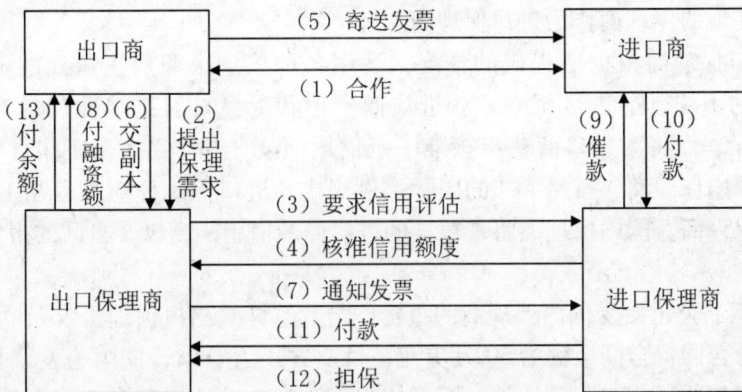

图7-1　双保理业务流程

图7-1说明：

（1）出口商寻找有合作前途的进口商。

（2）出口商向出口保理商提出叙做保理的需求并要求为进口商核准信用额度。

（3）出口保理商要求进口保理商对进口商进行信用评估。

（4）如进口商信用良好，进口保理商将为其核准信用额度。

（5）如果进口商同意购买出口商的商品或服务，出口商开始供货，并将附有转让条款的发票寄送进口商。

（6）出口商将发票副本交出口保理商。

（7）出口保理商通知进口保理商有关发票详情。

（8）如出口商有融资需求，出口保理商付给出口商不超过发票金额的80%的融资款。

（9）进口保理商于发票到期日前若干天开始向进口商催收。

（10）进口商于发票到期日向进口保理商付款。

（11）进口保理商将款项付出口保理商。

（12）如果进口商在发票到期日90天后仍未付款，进口保理商做担保付款。

（13）出口保理商扣除融资本息（如有）及费用，将余额付出口商。

下面以一笔出口保理为例，介绍其业务流程。出口商为国内某纺织品公司，欲向英国某进口商出口真丝服装，且欲采用赊销（O/A）的付款方式。

（1）进出口双方在交易磋商过程中，该纺织品公司首先找到国内某保理商（作为出口保理商），向其提出出口保理的业务申请，填写《出口保理业务申请书》（又称《信用额度申请书》），用于为进口商申请信用额度。申请书一般包括如下内容：出口商业务情况；交易背景资料；申请的额度情况，包括币种、金额及类型等。

（2）国内保理商于当日选择英国一家进口保理商，通过由国际保理商联合会开发的保理电子数据交换系统 EDIFACTORING 将有关情况通知进口保理商，请其对进口商进行信用评估。通常出口保理商选择已与其签订过《代理保理协议》、参加 FCI 组织且在进口商所在地的保理商作为进口保理商。

（3）进口保理商根据所提供的情况，运用各种信息来源对进口商的资信以及此种真丝服装的市场行情进行调查。若进口商资信状况良好且进口商品具有不错的市场，则进口保理商将为进口商初步核准一定信用额度，并于第 5 个工作日将有关条件及报价通知国内保理商。按照 FCI 的国际惯例规定，进口保理商应最迟在 14 个工作日内答复出口保理商。国内保理商将被核准的进口商的信用额度以及自己的报价通知纺织品公司。

（4）纺织品公司接受国内保理商的报价，与其签订《出口保理协议》，并与进口商正式达成交易合同，合同金额为 50 万美元，付款方式为 O/A，期限为发票日后 60 天。与纺织品公司签署《出口保理协议》后，出口保理商向进口保理商正式申请信用额度。进口保理商于第 3 个工作日回复出口保理商，通知其信用额度批准额、效期等。

（5）纺织品公司按合同发货后，将正本发票、提单、原产地证书、质检证书等单据寄送进口商，将发票副本及有关单据副本（根据进口保理商要求）交国内出口保理商。同时，纺织品公司还向国内保理商提交《债权转让通知书》和《出口保理融资申请书》，前者将发运货物的应收账款转让给国内保理商，后者用于向国内保理商申请资金融通。国内保理商按照《出口保理协议》向其提供相当于发票金额 80%（即 40 万美元）的融资。

（6）出口保理商在收到副本发票及单据（若有）当天将发票及单据（若有）的详细内容通过 EDIFACTORING 系统通知进口保理商，进口保理商于发票到期日前若干天开始向进口商催收。

（7）发票到期后，进口商向进口保理商付款，进口保理商将款项付与我国保理商，国内保理商扣除融资本息及有关保理费用，再将余额付给纺织品公司。

二、国际保理业务的作用及与其他出口融资方式的比较

国际保理业务的作用及与其他支付方式的比较如表 7-1、表 7-2 所示。

表 7-1　国际保理业务对进、出口商的作用

作　用	对出口商	对进口商
增加营业额	对于新的或现有的客户提供更有竞争力的 O/A、D/A 付款条件，以拓展海外市场，增加营业额	利用 O/A、D/A 优惠付款条件，以有限的资本，购进更多货物，加快资金流动，扩大营业额
风险保障	进口商的信用风险转由保理商承担，出口商可以得到 100% 的收汇保障	因公司的信誉和良好的财务表现而获得进口保理商的信贷，无须抵押
节约成本	资信调查、账务管理和账款追收都由保理商负责，减轻业务负担，节约管理成本	省却了开立信用证和处理繁杂文件的费用
简化手续	免除了一般信用证交易的烦琐手续	在批准信用额度后，购买手续简化，进货快捷
扩大利润	因扩大出口额、降低管理成本、排除信用风险和坏账损失，利润随之增加	由于加快了资金和货物的流动，生意更发达，从而增加了利润

表 7-2　国际保理与其他支付方式的比较

项目＼支付方式	国际保理	汇付（汇款）	托收	信用证
债权信用风险保障	有	无	无	有
进口商费用	无	有	一般有	有
出口商费用	有	有	有	有
进口商银行抵押	无	无	无	有
提供进口商财务灵活性	较高	较高	一般	较低
出口商竞争力	较高	较高（指发货后汇付）	一般	较低

如表 7-3 所示，国际保理融资比其他出口融资方式有更多优点。

表 7-3　国际保理融资与其他出口融资方式相比较

融资方式	适用支付方式	融资期限	有无追索权	备注
贷款或透支	任何支付方式	一般不超过 1 年	有	
出口信用保险单抵押贷款	任何支付方式	一般不超过 1 年	有	优惠利率

续表

融资方式	适用支付方式	融资期限	有无追索权	备注
打包贷款	信用证	一般不超过 6 个月	有	
出口押汇	信用证、托收（少量）	一般不超过 6 个月	通常有	
贴　现	任何支付方式下的票据，以信用证方式下的票据最受欢迎	一般不超过 1 年	通常有	一般以银行为付款人的票据为主
国际保理融资	O/A 和 D/A	一般不超过 1 年	无	

三、国际保理与出口信用保险相比较

出口保险公司一般要求出口商将其全部销售交易都要投保（无论哪种付款方式都要投保），而保理服务无要求。一般说来，进口商信用风险服务要比保理服务费用高。

出口信用保险项下，进口商信用风险一般由保险公司和出口商共同承担，在出现坏账时，保险公司一般只赔偿 70% ~ 90%，而且索赔手续烦琐耗时。而保理服务中，保理公司承担全部信用风险。国际保理融资与其他出口融资方式相比较如表 7-4 所示。

表 7-4　国际保理融资与出口信用保险方式相比较

业务种类	出口保理	出口信用保险
最高信用保障（在所批准信用额度内）	100%	70% ~ 90%
赔偿期限（从贷款到期日起）	90 天	120 ~ 150 天
索赔程序	简单	烦琐
坏账担保	有	有
进口商资信调查和评估	有	有
财务账目管理	有	无
账款催收追缴	有	无
以预支方式提供融资	有	无

以上显示，保理业务的收费似乎比信用证或托收的费用高一些，从而会增加出口商的成本，但其实不然。出口商如改用信用证方式，虽然可以免去自身的保理开支，降低产品价格，但却在同时增加了进口商的负担，因为进口商必须承担开立信用证的费用。更主要的原因是进口商为开证被迫存入保证金，或占用了自身的银行信用额度，从而造成进口商的资金紧张。同时，由于银行适用严格相符原则即受益人提交的单据都必须同

信用证条款规定完全一致，因此，信用证变得缺乏活力。任何矛盾都可能造成严重延误。有时频繁地改证，会带来大量的费用和风险。这些都使许多进口商不愿以信用证方式办理进口结算，从而影响了出口商的竞争力。出口商若采用 D/A 方式，往往由于资金紧张而需要押汇，为此必须支付押汇的利息，同时进口商还要支付托收的费用，对双方都造成负担，而且出口商还失去了信用风险保障。所以采用国际保理业务，出口商虽然可能增加一定的费用，但因此而获得的信用风险担保、资金融通以及管理费用的降低等带来的收益足以抵消保理费用的开支，而进口商也可以免除开信用证或托收的费用，减少资金的占压。这样对双方都是有利的。

四、国际保理与福费廷业务的比较

保理业务与福费廷业务都属于贸易融资和结算业务，即出口商都可以在贸易合同规定收款期之前获得部分或全部货款。而且出口商获得这些融资都可以是无追索权的，只要出口商提供的债权（无论是应收账款还是应收票据）是由正当交易引起的、不受争议的，而且符合保理商和包买商的其他规定，那么即使进口商违约或破产倒闭而产生信用风险，都由保理商和包买商承担。在融资担保和支付条件融为一体的今天，这两种新型的结算方式正越来越广泛地被应用。

由于其各自特点不同，这两种融资方式有着贸易领域和融资期限的互补性，风险承担方式也各不一样。

（1）保理业务主要适用于日常消费品或劳务的交易，每笔交易金额相对较小；一般是经常性持续进行的，出口商可能就自己的出口商品或服务与保理商签订一个保理协议，涉及的进口商却分布在多个国家或地区；福费廷业务主要针对资本性货物的进出口贸易，金额较大，且针对一次性交易、一次或多次分期付款。

（2）保理业务的融资期限取决于赊销期限，一般为发货后 1~6 个月，个别可长达 1 年，属于短期贸易融资；而福费廷业务的融资期限至少在 6 个月以上，一般长达数年，属于中长期贸易融资。

（3）保理业务因金额小、融资期限短，保理商承担风险较小，因此以设定信用额度的办法来控制风险，不需另外提供担保；而福费廷业务因金额大、融资期限长，包买商承担风险大，必须要有第三者提供担保。因此，保理业务适用于托收项下做短期贸易融资，而福费廷业务可在信用证项下或银行担保项下做中长期贸易融资。

（4）保理业务中，一般出口商最多只能得到发票金额 90% 的融资，这部分金额可以免除利率和汇率风险，但尚有部分余额需在赊账到期日支付，因此，出口商还要承担有关汇价和迟付方面的残留风险。而在福费廷业务中，出口商可按票面金额获得扣减贴息后的融资，且不承担任何风险。因为出口商是以无追索权的形式将远期票据出售给包买商的。

第三节　国际保理特点

从保理服务的角度来论，它作为一种综合性的贸易服务方式，具体体现在债权的承购与转让、保理商在核准的信用额度内承担坏账风险损失、为赊销或承兑交单托收方式提供风险担保等基本特征上。

一、债权的承购与转让

在保理服务发展的初期阶段，银行凭借以发票所代表的债权为抵押提供融资，然后用收回的债款偿还融资，但这种以发票形式多表示的债权转让在当时并不能使保理商有效地对抗第三者权益和债务人的反索。只有在保理商购入债权，而不是将债权作为抵押并作为自己的资产进行业务处理时，才能有效地对抗第三者权益和债务人的反索。

保理商通过购买债权能够获得对债款不受任何影响的所有权。唯有保理商拥有全额收取债款的权利，并用收回的债款补偿他预付的收购价款，这也是保理商和出口商签订保理协议的主要目的之一。保理商为获得对债权的绝对所有权，就必须按法律规定办理某种转让手续，这种转让可以协议的形式进行。在协议中，出口商统一将对债款的所有权转让给保理商，包括：①债款的法定所有权；②对债款的所有法定和其他求偿权，而保理商也同意接受这一权利转让，并不必征得债务人的同意和许可。

二、保理商在核准的信用额度内承担坏账风险损失

为了明确保理商对因债务人清偿能力不足而形成呆账、坏账所承担的风险责任，保理商通常必须为出口商的所有客户逐一核定信用销售限额，以控制业务风险。对限额之内的应收账款即已核准应收账款，保理商提供100%的坏账担保，保理商没有追索权。保理商只能向债务人催收货款，必要时有权决定通过法律途径来收取债款。为保护出口商的利益，通常在采取行动之前，应通知并征求出口商的意见，因诉诸公堂而引致的律师费及诉讼费用由保理商和出口商按已核准和未核准应收账款的比例分摊。对于超过信用额度的销售即未核准应收账款，保理商仅提供有追索权融资。对因产品质量、服务水平、交货期等引起贸易纠纷所造成的呆账和坏账，保理商不负担保赔偿之责并拥有追索权。

三、为赊销或承兑交单托收方式提供风险担保

出口商可供选择的付款条件有信用证（L/C）、付款交单（D/P）、承兑交单（D/A）

和赊账方式（O/A）等。对出口商而言，信用证因可靠性和安全性较好而一直受到青睐；而对进口商来说，由于信用证结算方式手续繁杂，费用较高，还要在较长时间内压占进口商的营运资金或信用额度，所以进口商往往不愿意采用信用证方式。

进口商倾向于采用 D/A 或 O/A 方式，但在这两种支付条件下，出口商承担的风险较大，必须有一种服务提供风险担保，于是保理服务应运而生。出口商将应收账款卖断给保理商后，一旦海外进口商拒付货款或不能按期付款，全部风险将由保理商承担。而且，如果支付货币与本国货币不一致，由此形成的收汇风险也由保理商单独承担。

阅读材料：2003 年 5 月，国内某出口商向某出口保理机构（A 银行）申请出口保理业务，要求为其在美国的进口商申请 20 万美元的信用额度。在获得 A 银行批准后，出口商立即向进口商发出价值约 20 万美元的货物，然后将有关账单转让给 A 银行，并从中获得了预付款。但到了 6 月，A 银行收到进口商通过进口保理机构（B 银行）发来的拒付电，声称：①货物质量不合要求；②交货太迟。按照国际保理商联合会制定的《国际保理业务规则》第 14 条规定："只要进口商提出抗辩，进口保理商就可解除担保付款责任，一切纠纷将由进出口商自行协商解决。"于是 A 银行将此情况迅速通知出口商。随后，出口商声明："货物经中国商检局检验合格，且按双方商定的时间交货，故进口商拒付理由不成立。"经进一步了解，A 银行得知买卖双方交易极不规范，既没有正式签订贸易合同，也没有直接进行业务联系，而是通过某代理商洽谈业务。为了体现保理业务的优势，A 银行数次去电 B 银行，请求协助调查、催收货款。B 银行复电称："进口商希望货款折扣 50% 或退货解决纷争。"但出口商拒绝接受。因双方都未能提供足够的证据，故 A 银行建议出口商尽快收集有利证据，以便必要时诉诸法律，同时，委托代理商寻找新客户，处置货物。最后，经各方积极配合，买卖双方达成协议：买方支付货款的 80%，了结此案。至此，这场长达半年之久的纷争结束。但显然，出口方已蒙受了一定的经济损失。

集结算和融资于一体的保理业务已在西方国家盛行多年，据不完全统计，至 20 世纪末，全世界的保理业务量已达近 5000 亿美元。而在中国企业界，还少有人掌握这种方式。进出口业务中，人们仍然习惯于用已经熟悉了的传统结算方式，如托收和信用证等。而保理业务适应现代信息社会产品更新换代快、小额产品大批量出口、资金周转要快的需求，弥补了传统结算方式的不足，能为企业的促销带来很大的方便。在买方市场条件下，多掌握一种结算方式，就多一种满足客户需求的手段。但通过实际运作，我们发现，某些不法商人也把黑手伸向了这一领域，企图行骗。

本案例中，出口保理诈骗呈现出如下特点：①诈骗者（进口商）打着正常贸易的幌子，通过出口商向当地保理机构（A 银行）申请 20 万美元的保理信用额度。②进出口双方交易极不规范，业务联系是通过中介代理进行的。③出口商在保理机构核准买方信用额度后，即向进口商发货，并将债权转让给出口保理商以取得相应的预付款。④诈骗者收货后，谎称货物质量不符或迟交货物，刻意制造"贸易纠纷"的假象，并以此为借口，拒付或推延付款责任。⑤受害者包括出口保理机构（A 银行）和出口商。因此，应注意以下几点：

（1）企业在选择进出口保理机构时，应尽量选择信誉卓著、资信良好、海外机构较多、账务管理严格的国际性大银行，避免出口保理商督促收汇不力及进口保理商无理由迟付货款或在诉讼时偏袒进口商或自身无力支付破产倒闭的风险。

（2）在与进口商订立符合国际惯例的贸易合同时，出口商应详细注明进口商提出抗辩或反索时所需要的法律书面证明。如货物品质不合格时，由进口国的商检机构或国际性的商检机构 SGS 出具的检验证等，以便在履约按质按量出货后发生纠纷或法律诉讼时，使自己能够处于有利地位。

（3）出口保理机构不仅要严格审核买卖双方的贸易合同、了解交易背景，还应在保理合约中订明："在买方付清货款之前，一切货权仍归属卖方和保理商所有。"以免遭拒付时，陷入被动或不利局面。

（4）出口商应严格在进口商的信用额度内出货。进口保理商在核准进口商信用额度申请时，已详细调查了进口商的资信情况，因此，在额度内出货时，如发生合同纠纷，进口保理商在收汇有保障的情况下，会尽快付款或协助出口商收回货款。

（5）出口商要与出口保理机构经常保持联系，经常沟通进口保理商和进口商的最新信息，在信用额度即将用尽或合同即将到期的情况下，采取措施，保护自身利益不受损失。

思考题：

1. 案情：经营日用纺织品的英国 TexUK 公司主要从中国、土耳其、葡萄牙、西班牙和埃及进口有关商品。几年前，当该公司首次从我国进口商品时，采用的是信用证结算方式。最初采用这种结算方式对初次合作是有利的，但随着进口量的增长，该公司越来越感到这种方式的烦琐与不灵活，而且必须向开证行提供足够的抵押。为了继续保持业务增长，该公司开始谋求至少 60 天的赊销付款方式。虽然他们与我国出口商已建立了良好的合作关系，但是考虑到这种方式下的收汇风险过大，因此我国供货商没有同意这一条件。问：在此情况下，TexUK 公司与我国出口商如何解决这一棘手的问题？

2. 案情：台湾美利达工业股份有限公司是世界知名自行车制造商之一。公司成立于 1972 年，市场遍布亚欧各国。由于自行车行业的技术发展已经比较成熟，业内的竞争非常激烈，客户的赊账需求不得不满足，赊账销售最让公司担心的就是客户的坏账。公司曾使用信用保险来解除坏账之忧。然而在发生坏账时，公司仍然要承担至少 20% 的货款损失，而且办理的手续不比开信用证简便多少。后来，公司接触了 FCI 成员公司 Chailease 金融公司，开始了解并使用保理服务。保理服务提供的客户资信资料以及全套的账务管理服务使该公司节约了不少人力。最重要的是，保理的费用比信用保险低多了。该公司的经理表示，如此一来，他们就可以从容面对竞争，放心开发新的客户了。请分析上述案例，并回答国际保理与信用保险相比的优势在哪里？国际保理业务的作用有哪些？

练习题:

一、选择题

1. 以下各项除了 (　　) 以外，都属于保理服务的内容。

A. 贸易融资　　　　　B. 代办会计处理　　　C. 资信调查　　　　　D. 货币兑换

2. 以下 (　　) 不是保理融资的特点。

A. 融资比例较高　　　　　　　　　　　B. 绝对没有追索权融资

C. 融资条件低、手续简便　　　　　　　D. 融资额度灵活

3. 季节性货物的出口企业采用保理商的 (　　) 服务有助于提高业务管理效率，降低成本。

A. 账户管理　　　　　B. 信用调查　　　　　C. 贸易融资　　　　　D. 销售风险控制

4. 目前的国际保理业务，较多采用 (　　)。

A. "一揽子" 保理　　B. 隐蔽保理　　　　　C. 双保理　　　　　　D. 单保理

5. 在国际保理服务中，国际保理商联合会成员使用 (　　) 系统来传递业务信息。

A. SWIFT　　　　　　B. CHIPS　　　　　　C. EDI　　　　　　　D. CHATS

6. 国际保理服务产生的背景是国际贸易中存在的 (　　)。

A. 收款风险　　　　　　　　　　　　　B. 资金周转压力

C. 信用控制和账款管理需求　　　　　　D. 以上都是

7. 对于出口商在已核准信用额度内的发货所产生的应收账款，保理商提供 (　　) 坏账担保。

A. 50%　　　　　　　B. 75%　　　　　　　C. 100%　　　　　　D. 85%

8. 保理服务的成本费用不包括 (　　)。

A. 承诺费　　　　　　B. 佣金和融资利息　C. 单据处理费　　　D. 资信调查费

9. 在隐蔽保理中，保理商一般主要提供 (　　) 服务。

A. 资信调查　　　　　B. 发票贴现融资　　C. 坏账担保　　　　D. 账务管理

10. 保理商收到出口商申请保理服务后必须在 (　　) 内决定是否接受并通知给出口商。

A. 10 天　　　　　　B. 12 天　　　　　　C. 15 天　　　　　　D. 14 天

二、判断题

1. 保理融资属于长期融资，主要适用于资本型货物贸易的融资需求。　　　　　(　　)

2. 无追索权的保理融资，有助于出口商提前确认和实现销售收入，增加现金资产，降低了企业的资产负债比率，改善了企业的财务状况。　　　　　　　　　(　　)

3. 通常所说的标准保理就是指到期保理。　　　　　　　　　　　　　　　　(　　)

4. 由于贸易纠纷而导致进口商拒付时，保理商对出口商没有追索权。　　　　(　　)

5. 我国最早开办保理服务的银行是中国银行。　　　　　　　　　　　　　　(　　)

6. 保理融资利率根据实际预支金额的大小，参照当时市场利率水平而定，通常要比银行利率高一点。　　　　　　　　　　　　　　　　　　　　　　　　(　　)

7. 国际保理服务涉及多项内容，利用保理结算方式与信用证结算一样烦琐。

（　　）

8. 国际保理服务是为出口商提供的综合性结算融资服务，所以对进口商没什么作用。

（　　）

9. 在公开保理中，保理商除了提供发票贴现融资服务外，其他的保理服务项目如资信调查、坏账担保、账务管理等通常不予提供。 （　　）

10. 出口商在保理信用额度内发货后，须将发票和运输单据正本直接交给保理商。

（　　）

推荐报刊和网络：

1. 《金融时报》
2. 《中国金融报》
3. 《国际金融》
4. 国际商会 http：//www. iccwbo. org
5. 中国外汇网 http：//www. chinaforex. com. cn/
6. 汇通天下国际结算网 http：//www. sinobankers. com
7. 汇天国际结算网 http：//www. 10588. com
8. 国贸人 http：//www. guomaoren. com

第八章 国际贸易融资

【学习目的】

　　通过本章的学习，了解国际贸易融资的概念，掌握跟单托收项下的主要贸易融资方式、信用证项下主要贸易融资方式，了解福费廷业务的含义、特点、办理程序及相关风险的防范。

【案例导入】

　　大连的一个进口商通过中国香港地区的代理商从越南进口了一批货物。交易采用背对背信用证的方式，越南出口商在发出货物后向香港的银行提交了单据。由于单据存在不符点，香港的银行拒收单据并将单据返还给越南出口商。该越南出口商把退还的单据卖给了另一位越南商人。同时，货物抵达大连，大连的进口商凭银行出具的提货担保书提走了货物。两天后，越南商人飞抵大连，出具正本提单要求提货。

　　当国际贸易中交易双方所在国距离很近，出现货物早于单据到达的情况下，进口商需要持有银行开立的提货担保书才能提取货物。开立提货担保书时，银行就要承担不付款和丧失货物所有权的风险，同时还要负担船运公司因已提单交货而可能造成的损失。

　　在本案中，银行的上述行为已构成侵权。从这个案例看出，即使银行存有信用证规定的全部金额，也不是最好的方法。银行还必须查明单据是在哪里议付的，单据是何时寄出的，以确保单据不被第三方获得。

第一节　国际贸易融资概述

　　随着国际贸易竞争的加剧，国际贸易融资的重要性也日益凸显。国际贸易融资业务集中间业务与资产业务于一身，无论对银行还是对进出口商均有着积极的影响，已成为许多国际性银行的主要业务之一。有的银行设在国外的分支机构，主要业务就是开展国际贸易结算与融资，国际贸易融资业务的发达程度与否，已被视为银行国际化、现代化的重要标志。

一、国际贸易融资的含义和作用

国际贸易融资有狭义和广义之分。

广义的国际贸易融资，是指银行对进口商和出口商提供的与进出口贸易结算有关的一切融资活动。除包括上述狭义的常规贸易融资外，还包括在其基础上产生的各种创新。如结构贸易融资，它是设计、组合国际贸易融资的方法和条件的统称，在这样的融资安排下，除银行外，还涉及其他中介机构，代表货权的单据也不一定完全由银行控制。

狭义的国际贸易融资，是指银行在为进出口商办理汇款、托收和信用证项下的结算业务时，对进口商和出口商提供的与结算相关的短期和长期的资金融通便利。它以一该项贸易活动的现金流量作为进口商或出口商履约的资金来源，以结算中的商业单据或金融单据等权力凭证作为进口商或出口商履约的一项保证。狭义国际贸易融资的基本方式包括出口项下的打包放款、押汇、票据贴现，进口项下的押汇、信托收据等。

二、国际贸易融资的作用与特点

国际贸易融资在促进国际贸易发展方面发挥着不可替代的作用。当今世界，由于国际贸易在规模、数量、贸易伙伴的范围上不断扩大，使得贸易的复杂性和不确定性加大，贸易双方既希望做成交易但又畏惧无力承担风险。比如，发展中国家资金短缺是一个普遍现象，特别是非洲国家，他们在急需引进设备、技术的同时，还需要出口国的资金支持。因此，对一国的出口商来说，仅仅向这些国家提供满足其市场需要的产品是不够的，而且还必须提供多样化的货款支付方面的优惠。然而在货款支付方面的灵活性意味着出口商要面临很大的风险，同时也会占压资金。在这种进退两难的情况下，出口商往往会因畏惧风险而退出竞争，从而失去市场。

国际贸易融资作为一种促进进出口贸易的金融手段，它一方面可以消除出口商的后顾之忧，帮助企业进入国际市场。利用国际贸易融资，以多种方式向出口商及其客户提供金融服务；也使企业在获得资金融通的同时，能凭借优惠的信贷条件和有竞争力的支付条件，接受更多的订货，从而提高国际竞争力，打开和占领新的市场。另一方面，企业产品顺利出口有利于企业稳定，也有利于企业不断发展和扩大就业，从而提高一国的就业水平；同时出口的增加也可以起到促进一国经济发展，改善国际收支的作用。

三、国际贸易融资的概念与类型

国际贸易融资的种类随着国际贸易和金融业的发展不断推陈出新。主要分为以下几大类型：

（一）按照融资的期限划分

1. 短期国际贸易融资

短期国际贸易融资是指 1 年以内（含 1 年）的进出口贸易融资。主要适用于企业对资金流动和周转的需求，包括打包贷款、进出口押汇、票据贴现、信用证开证额度、提货担保等融资方式。

2. 中长期国际贸易融资

中长期国际贸易融资是指期限在 1～5 年（中期）或 5 年以上（长期）的进出口贸易融资。主要适用于企业为改善其资本结构，弥补企业资金不足的需求，包括福费廷、出口信贷，即出口买方信贷和出口卖方信贷等融资方式。

（二）按照融资的资金来源划分

1. 一般性贸易融资

一般性贸易融资是指融资资金来源于商业银行。通常情况下，这种融资多与国际贸易结算紧密结合。贷款期限有短期、中期、长期三种，利率采用市场上固定或浮动利率。

2. 政策性贸易融资

政策性贸易融资是指由各国官方或半官方出口信贷机构利用政府财政预算资金向另一国银行、进口商、政府提供的贷款，或由各国官方或半官方出口信贷机构提供出口信贷担保，由商业银行利用其自有资金向另一国银行、进口商、政府提供的贷款。该贷款通常被限定用于购买贷款国的资本货物，以促进贷款国的出口。

（三）按照融资的货币划分

1. 本币贸易融资

本币贸易融资是指使用贷款国的货币提供的融资。一般情况下，这种贷款的对象为本国外贸企业。

2. 外币贸易融资

外币贸易融资是指使用非贷款国的货币提供的融资。此处所言外币，可以是借款国的货币，也可以是第三国的货币，但必须是可自由兑换货币。

（四）按照融资有无抵押品划分

1. 无抵押品贷款

无抵押品贷款，也称为信用贷款，是指银行无须企业提供任何抵押品，而是凭借企业自身信用做担保向其发放的贷款。一般情况下，该贷款只适用于资信好、与该银行业务往来时间长、无不良记录的大中型外贸企业。

2. 抵押贷款

抵押贷款是指需要企业提供相应抵押品而发放的贷款。该贷款通常适用于风险大、期限长的项目，或信用级别低的中小外贸企业融资。

四、国际贸易融资趋势

国际贸易融资在第二次世界大战以前就有一定发展。不过，传统的国际贸易融资无论在规模还是方式和方法上都处于较低水平。第二次世界大战以后，随着国际贸易和银行业务的发展，国际贸易融资呈现出新的发展趋势。

（一）国际贸易融资与国际贸易结算紧密结合

20世纪70年代出现的国际保理业务就是一个最典型的例子。保理业务是一项集贸易、融资、商业资信调查、应收账款管理及信用风险担保于一体的新兴综合性金融服务。这种融资方式的产生是基于在促进贸易成交的前提下帮助进出口双方规避在办理国际贸易结算时可能遇到的各种风险，同时给予进口商以融资支持。

近年来，随着国际贸易竞争的日益激烈，国际贸易买方市场逐渐形成。对进口商不利的信用证结算的比例逐年下降，赊销日益盛行。结算中，出口商面临的最主要的风险是进口商的信用风险，担心其收到货物后不付款，造成出口商货、款两空。这种担心使出口商不敢轻易地以承兑交单或赊账的优惠条件吸引进口商达成贸易合同。而国际保理的出现，排除了出口商的后顾之忧。国际保理承担了100%买方信用国际担保，只要出口商在其批准的信用销售额度内发运合同货物，便可避免到期收不回货款的商业信用风险，减少了坏账的损失。同时对进口商而言，由于进口商得到了承兑交单和赊账方式的优惠付款条件，一方面使其免交开证押金、有关的银行费用和办理开证、改证等手续，避免资金占用，降低营运成本，从而降低了进口成本；另一方面又得到了资金融通，在收到货物甚至将货物出售后一定期限再行付款，在一定期限内不必动用自有资金。更重要的是采用国际保理可以保证进口商所收到的货物与合同规定相符，免受出口商欺诈。正因为如此，国际保理在西方国家被普遍接受。此外，还可以借助国际贸易结算工具，利用票据市场进行融资，这当中最为典型的是票据贴现。

（二）抵押贷款比例不断上升，信用贷款比例日益下降，抵押品种类多样化

以举应收账款为抵押品的融资为例。应收账款融资可以分为应收账款抵押和应收账款让售两种形式。在应收账款抵押方式下，出口商将应收账款作为取得融资的担保品，银行经过对贸易交易本身的真实性进行核实，通过对进口商的资信调查，认为该应收账款确有保障的情况下，以其作为抵押，向出口商提供贸易融资，以解其短期资金周转之急。融资银行拥有应收账款的受偿权和对出口商的追索权。应收账款让售是指出口商将应收账款卖给银行，因而将进口商不履约风险转移给贷款人的一种短期融资方式。在应收账款让售方式下，融资银行不具有对出口商的追索权。出口商需要将"应收账款的所有权已转移给贷款人"的事项通知进口商，让其直接向贷款人付款。应收账款让售方式使得出口商免于承担进口商的拒付风险。在应收账款融资中，出口商可以在很大程度上借助银行的力量完成对进口商的资信审查，这一方面降低了企业的相关成本；另一方面由于银行拥有广布的分支机构和代理行，信息渠道广而及时、准确，审查质量高，因而适当减少了出口商应收账款损失的风险。

（三）贸易融资方式出现灵活化趋势

随着国际贸易的产品结构的不断优化，传统的国际贸易融资方式已不能适应国际贸易发展的需要。大型机电产品和成套设备的出口呼唤着更灵活的金融服务和多层次的融资方式的出现。在这种背景下，结构贸易融资应运而生。结构性贸易融资创造性地运用传统的融资方式和非传统的融资方式，根据项目的具体情况，将多种融资方式进行最佳组合，使项目的融资得以实现。例如，根据每宗贸易业务的特征，如交货期、货款缴付的安排和计划等，结合出口商或进口商的融资需要，为他们专门设计出一个最适合的融资方案。也就是说，银行在综合考虑借款人本身的信贷能力、贷款资金的来源、可承担的融资成本、可接受的最短贷款年期、可承受的风险程度以及政府法规方面的要求等，确定一个可照顾上述各方面而又能从银行得到贷款的融资方案。结构性贸易融资的方式有多种，如福费廷加出口买方信贷、福费廷加出口卖方信贷、出口卖方信贷加出口买方信贷等。结构贸易融资的使用及推广为出口贸易融资开辟了新的路径。

混合贷款是贸易融资方式灵活化的又一体现。它是政府贷款与出口信贷相结合的一种贷款。随着国际贸易市场竞争的日益激烈，特别是在开辟新市场时，有时仅仅依靠出口信贷贸易融资力度不够。一方面，单纯的出口信贷通常只能提供贸易合同金额85%的融资，其余15%仍需进口方支付现金；另一方面，买方信贷的贷款利率均采用OECD规定的统一标准，优势不明显。但是，利用政府贷款，虽然解决了100%的融资问题，可贷款用途又受到了较严格的限制。一般情况下，纯政府贷款中只能用于公益性项目融资，而不用于支持大部分的工业项目或有较好经济效益的项目。然而，若能将两者结合起来，则既可以冲破上述两种融资方式的制约，又可以做到优势互补。由此产生了混合贷款——政府贷款与出口信贷相结合的一种贷款。混合贷款以贷款金额大、期限长、利率低的明显优势在国际贸易融资中获得了较好的发展。它调整了贷款结构，降低了融资成本，促进了资本货物的出口，提高了出口商的国际竞争力。

第二节　出口贸易融资

在国际贸易结算业务中，除短期出口贸易融资和短期进口贸易融资之外，还有中长期贸易融资。短期出口贸易融资是比较常见的融资方式。出口商为扩大出口业务，往往需要大量的资金，在其自有资本不足以备周转之需时，可以在其出口业务的各个阶段，从当地银行或外国银行取得信贷，获得其所需的资金。短期出口贸易信贷主要包括出口押汇、票据贴现、打包放款、预支信用证和银行承兑等。而中长期贸易融资比较常见的方式是远期付款贸易融资。远期付款贸易融资是指进出口双方签订合同，确定以远期付款方式结算，这本身已经包含了出口商对进口商的资金融通。实际上，这一交易的背后，还有出口方银行对出口商的融资支持及进口商银行对进口商的信用支持。这一信用支持表现在进口方银行以自己的信用代进口商向出口商出具付款保证工具，如出口信贷、远期信用证、银行远期付款保函等。

一、出口押汇

出口押汇是出口商将代表货权的提单及其他单据抵押给银行，从而得到银行扣除押汇利息及费用后的有追索权的垫款。出口地银行收下汇票和单据后，在汇票到期时提交给进口商，请其付款，进口商付款后，银行收回垫付资金，如果进口商拒绝支付票款，则出口地银行有权要求出口商归还票款。出口押汇主要包括信用证下单据押汇和托收单据押汇。

（一）信用证项下的出口押汇（Negotiation Under Documentary Credit）

1. 信用证项下出口押汇的含义

信用证出口押汇又称议付（Negotiation），是指议付行根据信用证受益人的要求，凭其提交的符合信用证条款的全套单据作为质押，给受益人提供在途资金的融通。出口信用证押汇是以出口贸易为背景，以代表物权单据作为质押的自偿性贷款。其特点是期限短，操作方便，安全系数较高。

对议付行来说，这种融资风险较小，收款比较有保障。主要表现在：信用证项下出口押汇有来自开证银行的有条件保证。票款一旦遭到开证行的拒付，银行可以马上行使追索权向出票人追回本息。而且还可以扣留代表物权的单据，必要时转卖给新的买主以收回部分或全部货款。

2. 信用证项下出口押汇的业务程序

（1）签订总质权书。总质权书是指叙做出口押汇业务时，为了确定出口商对银行所负担的责任，减少贷款风险，由出口商出具的，当出口汇票遭到付款人拒付时，银行有权出售买单时出口商提供的抵押品的书面权利证明。总质权书必须经出口商正式签署，并按规定贴上印花税，才具有法律效力。因为总质权书具有持续效力，即出口商如日后继续向银行申请卖单，不必另行签立，因此被称为"总质权书"。

（2）出口商向银行交单，并填写出口押汇申请书。在总质权书下，如果出口商想就某一具体业务出口押汇时，需填写出口押汇申请书一式三份，连同信用证项下的单据一并交押汇行办理议付。

（3）银行审单。银行审单无误，并审查开证行资信状况及索汇路线的合理性之后，可叙做出口押汇。

（4）办理押汇。经银行审查，符合条件，当天便可办理出口押汇手续。

3. 信用证项下出口押汇的金额

押汇金额最高为汇票金额的90%，一般采用预扣利息方式，即押汇金额减去押汇利息。即期信用证的押汇利息＝（押汇金额×押汇利率×押汇天数）/360天。远期信用证押汇利息＝（押汇金额×押汇利率×押汇天数）×（承兑付款日−押汇起息日）/360天。

4. 信用证项下出口押汇的期限

即期信用证押汇期限根据各个国家或地区的不同而不同，一般情况下的国家或地区期限如下：日本、韩国、中国港澳地区、新加坡和马来西亚是 15 天；欧洲、美国、加拿大、澳大利亚和新西兰是 20 天；西亚各国、中南美洲、非洲是 25 天；其他国家或地区是 30 天。远期信用证承兑后押汇的期限为押汇起息日起至承兑付款日。

5. 在银行办理出口押汇将会受到限制的情况

（1）信用证不在同一家银行通知、付款（或承兑）和议付。因此企业最好选择同一家银行进行通知付款（或承兑）和议付。

（2）信用证为可撤销（或可转让）。因此企业不要求开出此类型信用证。

（3）信用证已用于抵押。抵押包括打包放款。

（4）申请押汇期限超过 90 天，因此企业要求对方开出远期信用证要低于 90 天。

（5）信用证为付款信用证，因此企业不要要求开出此类信用证。

（6）信用证项下的单据有不符点，企业一定要按照信用证各项条款的要求制作单据。

（7）信用证的有效地点在国外。

（8）信用证交单期离有效期很近，因此一方面要求信用证的有效期长一点，另一方面企业制作单据时应抓紧时间做好。

（9）远期信用证已经寄出单据，还没有被承兑，因此远期信用证承兑后才能到银行办理出口押汇。

（10）开证银行的信誉不佳。因此信用证开证时应选择一些资信好、大的银行进行开证。

（11）开证银行的国家政局不稳定、外汇管制较严格、为战争多发地、开证银行资信等级较低、处于经营危机，因此信用证开证时也要考虑该国的国家形势。

（二）托收项下的出口押汇

1. 托收项下出口押汇的含义

出口托收押汇是指采用托收结算方式的出口商在提交单据时要求托收银行以出口商的汇票和货运单据作抵押，预先支付部分或全部货款，待收回汇票款项后再将款项归还给托收行的一种资金融通方式。

2. 托收项下出口押汇的基本做法

出口托收押汇的基本做法是出口商按合同规定装运后制作一整套符合合同规定的单据，开立以进口商为付款人的汇票到托收行交单，要求托收行叙做出口托收押汇。经同意托收行买入跟单汇票，按照汇票金额扣除自付款日即托收行买入跟单汇票日期到预计收到票款日期的利息和手续费，将约定的款项交给出口商，待收回汇票款项后，出口商归还所借的款项。

3. 托收项下出口押汇与信用证下的出口押汇的区别

二者的根本区别在于后者有开证行的付款保证，属银行信用；而前者则没有银行信用保证，付款与否完全取决于付款人（即进口商），属商业信用。正是由于出口押汇的风险大，安全收汇系数小，除了押汇期限要适当延长外，押汇利率一般也稍高于出口信用证押汇。当实际收汇时间超过押汇期限时，托收银行有权向出口商追收差额押汇利息。押汇的额度为 50% ~ 80%，而出口信用证押汇额度最高为 90%。

二、票据贴现

（一）票据贴现的含义

票据贴现即贴现，指出口商发货并取得国外进口商、开证行或其他汇票付款人已承兑的汇票后、当地银行有追索权地买进已经承兑的远期汇票的融资方式。票据贴现业务的基本条件是：已承兑的远期汇票，由持票人向银行提出贴现申请，银行统一后，根据本行贴现率扣减贴息和手续费后买下票据，票据到期时收回票款，先偿还垫款，余下的是贴息。由于票据贴现能够使出口商立即取得现款，因此它也是国际贸易融资的一种方式。

（二）票据贴现的特点

1. 流动性大

贴现后票据所载权益属于银行，银行背书后可随时转让给其他银行或中国人民银行要求再贴现。

2. 票据贴现的无因性

国际贸易中，各国均承认票据是不要因的证券。票据一经开立具有独立的权利义务关系。远期票据一经承兑，双方当事人之间的权利义务完全以票据记载的文义为准，票据的受让人无须调查出票和转让的原因。只要票据记载合格，受让人就能够取得票据所载权益。

3. 付款期限不得更改

票据上已载明兑现日期，债务人不得要求转期，否则票据所有关系人的作用将因之而丧失。

4. 贴现利息于垫款前扣除

贴现费用包括承兑费、印花税和贴现息三种，均已在垫款前扣除。

（三）票据贴现的种类及做法

1. 商业承兑汇票的贴现

它是由出口商签发经进口商签名承兑的汇票。由于此类汇票由主债务人即进口商承兑，依靠的仅是商业信用，故银行一般不接受此类申请。

2. 银行承兑汇票的贴现

由于汇票上已经加具了承兑行的保付签字，因此银行信用介入其中，对已承兑汇票的到期付款承担担保责任，因此贴现行一般予以叙做。

3. 承兑交单托收下以出口信用保险保单作为抵押的贴现

在出口托收承兑交单业务中出口商投保出口信用保险将保单作抵押要求银行贴现时，银行要求出口商作出与出口托收押汇情况相同的履约担保，以免在发生呆账、坏账时索赔落空。

4. 信用证项下议付行的贴现

在进口商同意信用证付款的情况下，出口商如需在向通知行交单前或议付时就得到融资，由出票人（出口商）在汇票被承兑前通过背书将汇票转让给贴现行（议付行），贴现行在保留追索权的条件下，向出口商垫付现金。汇票被议付后，持票人（议付行）将期提示承兑后可随时在市场上转让，或到期向付款人收款；如遭拒付，持票人可向背书人及承兑人直至出票人索回票款。

例如，在服装出口贸易中，服装外贸企业为增强出口服装的竞争力，扩大贸易机会，会允许进口商在收到货物后一段时间先不支付价款；销售货物后，在承诺期内将回笼货款付给出口商，当企业急需资金时，通常会运用票据贴现融资方式。票据贴现是银行最愿提供的贸易融资业务，手续最简便，而且银行承兑汇票贴现是所有贸易融资业务中风险最小的。因此，票据贴现率相对于其他几种贸易融资方式利率比较低，应用也较为广泛，尤其是在大中型服装外贸企业中。

（四）票据贴现注意事项

（1）银行一般只办理跟单信用证项下银行承兑票据的贴现。

（2）对于政治局势不稳定、外汇管制严、对外付汇困难的国家和地区的银行以及资信不好的银行所承兑的汇票不办理贴现。

（3）对于无贸易背景、用于投资目的的远期承兑票据不予贴现。

（4）各国票据法各有异同，须考虑国别差异。

（5）票据贴现时银行资产，商业银行在经营中要考虑资产的流动性，即变现能力。

三、打包放款

（一）打包放款的含义

打包放款（Packing Loan），是指出口商以收到的信用证正本作为还款凭据和抵押品向银行申请的一种装船前融资。即出口商在收到境外银行开来的信用证后，凭借信用证正本，向境内银行申请办理出口融资；境内银行对信用证审核无误后，将信用证金额一定比例的资金先行融通给出口商，待货物发运后，出口商将信用证下单据送交银行议付之款项用作偿付银行的放款和利息。由于这种贷款最初是专门向受益人提供包装货物费用，因此称为打包放款。

申请打包放款客户需先办理打包贷款专项额度或单笔申请额度。打包放款主要用于对生产或收购商品开支及其他费用的资金融通。利用打包放款，可以使公司获得短期资金周转，办理出口备货、备料、加工等，使出口贸易得以顺利进行。因为信用证是有条件的保证，如不能完全满足其条件，开证行就不承担付款责任。所以单纯依靠信用证作为抵押物办理打包放款，实质上是无抵押的信用放款。因此银行在开展融资业务时，要注意有效防范风险，对出口商做一些资信调查，确定一个打包放款的信用额度。同时对信用证条款、开证行资信进行调查，对出口商品市场进行调查，防止收汇不着，一证多贷等情况出现。

（二）打包放款的条件

（1）在本地区登记注册、具有独立法人资格、实行独立核算、有进出口经营权、在银行开有本币账户或外汇账户的企业。

（2）出口商应是独立核算、自负盈亏、财务状况良好、领取贷款证、信用等级评定 A 级以上。

（3）申请打包放款的出口商，应是信用证的受益人，并已从有关部门取得信用证项下货物出口所必需的全部批准文件。

（4）信用证应是不可撤销的跟单信用证，并且信用证的结算不能改为电汇或托收等其他的结算方式，开证行应该是具有实力的大银行。

（5）信用证条款应该与所签订的合同基本相符。

（6）最好能找到另外企业提供担保，或提供抵押物。

（7）出口的货物应该属于出口商所经营的范围。

（8）信用证开出的国家的政局稳定。

（9）如果信用证指定了议付行，该笔打包放款应该在议付行办理。

（10）信用证类型不能为：可撤销信用证、可转让信用证、备用信用证、付款信用证等。

（11）远期信用证不能超过 90 天。

（三）金额和期限

（1）放款最高金额一般不超过信用证金额的 80%。

（2）放款期限不超过信用证有效期后的 15 天，一般为 3 个月，最长不超过半年。

（3）展期：当信用证出现修改最后装船期、信用证有效期时，出口商不能按照原有的时间将单据交到银行那里，出口商应在贷款到期前 10 个工作日向银行申请展期。

（4）展期所需要提供的资料：贷款展期申请书、信用证修改的正本。

（四）打包放款业务的特点

（1）专款专用，即仅用于为执行信用证而进行的购货用途，贷款金额一般是信用证金额的 60% ~ 80%，期限一般不超过 4 个月。

（2）信用证正本留存于贷款银行，以确保在贷款银行交单。

（3）正常情况下以信用证项下交单押汇或收汇作为第一还款来源。

（五）打包放款的办理程序

（1）客户提出书面申请，并提供内外贸合同、贸易情况介绍等有关资料。

（2）提供相应的担保：抵押、质押或第三者担保。

（3）与银行签署《借款合同（打包放款）》。

（4）批准后，为确保专款专用，银行有权审核客户的用款情况。

（5）客户出口货物取得信用证项下有关单据后，应及时向银行交单议付，收汇后及时还贷。

四、预支信用证

（一）预支信用证的含义

预支信用证（Anticipatory Credit），是指开证行允许受益人在货物装运前，可凭汇票或其他有关证件向指定付款行（通常为通知行）提前支取货款的信用证。

它与远期信用证刚好相反，是开证人付款在先，受益人交单在后。开证人之所以愿意开出预交信用证，主要原因是：市场上指定货物紧缺，进口人求购心切；出口人资金短缺，进口人借机压价；通过银行向外转移外汇，不失时机地抓住有利价格购进指定现货；此外，订购投资大、生产周期转长的大型机械设备、船舶、飞机等货物，出口人需要先备料而要求进口人预付部分价款等。预支信用证是进口商给予出口商的一种优惠、融通资金的便利。凡欲采用预支款的信用证，买卖双方于谈判时，出口商须向进口商提出支付条款，预支款额和方法列明在信用证内。经进口商同意后，进口商填写并签署开立信用证申请书中予以明示。

（二）预支信用证的分类

详见第五章。

（三）预支信用证适用的贸易方式

（1）契约商品系市场供不应求的短缺商品，进口商采用优惠的有竞争性的支付方式，以求尽快获得商品以应市场的急需。

（2）出口商资金短缺或资金周转不灵，出口商要求采用预支信用证，但进口商可利用此机会以提供优惠的支付方式为理由，以求压低价格。

（3）进口商为搜索货源，及时抓到货源，故将预支信用证开至出口地的代理商或委托商，及时灵活地抓住紧俏商品，以预支货款的办法与其对手竞争。

（四）由谁垫付预支款

预支信用证是出口商依信用证规定条款签发光票并签署保证书（保证以后补交单据），以此向议付银行或指定银行预支全部或部分信用证项下的款额。采用预支信用证主要有如下垫款方式：

1. 由进口商直接垫款

进口商于开证时，须提交预支的现金，或于出口商按规定预支款后，立即以等额的现金调拨给开证银行，出口商所付利息由进口商收取。

2. 由开证银行代进口商垫款

开证银行为预支款垫付，并由开证银行收取利息。

3. 由代付银行代替开证银行或进口商垫款

若信用证条款规定由代付银行垫付预支款，其利息由代付银行收取。

不论采取哪一种垫款方式，其原则是由谁垫款而由谁来收取利息。如预支款额后遭到损失由进口商承担。但出口商不得使用预支款项偿还债务或抵偿货款，更不能用于与信用证无关业务的任何开支。

五、银行承兑

银行承兑是银行在汇票上签署"承兑"字样，使持票人能够在公开市场上转让及贴现票据的行为。银行承兑的主要是有贸易背景的汇票，承兑汇票的持有人通常是出口商。因此，银行承兑也是一种贸易融资方式。银行承兑汇票时，不必立即垫付本行资金，而只是将自己的信用借出，增强汇票的流通性或可接受性，使持票人在二级市场上取得短期融资的便利。承兑银行在承兑前一般应对进口商的资信进行审查，并采取相应措施，降低自身风险。

银行承兑汇票是由承兑申请人签发，经银行同意承兑的，约定承兑人在付款日无条件支付确定金额给持票人的票据。银行承兑汇票的付款期限由双方商定，最长不得超过6个月，每张银行承兑汇票的有最高金额的限制。签发银行承兑汇票必须以合法、真实的商品交易和债权债务关系为基础。银行承兑汇票可以背书转让，但签发人或承兑人在银行承兑汇票上注明"不得转让"字样的汇票不得背书转让。

运用银行承兑业务进行贸易融资对企业的有利方面是：借助银行信用，通过远期付款承诺，可缓解企业短期内的资金压力和现金支付压力；通过加强对银行承兑业务的研究，进行合理、适当的操作，能够降低企业的融资成本。

但对企业也有不利方面，表现在：银行承兑汇票是一种远期付款承诺，对企业会形成远期的集中支付压力，这就需要企业对远期现金流进行预测，合理安排企业远期的资金收支；真实交易背景的政策性要求高，增加了企业的内部操作成本。

六、出口信贷

出口信贷（Export Credit）是出口国的作为政策性银行的外贸专业银行为鼓励本国商品出口而向本国出口商或外国进口商提供的贷款。通常将 1~5 年期限的出口信贷列为中期，将 5 年以上者列为长期。中、长期出口信贷大多用于金额大、生产周期长的资本货物，主要包括机器、船舶、飞机、成套设备等。出口国官方机构、商业银行为支持本国出口向本国出口商提供的信贷不属于国际出口信贷范围。

出口信贷的方式主要有以下几种：

1. 卖方信贷

由出口商向国外进口商提供的一种延期付款的信贷方式。一般做法是在签订出口合同后，进口方支付 5%~10% 的定金，在分批交货、验收和保证期满时再分期付给 10%~15% 的货款，其余的 75%~85% 的货款，则由出口厂商在设备制造或交货期间向出口方银行取得中、长期贷款，以便周转。在进口商按合同规定的延期付款时间付讫余款和利息时，出口厂商再向出口方银行偿还所借款项和应付的利息。所以，卖方信贷实际上是出口厂商由出口方银行取得中、长期贷款后，再向进口方提供的一种商业信用。

2. 买方信贷

出口方银行直接向进口商提供的贷款，而出口商与进口商所签订的成交合同中则规定为即期付款方式。出口方银行根据合同规定，凭出口商提供的交货单据，将货款付给出口商。同时记入进口商偿款账户内，然后由进口方按照与银行订立的交款时间，陆续将所借款项偿还出口方银行，并付给利息。所以，买方信贷实际上是一种银行信用。

3. 买卖双方银行间信贷

买方信贷的另一种形式，即由出口方银行向进口方银行提供信贷，以便进口方得以用现汇偿付进口货物的货款。进口方银行可以按照进口商原计划延期付款的时间陆续向出口方银行归还贷款，也可以按照双方银行另行商定的还款办法办理。至于进口商对进口方银行的债务，则由它们在国内直接结算清偿。无论是卖方信贷还是买方信贷，其信用的实际代价通常并不仅仅限于合同中所规定的利息一项，还包括出口信贷保险费和办理信贷的各种手续费用、管理费用等。

4. 出口信贷保险

出口信贷保险是指在国际贸易中，按中、长期信贷方式成交后，如果买方不能按期付款，由出口国有关的承保机构负责赔偿。这是垄断资本利用国家机器转嫁风险，并加强争夺国外市场的一项重要措施。通常商业性风险由私营金融机构承保，而非商业性风险，例如由于战争、政治动乱、政府法令变更等原因而不能付款的风险，则由官方机构承保。但也有些国家将上述两类风险均归政府承保。

七、远期信用证融资

远期信用证是银行（即开证行）依照进口商（即开证申请人）的要求和指示，对出口商（即受益人）发出的、授权出口商签发以银行或进口商为付款人的远期汇票，保证在交来符合信用证条款规定的汇票和单据时，必定承兑，等到汇票到期时履行付款义务的保证文件。在远期信用证项下，出口融资的途径主要有：

1. 申请打包放款

出口商在收到进口方银行开来的信用证后，可凭该信用证向当地银行申请打包放款，以筹集足够的备用资金。这类融资一般都是以大中型机械设备交易为背景的，所以融资金额较大，期限较长，出口方银行因此较为慎重。通常情况下，不仅要求出口商事先及早与银行联系，让银行对交易全貌有完全了解，而且在银行同意融资后，除要求以信用证作抵押外，还会有其他要求，如扣减授信额度，提供一定比例的抵押等。

2. 通过贴现融资

出口商发运货物后，即可通过银行将全套货运单据交开证行，经该行承兑汇票并退还寄单行后，寄单行就可以以贴现方式购买全套汇票并以此向出口商融资，出口商则可以贴现所得款项偿还原打包放款的融资款项。寄单行因此成为承兑汇票的正当持票人，它既可保存汇票，于到期日向开证行（承兑人）索偿，也可将汇票转让，进行再贴现。

与远期信用证融资相联系的，通常是一些周期较长、合同金额较大的交易，相对应的风险也较大。这些风险主要有：进口商面临进口货物与贸易合同及单证不符的风险；开证行面临进口商拒付的风险；寄单行面临打包放款下出口商违约造成无法收回货款的风险以及贴入承兑汇票后开证行倒闭的风险；出口商面临汇票承兑前开证行或进口商无理拒付的风险。所以，须采取措施有效降低和防范假远期信用证融资中的风险。

八、远期银行保函融资

银行保函是指开立保函的银行对于保函被担保人的违约按照保函的约定无条件地对保函受益人支付保函金额的一种承诺。银行保函以银行信用代替或补充商业信用，是一种备用性的银行信用。它具有两大基本职能：一是作为合同价款的支付保证。这一点主要体现在付款类保函业务中，如付款保函、逾期付款保函、关税保付保函等。二是作为对合同当事人必须按期履行合同义务的制约手段。如投标保函、履约保函、质量保函、维修保函、保释金保函等。

在远期付款业务中，银行保函还具有融资的功能，如融资保函，即担保人为被担保人向受益人融资提供的本息偿还担保。融资方式包括：借款、发行有价证券（不包括股票）、透支、延期付款及银行给予的授信额度等。也就是说，出口商可凭银行保函向出口方银行申请贷款。

在远期银行保函融资中，银行对出口商凭进口方银行的保函申请贷款一般是很谨慎的。贷款银行通常会考虑以下几个因素：

（1）进口方担保银行是否是与其有代理关系的信誉良好的国际银行。

（2）保函是否是见索即付的，以及是否是可以转让的。

（3）支付工具是否由进口方担保银行加保。

此外，银行还要考虑进口商所在国的国家风险等级、进口商的资信、借款人的资信、资金用途及归还方式等。

九、短期与中长期国际贸易融资方式比较

将国际贸易融资分为短期与中长期并非仅仅出于融资期限上的考虑。通过比较可以发现，它们除了具有将贸易融资与贸易结算紧密结合，为贸易双方顺利执行贸易合同而提供资金融通的共性外，在融资的主客体方面存在着差异。

（一）融资主体不同

国际贸易融资的主体包括两方面，一方面是银行，另一方面是外贸企业。从银行方面来看，在短期和中期贸易融资中，它的主体是商业银行。这是由这两类融资的特点所决定的。短、中期贸易融资是同国际贸易结算结合最为紧密，且在结算的基础之上延伸并发展起来的。结算与融资是商业银行的两大核心业务，是它赖以生存的支柱。毫无疑问，商业银行在提供短、中期贸易融资方面居于不可替代的位置。

对于中长期，特别是长期贸易融资来说，情况略有不同。首先，长期国际贸易融资主要是对大型资本货物出口提供的融资，体现着政策性，这一定位使它同商业银行遵循的"三性"经营原则相背离，显然商业银行对此无积极性，而需要官方出口信贷机构，如进出口银行担此重任，这在发展中国家很普遍。其次，从外贸企业角度来看，在短、中期贸易融资中外贸企业是融资主体。但在长期国际贸易融资中，尤其是买方信贷中，

融资主体已从外贸企业扩大到工业企业。

（二）融资客体上的差异

1. 融资范围不同

短、中期贸易融资的范围比较广泛，只要是金额不大、期限相对较短的一般商品贸易均适用；长期贸易融资的范围相对单一，主要用于大型资本货物的出口、劳务承包工程等金额巨大、期限长、风险高的国际贸易活动中。

2. 融资风险不同

虽然各种国际贸易融资方式所面临的风险大体一致，但也分别有侧重。在短期贸易融资中，由于融资时间短暂，如果没有突发事件，一般情况下国家风险、外汇风险、利率风险对它不会产生影响。但是防范信用和欺诈风险是它面临的主要问题。对于中民期贸易融资而言，由于融资期限长，它将面临第五章中介绍的各种风险，尤其是国家风险。

3. 融资到位速度不同

在这一方面，短期贸易融资显示出它的优势。短期贸易融资通常审批手续简单、快捷，通常当天，最长不过几天融资即可获准。中长期贸易融资因提供融资项目复杂程度更大，相比较之下审批过程较长。

4. 融资成本不同

短期贸易融资同中长期贸易融资相比，无论从银行的收费种类到费率水平都明显比后者占优势。

总之，短期、中期和长期贸易融资各有利弊，在选择融资方式时应对它们进行全面的比较，以找到最佳方案。

第三节　进口贸易融资

同出口贸易融资一样，进口贸易融资也是银行在国际贸易外汇业务中的一个重要组成部分。一般来讲，进口贸易融资紧密结合进口贸易各种结算方式，通过短期进口贸易融资，可为进口商提供进口贸易结算资金融通的便利，有利于进口贸易的发展。短期出口贸易融资主要包括开证授信额度、信托收据、进口押汇、提货担保和假远期信用证等。

一、开证授信额度

（一）开证授信额度的含义

开证授信额度（Limits for Issuing Letter of Credit）是开证行对于在本行开户且资信良好的进口商在申请开立信用证时提供的免收开证保证金或不要求其办理反担保或抵押

的最高资金限额。除另有规定外，若客户使用开证额度对外开证，在信用证未执行完毕的情况下不得为其恢复额度。这是开证行对进口商在开立信用证方面给予的信用支持。申请人取得进口开证授信额度后，在额度范围内，根据有关规定，可以要求银行免收或减收保证金循环开立信用证。

具有外贸业务经营资格，在银行有一定外贸结算业务，业务情况及收付汇情况良好、资信可靠、具备一定经济实力，能够提供银行接受的可靠担保、抵押、质押的客户，可以向银行申请并由银行核定进口开证授信额度。

（二）开证授信额度分类及特点

进口开证授信额度分为普通开证额度、背对背信用证额度和一次性开证额度。

1. 普通开证额度可循环使用

普通开证额度可循环使用是指用开证额度开立的信用证使用完毕，或在信用证注销、撤销或在减额后，可相应自动恢复额度。同时，客户可在银行规定的期限内无限次在额度内委托银行开出信用证。对于这种授信额度，银行常根据客户的资信情况和业务需求变化，随时对额度做必要的调整。在进口业务中，进口商往往时在约定的一段时间内（如一年、半年）与银行订立额度指标，每一笔进口贸易具体申请开证的额度在指标范围之内。

2. 背对背（对开）信用证开证额度

背对背（对开）信用证开证额度专用于根据出口来证由银行开立信用证的额度。

3. 一次性开证额度

一次性开证额度是对于未取得银行普通开证额度的客户、非银行信贷客户办理单笔开证业务，或对于已在银行取得普通开证额度的客户、银行信贷客户办理某一特殊或大额开证业务而设立的开证额度。一次性开证额度由银行核准后一次有效，不能循环使用。

在进口业务中，如果开证申请人成交了一笔大金额的交易，超出了普通开证额度，或者普通额度的大量占用会影响正常的进口，开证银行可在进口商的要求下根据其资信情况核定一次性开证额度，供此份合同项下的开证使用。开证申请人每次申请开证时都须向银行提交开证申请书，银行如发现申请书中的开证条款对银行和客户利益形成了潜在的威胁，银行有权要求客户加入一些保护性条款或拒绝受理开证申请。

（三）办理进口开证授信额度的手续

（1）提交相关合规性文件，如公司章程、财务报表等。

（2）提供银行接受的可靠担保、抵押或质押，并办妥有关手续，经银行逐级审批通过后，由客户与银行签妥《进口信用证业务授信协议书》。

（3）办妥有关手续，签订合同后，客户即可向银行申请使用授信额度开立信用证。

二、信托收据

（一）信托收据的含义及适用范围

信托收据（Trust Receipt，T/R），是客户将自己货物的所有权转让给银行以获取银行提供短期融资的确认书，持有该收据意味着银行对该货物享有所有权，客户仅作为银行的受托人代其处理货物（包括加工、转卖、存仓、代购保险、销售等），从而获取银行短期融资的一项业务。信托收据适用范围为：

（1）在银行享有授信额度的客户所开出的信用证项下来单。

（2）卖方以付款交单托收方式的进口代收单据，但不适用于承兑交单进口代收单据。

（3）申办进口押汇。

（二）信托收据的业务内容

信托收据须指明客户作为银行的受托人代银行保管有关货物，同时保证：以银行名义代办货物存仓或处理；在银行要求下立即退回有关文件；以银行名义进行货物加工并在加工后重新存仓；安排出售货物，并立即或在规定期限内用销售收入归还全部银行垫款。

信托收据交易的实质是使一个无权取得占有的人能在较短时间内达到一项特定的目的取得占有。主要有两种情况：一是在远期付款交单业务中进口商凭信托收据借单；二是信用证业务下的凭信托收据借单。

远期付款交单业务中，当进口人承兑汇票后，进口人可以凭信托收据向代收行借取单据，待货物售出后在付款到期日将货款交付给银行，收回自己的信托收据。通过这种方式给进口人以资金融通，通常是由代收行自行决定的，即代收行审查进口人的资信，认为其可靠后或要求其提供担保、抵押品后，在未经托收行授权的情况下自行同意进口人凭信托收据借出单据，如货物被提走而到期进口人又拒付时，所有后果应由代收行承担。在实际业务中，偶尔也有由出口人指示给进口人资金融通的做法，即出口人在托收申请书中授权托收行转告代收行通知进口人于承兑汇票后可凭信托收据向代收行借出单据，在付款前先行处理货物，到期再行付款。在这种情况下，代收行可以在进口人承兑汇票后，直接凭进口人的信托收据放单，而无须要求进口人提供担保或抵押品，因为代收行是按出口人和托收行的授权办理的。这种做法通常称为"付款交单凭信托收据借单"。如到时进口人拒付，一切后果由出口人自负。

在信用证业务中，信托收据是进口商在支付货款之前向银行借取单据时向银行提交的一种信用证担保文件。进口商保证到期付款或保证货物经有关当局许可入境时付款，同时承认在未付清货款前，货物所有权及其收益归银行。其实质是银行对自身权益采取的一种担保措施。如果银行在未收款前放行提单则会丧失货物所有权，而买方凭信托收据换取单据，则银行仍保留货物的所有权及其收益，对预防买方拒付或破产极具意义。这显然与远期交单业务中凭信托收据借单有区别。其主要内容载明：买方保证到期付款，承认在未付清货款之前，货物所有权及其收益归银行；进口商以银行受托人身份代银行报关、提货、保险和销售货物；所有的销售收益必须存入银行指定账户不得动用等。

（三）信托收据的业务流程

（1）客户如申请办理进口押汇业务，必须签具信托收据，该收据须指明客户作为银行的信托人代理银行保管有关单据和货物。

（2）信托收据业务须逐笔申请、逐笔使用，适用于在银行享有授信额度的客户所开的信用证项下来单。

（3）办理信托收据要核定已占用风险额度；若信托收据额度包含在开证额度内，则不得恢复开证额度。

三、进口押汇

（一）进口押汇的含义

进口押汇（Inward Bill Receivables），是指在进口信用证项下，开证申请人（即进口押汇申请人）承诺并与开证行书面约定将该进口信用证项下全套单据质押给开证行，并应开证行要求向开证行提供其他担保措施，在此条件下开证行代开证申请人对外支付进口货款，开证申请人在约定期限内偿还开证行的上述款项以及由此产生的利息、佣金、费用、逾期罚息等。

（二）进口押汇的功能和特点

进口信用证开证申请客户无力按时对外付款时，可由开证银行先行代其付款，使客户取得短期的资金融通。银行应客户要求在进口结算业务中给客户资金融通，客户申请办理进口押汇，须向银行出具押汇申请书和信托收据，将货物的所有权转让给银行，银行凭此将货权凭证交与客户并代客户付款。进口押汇业务特点有以下几个方面：

（1）专款专用，仅用于履行押汇信用证项下的对外付款。

（2）进口押汇是短期融资，期限一般不超过 90 天，90 天以内的远期信用证，其押汇期限与远期期限相加一般不得超过 90 天。

（3）进口押汇利率按银行当期流动资金贷款利率计收。

（4）押汇百分比、押汇期限等由银行按实际情况决定。

（5）进口押汇须逐笔申请，逐笔使用。

（三）进口押汇操作要求

（1）银行与客户签订进口押汇合约书，对单一客户单笔进口押汇的金额一般不超过该客户授信额度的 50%，押汇期限不超过 90 天。

（2）银行只办理信用证项下的进口押汇业务，并考虑对进口商品的国际国内行情、信用证条款的合规性等方面因素，进口押汇须逐笔申请、逐笔使用。

（3）客户归还进口押汇融资本息后即恢复相应的信托收据额度或开证额度。

（四）进口押汇业务流程

（1）申请客户应先同银行签妥《进口押汇总质押书》。

（2）提供相应的担保。质押或第三者担保。

（3）每笔具体融资，客户应另向银行提供《进口押汇申请书》。

（4）由客户提供注册、经营、财务情况有关资料，作为银行融资审核的依据。

（5）押汇申请批准后，银行凭客户填写的借款借据出账对外付款。

（6）押汇到期，客户应将押汇本息归还银行。

（7）逾期押汇款项，银行保留追索权。

四、提货担保

（一）提货担保的含义

提货担保（Delivery against Bank Guarantee），是当正本货运单据未收到，而货物已到达时，进口商可向银行申请开立提货担保保函，交给承运单位先予提货，待客户取得正本单据后，再以正本单据换回原提货担保保函。

（二）提货担保特点

（1）提货担保可使进口商及时提货，避免压仓，防止不必要的经济损失。

（2）一旦办理了担保提货手续，无论后到的单据有否不符点，公司客户均不能提出拒付或拒绝承兑。

（3）提货担保限于银行开立的信用证项下的进口货物，并须逐笔审核。

（三）办理提货担保业务的手续

（1）客户须提供提货担保申请书及提货担保保函（样本）。

（2）客户提供相关资料，如发票、提单副本等。

（3）客户应提供担保措施或落实信用证备付款项。

（4）审核通过后，银行将提货担保保函交客户提货。

（5）客户拿到正本单据后，以正本单据赎回提货担保保函，并返还银行。

（四）办理提货担保时的要求

（1）进口商向银行申请办理提货担保应提交提货担保申请书、提货担保书及其他有关附件凭证，银行将逐笔审核办理。

（2）进口商申请办理提货担保，应提供足额的保证金，并保证在单据到达后，及时以提单换回提货保证函，并退还给银行。

五、假远期信用证

假远期信用证（Usance Letter of Credit Payable at Sight），是开证行应进口商的请求，向出口商开立的、要求出口商提交远期汇票，但却由开证行或其指定银行即期付款的信用证。换言之，就是出口商开立远期汇票，但信用证明文规定按即期收汇，这种做法的实质是由开证银行或付款银行对进口商提供融通资金的便利，所需支付的利息由进口商承担。开证行代替进口商提前支付款项给了出口商，它相当于开证行对进口商提供了资金融通。

采用假远期信用证作为支付方式，对进口商来讲，可由银行提供周转资金的便利，但须支付利息；对出口商来讲，可即期获得汇票的票款，但也承担汇票到期前被追索的风险。

第四节 福费廷业务

一、福费廷方式的产生与发展

福费廷业务方式产生于 20 世纪 50 年代后期。当时，作为第二次世界大战主战场之一的欧洲各国已逐渐克服了战争的破坏，经济得到明显的恢复。为了更好地发展经济，在各国出口竞争加剧的同时，以成套设备为代表的资本密集型商品的交易也呈现出迅速发展的势头。但进口方（当时主要是东欧国家）又往往缺少足够的外汇即期支付，需要在进口的成套设备运行并产生效益后分期偿还设备价款，而设备生产厂商则希望在设备出口后尽快收回设备价款，以利于资金周转和减少汇率、利率的风险。适应这种要求，长期从事国际贸易融资的瑞士商业银行界首先开办福费廷业务，为东欧国家采购美国的谷物提供中长期融资，并随后开始承做资本密集型货物贸易的中期融资业务。1965年苏黎世 FINANIAG 成立了世界上第一家专营福费廷业务的公司。其他欧洲国家的商业银行也随后开办这方面的业务。于是福费廷业务在当时得到了迅速发展。20 世纪 70 年代初，布雷顿森林体系崩溃后，国际贸易中的汇率风险明显加大；70 年代末起欧、美、日等发达国家先后陷入了严重的经济滞胀，极大地冲击了世界贸易，导致 1980～1984年世界出口额的持续下跌或徘徊；1982 年爆发的以拉丁美洲一些发展中国家的外债危机为代表的国际债务危机长期持续，大大增加了国际贸易的风险。所有这些都促使了福费廷业务得到发展。越来越多的国家和银行开办了这项业务，业务总量逐步增加，有关的规范和机制逐步完善，形成了伦敦、苏黎世和法兰克福三大福费廷业务中心，世界其他地区的福费廷业务也随着当地经济和国际贸易的发展而相应发展。

随着福费廷业务的推广和成熟，其自身也在不断发展，比较突出的是：

1. 形成了福费廷的初级市场和二级市场

前者是福费廷融资商以无追索权方式从出口商购买对进口商和担保银行的债权票据的市场，后者则是已经办理了对出口商融资的福费廷融资商将其购进的对进口商和担保银行的债权票据有偿转让的市场。

2. 业务的灵活性增强

（1）融资工具的变化。传统的福费廷业务中使用的债权凭证是出口商签发、经进口商承兑和进口国银行担保的汇票或进口商签发并经进口国银行担保的本票，随着信用证和银行保函业务的发展，在信用证或银行保函项下形成的确定的债权也成为福费廷融资的工具。

（2）融资利率的变化。传统的福费廷业务中，融资商对出口商的融资采用固定利率，鉴于国际金融市场的利率波动频繁，一些福费廷融资商开始采用浮动利率融资。

（3）融资期限更加灵活。传统福费廷业务期限多为 1 ~ 5 年，实行分期偿付；由于国际资本商品贸易的发展和贸易金额的巨大，融资的期限可能长达 7 ~ 10 年，同时，有些金额较小的资本商品贸易在采用福费廷方式时，也有融资期限仅 1 ~ 6 个月的。

（4）出现辛迪加融资方式。由于国际资本商品贸易的发展和贸易金额的巨大，由单一融资商承担不仅风险大，而且也可能影响其流动性，于是出现由多个融资商共同为某项交易提供福费廷融资服务，以分担风险。

（5）不需要进口国银行担保。传统的福费廷业务中，融资商为了避免进口商的信用风险，都要求出口商提交的票据，无论是出口商签发的汇票或进口商签发的本票，都要求经进口国银行担保，这必然增加进口商的负担。近年来，有的融资商为了拓展业务，对于一些国家的国内政治、经济发展较稳定且资信评价高的进口商，不要求提供银行担保。

20 世纪 90 年代初，我国银行的一些海外分行陆续开始办理福费廷业务，并将该业务方式向国内推介，随后国内也逐步展开。同时，获准在我国大陆开业的外资银行也大力开展福费廷业务。进入 21 世纪，国内的中、外资银行已普遍开办福费廷业务。2005 年 6 月初，国际福费廷协会东北亚地区委员会在我国北京成立，标志着福费廷业务在我国的发展进入新阶段。目前，中国银行、中国建设银行、中国工商银行、中国农业银行、中信银行、招商银行等都已是该协会的成员。

二、福费廷业务的含义及特点

福费廷（Forfaiting）方式，又被称为"包买票据"或"票据包购"，福费廷是源自法语"A FORFAIT"的 Forfaiting 的音译，意谓"让权利予他人"，或者"放弃权利"、"放弃追索权"。具体地说，福费廷是票据的持有者（通常是出口商）将其持有的，并经进口商承兑和进口方银行担保的票据无追索权地转让给票据包买商（福费廷融资商）以提前获得现金，而福费廷融资商在票据到期时向承兑人提示要求付款。福费廷融资商通常是商业银行或其附属机构，所使用的票据通常是出口商开立的汇票，或者进口商开立的本票。若是前者，需要进口商承兑和进口地银行的担保；若是后者，则只需进口地银行担保。票据的付款期限通常是半年到 3 ~ 5 年。

福费廷业务主要用于金额大、付款期限较长的大型设备或大宗耐用消费品的交易中。选择福费廷方式办理结算，在进出口商洽商交易时，应就这一结算方式取得一致意见。

由于福费廷业务主要提供中长期贸易融资，融资金额一般较大，所以从期限上来讲，资本性物资的交易更适合叙做福费廷业务。

三、福费廷方式的特点

（1）在包买商买入出口商的票据后，出口商必须放弃对所出售债权凭证的一切权益，而包买商必须放弃对出口商的追索权。

（2）出口人在把票据转让给包买商时通常在票据上注明"无追索权"字样，从而把收取债款的所有风险和责任转嫁给包买商。

（3）在包买票据业务中，有关的票据应该产生于销售货物或提供技术服务的正当贸易。在大多数情况下，票据的开立都是以国际贸易为背景的。但随着同业竞争的加剧和业务技术的改进，少部分国内贸易也进入了包买票据业务的范畴。

包买票据业务的优势在于：对单据文件的要求简洁明了；银行无追索权，免除后顾之忧，同时不占用银行授信额度；改善财务结构，将远期收款变为当期现金流入；扩大贸易机会，避免了因进口商资金短缺无法开展贸易的局面；预先锁定出口贸易成本，同时又可规避信用风险、汇率风险、国家风险；能够提供卖方信贷，使其在交易中更具竞争力；改善出口商的资金流动状况，把信贷交易转为现金交易，而出口商的资产负债表中不会增加应收账款、银行贷款或者或有负债；出口商从包买商获得无追索权贴现款后，即可提前办理核销及退税手续。

四、福费廷业务的主要当事人

（一）出口商（Exporter）

出口商是在福费廷业务中向进口商提供商品或服务，并向福费廷融资商无追索权地出售有关结算的票据的当事人。这些票据既可能是出口商自己出具的汇票，也可能是进口商出具的本票。

（二）进口商（Importer）

进口商既是以赊购方式接受出口商所提供的商品或服务，并以出具本票或承兑出口商出具的汇票而承担票据到期付款的当事人。

（三）福费廷融资商（Forfaiter）

福费廷融资商又被称为包买商，即为出口商提供福费廷融资的商业银行或其他金融机构。

融资商在无追索权地买进出口商提交的票据以向出口商融资后，即获得届时向进口商追讨票款的权利，同时也承担了届时无法从进口商得到偿付的风险。若某一项福费廷业务金额很大，单一融资商无力承担，或者顾虑风险太大，则可能联系多个融资商组成福费廷辛迪加（Forfaiting Syndicate），联合承担该项福费廷的融资业务，按商定的比例，各自出资、获得收益和承担风险。

在融资商需要加速自己资金周转，或者减少所承担的风险，或者市场利率水平下降致使原先购入的票据价格上涨，及时出售可获得较多收益的情况下，融资商也可能转让原先购入的票据。这种情况下，转让出票据的融资商就称为"初级融资商"（Primary Forfaiter），而受让票据的融资商就称为"二级融资商"（Secondary Forfaiter）。

（四）担保人（Guarantor）

担保人或称保付人，即为进口商能按时付款做出担保的当事人，通常是进口商所在地的大商业银行。担保人的介入，是因为仅仅凭进口商本身的承诺（无论是进口商开立本票，还是进口商承兑出口商开立的汇票），要支持一项福费廷业务的顺利进行，显得不足，因此需要资金更为雄厚的银行提供担保。担保的形式可以是银行保函或备用信用证，也可以由担保人在福费廷业务所使用的票据上加具保证。两者比较，后者更为简捷方便。银行在福费廷使用的票据上加具保证，被称为"保付签字"（Aval），Aval 源自法语，银行在有关票据上注明"Aval"字样及被担保人的名称，并签名后，被称为保付人（Avalist）。保付人就成为所保付票据的主债务人。保付人的介入，提高了福费廷业务中票据的可靠性，降低了融资商的风险，使福费廷业务能得以较顺利进行。

五、福费廷业务的内容

（一）债务工具

绝大多数的包买票据业务采用本票或汇票作为债务工具。本票直接由进口商签发，并承诺支付给出口商；汇票则由出口商签发并以自身为收款人，由进口商作为付款人并承兑。为了适应分期付款及包买商再融资时资金与期限的配称需要，一般将合同金额（已将延期付款利息与费用考虑在内）均分成若干期分期支付，以一系列相隔固定的时间（通常为 6 个月）到期的本票或汇票作为债务工具。

尽管汇票与本票均可作为包买票据的债务工具，但二者之间仍有区别。当出口商将这些票据无追索权地出手给包买商时，需要在背书中注明"无权追索"字样，以达到彻底转移风险的目的。如果出口商使用的是本票则此项行为并无障碍，作为背书人可以凭此项背书免除对票据进而对持票人的责任。但如果出口商使用的是他自己签发并收款的汇票，不管它是否做了免除追索的背书，总要对汇票承担责任。在这种情况下，出口商必须要求包买票据上明确承诺不行使追索权。虽然包买商处于资信考虑不会对出口商做追索，但仅就票据而言，出口商总是承担票据责任。因此，为了避免潜在的法律问题，出口商更倾向于使用本票。

（二）币种选择

包买票据经常使用三种币种，即美元、欧元、瑞士法郎。如使用其他币种，由于交易量有限，包买商对交易往往只能提供两年以内的融资并且贴现时要付出较高的费用。如果票据上使用的货币和付款地不一致，要在票据上加注有效条款列明使用哪一种货币支付。

（三）银行保证

由于包买票据业务的无追索权性质，包买商承受了来自债务人或其国家的一切风险，如果届时进口商无力或无法支付到期票据款项，包买商不能从出口商处获得任何补偿。因此，除非包买商对债务人的一流资信绝对信任而放弃对担保的要求，包买商一般均会要求债务人提供可供接受的银行担保。如果能获得信誉、实力都较卓越的银行提供担保，则包买商的地位将得到极大的改善，不仅风险可以有效地获得转移，而且在需要时能较容易的将票据在二级市场上转卖。银行保证主要有三种形式：一种形式是保付签字（Aval），需要保付人在票据上加注"Aval"字样，注明为谁保付，然后加上保付人的签字。另外两种形式是银行保函和备用信用证。

（四）无追索权的转让

无追索权的转让是包买票据业务中的显著特色，是出口商转移风险的关键，也是包买商收取较高融资费用的依据。出口商寻求无追索权条款的保障，必须保证满足正当交易、有效票据和有效担保三个条件。

所谓正当交易，是指产生包买票据业务的基础合同交易应是合法正当的交易，而且符合国家的有关规定，得到有关当局的批准。所谓有效票据，是指出口商签发的汇票或进口商签发的本票应各自符合本国票据法的规定，都属于合格有效的票据，而且出票人以及承兑人的签字都是真实或经授权的。所谓有效担保，是指符合担保人所在国的担保法和外汇管理规定，担保人签字有效且不存在越权行为的担保。出口商只有满足这三个条件，才能享受免受追索的待遇，如果欠缺任一条件，仍有可能遭到包买商的追索。

（五）进出口商负担的费用

1. 进口商负担的费用

进口商直接负担银行保证费，间接负担分期付款下面的出口商的贴现、融资利息。间接负担的费用隐含在提高的货价中。

2. 出口商负担贴现费、选择费、承担费和宽限期贴息

（1）贴现费（Discount Charges）。它由出口商支付，但其把贴现费折成利息计算在货价中，转嫁给出口商。

（2）选择费（Option Fee）。出口商必须在签订贸易合同以前就向包买商洽谈包买融资，询问贴现率报价。包买商需了解交易情况，提出无约束的、大约的贴现率报价，供出口商考虑提高他的销售价格，以便抵付包买贴现费。经过磋商，包买商再报出贴现率的实盘，从此就是出口商是否接受报价的选择期。在24小时内接收者，称为免费选择期；在1~3月内接受者，称为支付选择费的选择期。选择费的费率通常是1%~5%。

（3）承担费（Commitment Fee）。当出口商接受实盘，包买交易达成协议，包买商给出一张承担责任约束书，列出包买交易详情、贴现率、承担费率、交来票据日期等。从成交日至实际交来票据买入之日这段时间称为承担期。有时承担期会长达6个月左右。在此期间，包买商受到约束，必须按照既定的贴现率去购买票据；出口商也受到约束，必须按照已定日期将签票人寄来的本票或承兑人寄来的汇票立即交给包买商。

承担期要收取承担费，这是因为：一是从包买业务成交之日起，包买人必须准备这笔资金，即使别处有利润较高的机会，也不能把资金挪作其他投资之用，这是准备资金的时间费用；二是包买商从其他方面借入资金准备贴现之用，此项借入资金要付利息，应向出口商收取承担费。从承担书的日期（即成交日）起至交来票据贴现日止，每月预付一次，如果承担期少于1个月，承担费可加在贴现息里一并收取。

（4）宽限期贴息（Discount for Days of Grace）。包买商理应按照包买付款日至票据到期日这段时间收取贴息，有时包买商允许担保银行在到期日延长两三天支付票款，这两三天称为"付款宽限期"，宽限期应计算在贴现期中，包买商照收宽限期的贴息。

（六）贴现计算

包买票据的计算与贴现业务的计算采用同一种方法，即使用一个固定的贴现率，分别计算并扣除各期票据的贴现利息，将贴现净值总额支付给出口商。由于使用包买票据的基础交易一般金额较大、期限较长，因此各期票据的票面金额应反映货款及延付货款产生的利息。确定各期票据金额的方法有多种，例如先将货款等值分成若干期，再将各期票据支付时为清偿货款余额产生的利息加入相应各期以确定相应各期金额；或者先将货款等值分成若干期，再将各份金额按复利方法计算支付日的利息加入相应各期以确定其票款；也可以采用年金的计算方法确定各期的等额支付货款。

六、福费廷业务对当事人的主要作用

（一）对出口商的作用

（1）最大限度地降低了出口商的汇率风险和利率风险。福费廷业务使出口商本来只能远期收回的货款，不被追索地在货物出口后的不久，就能收回，这就使出口商避免了相应的汇率风险和利率风险。出口商虽然在将票据出售给融资商时承担了票据的贴现利息、承担费等费用，但这些费用都是在出口商与进口商达成交易合同之前已初步确定，这就使得出口商可以将这些费用成本，计入货物的价款，而转移给进口商。

（2）最大限度地消除了出口商的国家风险和信用风险。由于福费廷业务在前期的大量工作和货物出运后的较短时间内，即可以得到进口商承诺付款和进口地银行保证的票据，向融资商办理无追索权的出售，出口商在该项交易中所承担的进口国的国家风险和进口商以致担保银行的信用风险也就降到最低限度。

（3）能有效地落实进口商的分期付款，有利于拓展资本密集型商品的出口。资本密集型商品的交易起点金额高，处理好进口商的分期付款问题，既解决进口商资金不足，需要在获得并运用资本货物的过程中能产生收益来逐步偿还货物的价款，又能使出口商能有效地降低由于延期和分期收款而带来的汇率风险、利率风险、国家风险和信用风险等一系列风险，就成为交易能否成功的关键。福费廷业务方式既然能有效地解决这一系列问题，也就有利于资本密集型货物的国际交易的达成。

（4）有利于出口商的流动资金周转，并改善出口商的资产负债状况。一方面，福费廷业务方式能使出口商在出口货物后，尽快收回货款，从而加速了出口商的流动资金周转，使其有效地避免大量流动资金被占压在待收项目下，以及大量借用银行贷款。另一方面，在国家实行出口退税制度下，资本货物通常是出口退税的支持重点。福费廷方式能让出口商尽快收回货款，也就能尽快地办理出口退税手续，得到退税款。因此，这两方面都能大大改善了出口商的资产负债状况。

（5）有利于出口商保持其商业秘密。出口商在生产和出口资本密集型商品的过程中往往需要银行提供流动资金的支持。申请银行贷款是通常选择的方式之一，但手续可能比较复杂，而且需要办理公开登记等一系列手续。采用福费廷方式，相对手续简单，融资商应对出口商及其交易情况保密。因此，采用福费廷方式有利于出口商保持其商业秘密。

（6）福费廷方式将使出口商提高其出口商品的对外报价以转嫁贴息等多项费用的成本，对此，出口商应考虑加强其商品的非价格竞争力。由于福费廷方式中，融资商将是承担各种风险的最终承担者，他必然要通过必要地提高贴现率以及收取上述的多项费用等方式防范风险。这些费用将由出口商直接承担。虽然出口商可以通过提高其出口商品的价格来转移成本负担，但过多地提高商品价格也就降低了商品的价格竞争力。为了弥补这一点，出口商就必须通过提高商品的品质、扩大商品的广告宣传和加强商品的售后服务等非价格竞争力，以争取和维护其市场。

（7）出口商应有必要的措施保证有关汇票上进口商的承兑或进口商开立本票的真实有效，以及银行担保的有效，否则，就得不到免除被追索的保障。

（二）对进口商的作用

（1）福费廷方式可使进口商的分期付款安排得到出口商的接受，从而克服了进口商现汇不足又需要进口资本密集型商品的矛盾。

（2）福费廷方式下，融资商对票据的贴现是按固定贴现率计算贴息的，因此，出口商通过价格调整转嫁给进口商的贴息负担也是按固定贴现率计算的。换言之，进口商在分期付款条件下，由此在事实上也得到了固定利率的融资，避免了融资期间的利率风险。

（3）在福费廷方式中，以进口商开立的本票（若该国法律允许进口商开立本票）可以比出口商开立汇票更为方便。就总体手续来看，福费廷方式也比使用买方信贷简便。

（4）使用福费廷方式，如前所述，出口商将其承担的多项费用计入货物价格而转移给进口商；进口商还要因申请当地大银行的担保，而增加交付给大银行的担保费或者抵押物，由此增加进口商的负担。银行为进口商提供担保，要占用担保银行对进口商的授信额度，也可能缩小进口商进一步向银行申请融资的空间。

（5）福费廷方式是以进口商承兑的汇票或进口商开立的本票为债权债务的凭证，从票据法律关系来说，进口商对此有无可推脱的责任。因此，如果进口商认为出口商交付的货物存在某些问题，就不能以拒付货款的方式与出口商交涉。这就可能使进口商感到被动。为了避免这种情况的出现，在进出口商双方洽商合同时，进口商就应考虑提出，在合同中规定合同货款的一定比例，如 10%～15% 作为留置金，不列入福费廷的结算范围。留置金需待进口商检验商品合格后，才支付给出口商。

（三）对融资商的作用

（1）固定的贴现率使融资商可以较好地规避市场利率下降的风险。

（2）福费廷业务多为中长期融资，即使贴现率较低，但由于融资的时间较长，融资商仍可获得比较可观而稳定的收益。

（3）在有可靠的银行保证和持有有效的票据的条件下，若市场利率水平有所变化，融资商可以通过票据的再贴现，在二级市场转让出原先买进的票据，以及时回收和周转资金。

（4）在买进的票据是有效的情况下，融资商对出口商没有追索权。这使得融资商承担了较大的汇率、利率风险，以及国家和进口商、担保银行的信用风险。为规避风险，融资商应对进口国的有关票据、银行业务、外汇管理、进出口贸易管理等法律法规以致经济发展等多方面情况有足够的了解。同时，根据对风险的分析和判断，对票据的贴现率以及承担费等费用的收取方面，要有比较充分的考虑和计算。

（5）福费廷的融资商不能对担保银行或进口商采取"加速还款"的方法。在分期还款的商业贷款中，若借款人对其中某期贷款不能按时归还本息，银行可以要求借款人的当期和随后各期的贷款本息立即归还，否则可申请法院的强制执行。这种安排被称为"加速还款"。但福费廷业务中，如果出现担保银行或进口商对某到期票据不能按时偿还，融资商不能对还未到期的票据采取"加速还款"的措施，这就可能加大融资商的风险。

（四）对担保银行的作用

由于福费廷业务的手续比银行贷款等都来得简便，银行在决定是否为进口商提供担保，只要审查进口商的资信即可。而福费廷业务一般时间较长，担保金额较大，担保银行向进口商收取的担保费也可以比较多。在进口商能如约履行其最终付款责任的情况下，这些担保费就成为担保银行的收入。但是，由于担保银行承担着对所担保票据的无条件付款的责任，为了规避风险，担保银行应密切关注被担保人的经营动向。

七、福费廷业务程序

福费廷业务的流程如图8-1所示。

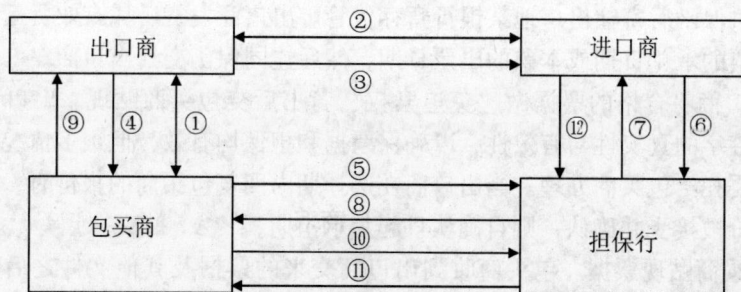

图8-1 福费廷业务程序

在图8-1中顺序代码表示如下：①签订包买合同。②签订贸易合同。③发货发汇票。④交割规定单据。⑤寄单。⑥申请银行担保。⑦借出单据。⑧寄交担保债权凭证。⑨无追索权贴现付款。⑩提示到期票据。⑪支付票款。⑫偿还垫付票款。

具体流程如下：

（1）出口合同的签订、包买票据的签订以及银行担保的申请。如果进出口双方同意采用包买票据方式融资，则出口商应在合同协商早期就与包买商接触，要求后者提供承办包买票据融资的报价，包括贴现率、承担费率、对票据金额与期限的要求以及对银行担保的要求，同时应向包买商介绍交易的有关内容，供后者在决定报价时参考。出口商在收到报价后，应在选择期内回复包买商是否接受。因此，出口商应尽快与进口商就货款（包括延期付息与融资成本在内）、支付方式、支付时间等达成协议。通常选择期的前24小时是不收费的，但若出口商迟于该免费期限后回复，无论接受报价与否，都需支付选择费。选择期短则几天，最长可达1个月，但在汇率、利率剧烈波动时期，包买商为避免过大风险往往不给予选择期。

如果买卖双方同意报价，则买方及时向担保银行申请开立保函或提供票据保证，并将担保行情况通知出口商转告包买商。如果银行同意担保，包买商也认可该担保行，则进出口双方正式签订贸易合同，出口商与包买商签订包买票据协议。

（2）出口商发货，并将货运单据（连同汇票）寄给进口商。如果合同规定买方应预付定金，或者买方有权留置部分合同尾款，则这两项金额不能叙做包买票据业务。因为定金已由卖方收到，无须融资，而留置金的支付取决于卖方交货数量，包买商不能对此获得无条件的、不受争议的债权，故不能对其融资。扣除这两项金额后的净额才可以叙做包买票据业务。出口商按合同规定发货后，将全套货运单据寄给进口商，如果采用汇票作为债务工具，则出口商签发一系列不同到期日的汇票，一并交寄进口商要求承兑。

（3）进口商将承兑汇票或本票交担保行，获得担保后直接寄出口商。进口商收到货运单据后审查合格，即承兑汇票，或按合同规定签发以出口商为收款人的本票，交担保行。担保行可单独开出保函，也可以在每张票据上做背书保证，然后寄给出口商。另一种做法是出口商在签约后即开立汇票由买方承兑，或由买方开出本票，交担保行背书保证或者随付保函后寄往出口地某银行暂存代管。出口商发货后凭有效货运单据要求代管行代填汇票的承兑日期或本票的出票日期，然后连同保函交给出口商。

（4）出口商将合格的票据做"免追索权"背书后交包买商贴现。出口商检查买方即担保人的签字的真实性与有效性，以确保票据和担保均有效，但很多情况下出口商都将这些工作委托给包买商办理。当出口商在选择期内回复包买商的报价时，选择期即告结束。若报价被接受并确认，则自确认日起为承担期。

（5）包买商贴现票据。包买商收到出口商交来的票据及其他文件之后，必须准确审核其真实性与有效性。如果包买商无法审核某些签名，往往要求出口商或进口商的开户银行证实，待证实之后才无追索权地买入票据。

（6）包买商将到期的票据经担保人向进口商提示。

（7）进口商经担保人支付票款。每付一期款项，该期票据即被进口商收回注销。如果保函单独开立，则保函金额相应扣减，待全部票款付清后，保函金额也扣减为零，自动失效。如果进口商拒付任一期票据，包买商应立即作成有效的拒绝证书，并要求担保人付款。如果担保人违约或破产，包买商无法收款时，可以凭票据及担保向进口商或担保人起诉。如果由于不正当交易、无效票据、不合格担保等原因造成退票，包买商仍可考虑向出口商追索。

八、叙做福费廷业务的前提条件

由于包买票据业务主要提供中长期贸易融资，与其他贸易结算方式相比，包买票据业务有较为严格的业务限制。利用这一融资方式的出口商应满足以下条件：

（1）同意向进口商提供期限为 6 个月至 5 年甚至更长期限的贸易融资。

（2）同意进口商以分期付款的方式支付货款，以便汇票、本票或其他债权凭证按固定时间间隔依次出具，以满足包买票据业务需要。

（3）出口结算方式为跟单信用证，出口商对资本货物的数量、质量、装运、交货期担负全部责任。

（4）由于包买商承做包买票据业务的成本较高，因此包买商多规定最低交易金额，一般不低于 25 万美元；包买商有时也为小额交易融资，但要收取较高费用。

（5）除非包买商同意或进口商是拥有极佳信誉的政府机构或跨国公司，否则债权凭证必须由包买商接受的银行或其他机构无条件地、不可撤销地进行保付或提供独立的担保。

九、福费廷方式与其他融资方式的比较

（一）与保理方式比较

保理方式与福费廷方式相比，前者中的保理商和后者中的融资商对出口商的付款都是没有追索权，保理商和融资商都承担了较大的风险，因此，他们都必须在确定办理该项业务之前，十分谨慎地开展必要的调查和准备，并由出口商承担由此产生的费用。两者的主要区别是：①在国际通行的双保理业务中，是由出口保理商通过进口保理商向进口商传递全套商品单据，并以进口商付款为赎单条件；而福费廷业务中，融资商通常并不负责商品单据的传递。单据是出口商通过其他商业银行向进口商传递的，进口商并不付款赎单，而是以承兑汇票或开立本票并提供银行的担保为获得单据的条件，随后再分期付款。②保理业务中，保理商不是一次性向出口商付款，而是在收到出口商交付的合格单据后，先支付部分（比如80%）款项，其余款项须在收到进口商付款后，扣除保理费等各项费用后，才将余额付给出口商；在福费廷业务中则不然，融资商在收到出口商交付的合格票据后，扣除贴息和各项费用后，即将全部余额支付给出口商。③保理方式比较适用于批量大、金额小、期限短的贸易结算，一般期限在半年以内；而福费廷方式则比较适合成套设备、大型船舶、工程机械等资本货物交易或大型项目交易的结算，其金额大、付款和融资的期限多是中长期的。④福费廷业务的内容比较单纯，而保理业务则同时带有进口商资信调查、出口账务处理、出口账款追讨等综合服务。⑤福费廷业务的计息按贴现方式办理，实际利率高于名义利率，而保理业务是在期末付息，实际利率即名义利率。⑥保理业务一般无须银行为进口商担保，而福费廷业

务中需要进口国的大银行为进口商做出担保（保证）。⑦保理业务中，出口商一般不必事先与进口商取得一致，而福费廷业务中，出口商必须事先向进口商说明按福费廷方式办理结算。

（二）与商业银行的贷款比较

两者的主要不同有：①由于中长期贷款期限较长，为此承担的风险也相应加大，因此，商业银行对提供贸易中的中长期贷款都十分谨慎；而融资商为出口商提供中长期融资则是其本分业务，只要事先的各项工作做好了，融资商都乐于开展业务。②商业银行在提供贸易的中长期贷款时，一般都要求借款人提供第三方的担保或者财产抵押，手续较多；福费廷业务中，融资商通常只要求进口商承兑汇票或出具本票，以及提供银行相应的保证（在有关的票据上保证，或者提供银行保函），手续相对简单。③在商业银行提供中长期贷款中，贷款银行通常要求使用浮动利率，以利于其规避利率风险，而这一要求则可能增加了借款人的利率风险，使其难以事先较为准确地核算成本；在福费廷业务中融资商使用的是固定利率，这有利于出口商较好地把握其成本和向进口商报价，也就使得进口商能相应地把握自己的进口成本。

（三）与一般票据贴现比较

福费廷业务与一般贴现业务都是以票据为业务的基础，以提供票据者承担贴息为条件，由融资商或者贴现人（商业银行或贴现公司）向提供票据者支付票据的余额。但在具体办理中，两者还是有以下主要区别：①一般贴现业务中，如遇到承兑人因故而不能付款时，办理了贴现的商业银行对原持票人有追索权；而福费廷业务中，融资商对出口商没有追索权。②一般贴现业务中所贴现的是一般的票据，未必都与特定的贸易有某种关系，即使是用贸易中所使用的票据办理贴现，也并不特定是某一类的商品；但福费廷业务中使用的票据只能是与资本密集型交易有关的票据。③一般贴现业务中使用的票据期限可长可短，多为半年以内；福费廷业务中使用的票据大多是中长期的。④一般贴现使用的票据只要受票人承兑就可以了；福费廷业务中使用的票据则除了受票人（进口商）承兑或者就是进口商自己开立的本票外，还需要资信良好的大银行为其做出保证。⑤一般贴现业务，商业银行（或贴现公司）只向持票人收取贴息；而福费廷业务中，融资商向出口商收取贴息外，还要收取管理费、承担费等费用。

（四）与出口信贷比较

出口信贷和福费廷业务都能对本国资本密集型商品的出口贸易起一定的促进作用，但两者还是有一定的不同：①许多国家为了鼓励本国的出口贸易发展，都设立了专门的政策性银行，以国家财政支持为依托，提供出口信贷服务；福费廷业务则不一定都由政策性银行办理，也不要求国家提供财政支持。②出口信贷所支持的出口商品要根据国家的产业政策来确定；而福费廷业务所支持的出口商品则未必都是国家产业政策所规定的。③由于出口卖方信贷有国家财政的支持，其贷款利率低于一般商业贷款利率，出口商在这一点上负担较轻；而福费廷方式没有国家财政支持，融资商还要将其承担的风险因素，以多种费用等方式转嫁给出口商，因此，福费廷方式下，出口商的费用成本较出口卖方信贷高。④在出口卖方信贷条件下，出口商要承担进口商到期不付款的风险以及进口国的国家风险等，因此，银行通常都要求出口商要投保出口信贷保险，而增加出口商的费用；在福费廷方式下，融资商向出口商购买的票据是没有追索权的，因此，也就不要求出口商投保出口信贷保险。⑤出口信贷需要的文件材料较多，业务受理时间一般较长；而福费廷业务需要的文件材料少，办理时间通常较短。⑥出口卖方信贷往往需要出口商提供担保或抵押，出口买方信贷则以进口方银行为进口商提供担保；福费廷方式中，以进口国银行为进口商提供担保。

阅读材料：渣打银行中小企业理财部设有专门的产品部门，该部门时刻关注市场动态，了解中小企业的需求，从而设计符合他们要求的产品。以 2006 年为例，花旗银行推出了两项创新产品——"中小企业无抵押小额贷款"和"快捷贸易通"。

"无抵押小额贷款"是 2006 年 5 月在上海、深圳推出的创新产品，它无须抵押、优惠利率、快速贷款，为企业提供便捷的"一站式"融资方案，并与国际性银行建立信用合作。

这种融资方式是根据我国中小企业的经营特点和需求专门设计，真正采用信用放款的模式，从而有效解决中小企业缺少抵押物或担保难的问题，特别符合发展良好的中小型企业的融资需求。此外，"无抵押小额贷款"还采用按月分期还款方式，减少企业一次性还本的资金压力，方便企业资金周转。从实际运作的情况来看，该方案不仅能满足中小企业在扩大经营规模过程中对流动资金的需求，同时也将帮助企业与国际化的金融机构建立起信用关系，对中小企业的长期持续发展起到有力的推动作用。这项业务一经推出，市场反应热烈，不断有中小企业要求申请。2006 年 8 月，渣打银行又把这项创新产品带到了京津地区，让更多的中小企业享受到这一无须任何抵押的全新融资解决方案。

2006 年 11 月，渣打银行又推出了针对中小企业的全新融资解决方案——快捷贸易通。这项服务融合了 20 多个银行产品，包括提货担保、进口融资、出口押汇、出口信用证保兑等产品，配合企业在不同经营环节的资金流特点和需求进行灵活组合，为客户提供量身定做的融资解决方案。如果企业经营状况、财务状况、支付能力、管理团队等因素表现良好，符合银行的审核条件，即可获得最高达抵押品 10 倍的贷款额度。如果资料齐全，贷款最快可在 5 个工作日内审批。"快捷贸易通"包含人民币及外币贷款，注册 2 年以上、经营稳定的中小企业都可申请。

思考题：

1. 国际贸易融资的特点和现状是什么。
2. 什么是出口押汇？办理出口押汇应注意哪些问题？
3. 什么是打包放款？出口商申请打包放款时，应满足哪些条件？
4. 出口押汇与票据贴现的主要区别是什么？
5. 进口贸易融资的方式主要有哪些？

6. 开证授信额度的含义是什么，有何特点？

7. 信托收据业务有何特点？

练习题：

一、名词解释

信用风险　装运前融资　打包贷款　装运后融资　信托收据　欺诈风险
操作风险　软条款

二、选择题

1. 出口商承担进口商的信用风险的结算方式是（　　）。

A. D/A 托收　　　　B. 预付货款　　　　C. 保兑信用证　　　D. 即期信用证

2. 以下关于操作风险的说法，错误的是（　　）。

A. 信用证业务中银行审单的风险是操作风险

B. 承担审单风险的银行只有开证行

C. 另加信用证生效的条款是软条款

D. 软条款改变了信用证不可撤销的性质

3. 在凭信托收据借单提货的融资方式中，委托人（信托人）是（　　）。

A. 进口商的银行　　B. 进口商　　　　C. 出口商的银行　　D. 出口商

4. 以下承担信用证下第一性付款义务的是（　　）。

A. 议付行　　　　　B. 偿付行　　　　C. 通知行　　　　　D. 保兑行

5. 托收出口押汇是（　　）。

A. 出口地银行对出口商的资金融通　　　　B. 出口地银行对进口商的资金融通

C. 进口地银行对出口商的资金融通　　　　D. 进口地银行对进口商的资金融通

6. 承兑交单方式下开立的汇票是（　　）。

A. 即期汇票　　　　B. 远期汇票　　　　C. 银行汇票　　　　D. 银行承兑汇票

7. 打包贷款是（　　）。

A. 对出口商的装运后融资　　　　　B. 对出口商的装运前融资

C. 对进口商的融资　　　　　　　　D. 对船公司的融资

8. 在以下的信用证当事人中，保兑行承担哪一方的信用风险？（　　）

A. 进口商　　　　　B. 出口商　　　　C. 开证行　　　　　D. 议付行

9. 开证行管理进口商信用风险的措施不包括（　　）。

A. 要求存入保证金

B. 要求抵押出口信用证

C. 要求信贷额度的结构与相应的进口贸易相联系

D. 要求延长信用证期限

三、判断题

1. 信用证开证行承担出口商的信用风险。　　　　　　　　　　　　　　（　　）

2. 装运前融资比装运后融资风险小。　　　　　　　　　　　　　　　　（　　）

3. 在托收结算方式中，对出口商来说，D/A 的风险比 D/P 大。（　　）

4. 打包贷款是装运后融资。（　　）

5. "软条款"的风险由进口商承担。（　　）

6. 开证行履行付款责任是无条件的。（　　）

7. 开证行履行付款责任是无限的。（　　）

8. D/P 托收以交单约束付款。（　　）

9. 汇款结算都是通过银行来传递资金的，所以是以银行信用为基础的结算方式。

（　　）

10. 预付货款可以保证进口商得到所需的货物。（　　）

四、填空题

1. 从债务的发生直到债务全额偿还为止，债务人偿还债务的_____和_____存在着不确定性，由此可能给债权人带来的损失就是信用风险。

2. 在汇款和托收等以商业信用为基础的结算方式中，进口商的信用风险由_____承担。在信用证这种以银行信用为基础的结算方式中，进口商的信用风险就转而由_____承担。

3. 在正常情况下，保兑行付款或议付后，可以从_____得到偿付。当开证行破产时，保兑行仍承担着对_____的付款责任，却很难再从已破产的开证行得到全额偿付。在此意义上，保兑银行承担着_____的信用风险。

4. 在国际结算中，银行向出口商提供贸易融资分为_____和_____两大类。两者划分的依据是_____。

5. 银行向出口商提供贸易融资的常见方式有_____、_____和_____。银行向进口商提供贸易融资的常见方式是以_____为基础的进口押汇。

6. 信托收据是进口商在借取货运单据时所提供的_____。根据信托收据定义，_____是信托人，_____是受托人。

7. 在卖方远期信用证融资中，开证行_____和议付行_____是对出口商的融资，而开证行_____则是对进口商的融资。

8. 不同的托收方式中，出口商承担的信用风险的程度也有所不同。_____方式中出口商承担的信用风险较大。出口商为了尽可能减少托收方式的结算风险，应尽量争取以_____价格交易，自办保险。

9. 在提货担保业务中，对开证行而言，担保的作出具有不可撤销性，担保的结清是开证行以_____换回自己的_____为前提。

10. 《UCP600》规定，开证行应在不超过收到单据次日起的_____日内审核单据，以决定接受或拒绝单据，并通知交单方。

推荐报刊和网络：

1.《金融时报》

2.《中国金融报》

3. 《国际金融》

4. 国际商会 http：//www. iccwbo. org

5. 中国外汇网 http：//www. chinaforex. com. cn/

6. 汇通天下国际结算网 http：//www. sinobankers. com

7. 汇天国际结算网 http：//www. 10588. com

8. 国贸人 http：//www. guomaoren. com

第九章　国际结算中的单据

【学习目的】

通过本章的学习，了解单据在国际结算中的地位和作用及所有单据类型，熟悉基本单据和附属单据并能正确使用，理解国际结算单据的含义与作用，掌握商业单据、运输单据、保险单和发票等重要单据。

【案例导入】

某贸易开发进出口公司向哈尔顿贸易有限公司出口一批货物，开来的信用证中有部分条款规定："... Inspection certificate of quality in duplicate, inspect at the time of shipment, issued by CCIB insurance policy in duplicate for 110% of the invoice value covering PICC Ocean Marine Cargo Clauses (W. A.) and War Risks dated 1/1/1981. Loss if any, pay to Halton Trading Co., Ltd. ... The shipping mark to be 'H. L. T. /263 AND 692/LIEPAJA' only."（……中国进出口商品检验局出具于装运时检验的品质检验证书一式两份，保险单一式两份，按发票价值的110%投保，中国人民保险公司1981年1月1日修订的《海洋运输货物保险条款》包括水渍险及战争险。保险如发生赔偿，请付给哈尔顿贸易有限公司……运输标志仅为："H. L. T. /263 AND 692/LIEPAJA。"）

贸易开发进出口公司根据买方所开来的信用证规定条款，于某年3月15日装运完毕，3月17日向开证行寄单。但开证行于3月28日来电提出：

"你第××号单据经审核发现单证不符：

（1）我信用证对品质检验证书规定'在装运时检验'（Inspect at the time of shipment），根据你方提单日期说明你货物于3月15日装运，而检验证书的日期为3月13日，说明你货物并非在装运时检验，不符合信用证要求。

（2）我信用证规定'保险如发生赔偿，请付给哈尔顿贸易有限公司'。从你所提供的保险单上寻找不到有类似文句的表示。

（3）我信用证规定运输标志为'H. L. T. /263 AND 692/LIEPAJA'，而你所有单据均表示为'H. L. T. /263 & 692/LIEPAJA。'

上述不符点经研究无法接受，单据暂代保管，听候你方处理意见。3月28日"

贸易开发进出口公司接到上述开证行拒付电，认为其不符点是不成立的，完全是对方挑剔，即反驳如下：

"你行28日电悉，你行所谓不符点是不成立的：

（1）对于'装运时检验'的问题，本批货物实际于3月13日开始装船，所以在装运日的当天进行检验，检验证书签发日期因此也是3月13日。提单上的装运日期3月15日为该船货物全部装完的日期。如果我方品质检验证书日期如你方所想象与提单上的装运日期同一天，则变成装运完毕后才检验，这是不可能的，因为货装上船后是无法检验的。我实际情况是3月13日货物开始装运时由中国进出口商品检验局进行检验，认为合格才开始装运，所以我检验证书于3月13日开始装运，13日进行检验，这符合'在装运时检验'的要求。

（2）信用证规定：'保险如发生赔偿，请付给哈尔顿贸易有限公司'，我保险单就是因为根据上述信用证条款规定，所以在保险单上以哈尔顿贸易有限公司作为该保险的被保险人。其意即该保险单的权益人就是哈尔顿贸易有限公司，如果保险发生赔偿时，当然是付给被保险人——哈尔顿贸易有限公司。所以这已经符合你信用证规定'保险如发生赔偿，请付给哈尔顿贸易有限公司'的要求。

（3）你信用证规定运输标志为'H. L. T. /263 AND 692/LIEPAJA'而我单据运输标志为'H. L. T. /263 & 692/LIEPAJA'，所不同者就是'AND'与'&'，因为'&'就是等于'AND'，所以不能算为单证不符。

根据以上所述，所有不符点均不成立，你行应按时付款。3月30日"

开证行仍然不同意，4月1日又复电如下：

"你30日电悉。虽然你方作了不少解释，但却有不符点存在：

（1）根据你方解释此批货物于3月13日开始装运，所以品质检验证书出具日期为3月13日。但我行只能从运输单据上来确定装运时间。根据《UCP600》第23条规定，已装船或已装具名船只，可出提单上印就'货物已装上具名船只'或'货物已装运具名船只'的词语来表示，在此情况下，提单的出具日期即为装船日期与装运日期。所以按上述规定，你方所提交的已装船提单，其出单日为3月15日，则3月15日应被视为本批货物的装运日期。3月15日装运，3月13日进行检验，所以单据明显不符合'于装运时检验'的要求，故单证不符。

（2）你30日电解释，以哈尔顿贸易有限公司作为保险单上的被保险人，其效果就是使保险发生赔偿可以付给哈尔顿贸易有限公司。但我行不管其业务上的效果如何，只管单据表面上与信用证条款是否相符。根据《UCP600》第4条规定，在信用证业务中，各有关当事人所处理的只是单据，而不是单据所涉及的货物、服务及/或行动。所以我行不管保险发生赔偿时其结果如何，只要保险单上没有表示信用证所要求的词句，就是单证不符的现象。

（3）关于运输标志的问题，你方认为'AND'与'&'是相等的。但请你方注意，我信用证规定：The shipping mark to be 'H. L. T. /263 AND 682/ LIEPAJA' only.（注意'only'一词）其意即只有如此的标志才能接受，你方将'AND'改为'&'，其表面上不一致，就是单证不符。

根据以上所述，单证不符是明显存在的，速告你方单据处理的意见。4月1日"

贸易开发进出口公司经有关人员与议付行探讨，虽然开证行对我单据有些挑剔，但严格说我单据确实有一定的缺陷，也无法再反驳对方。贸易开发进出口公司只好又同买方商洽，最后以降价20%而结案。

从此案例中我们应吸取哪些教训？

从这个案例看出，在信用证结算方式下，单据成为唯一付款依据。只要卖方能提交合格单据，银行就必须承担付款责任，至于货物的实际情况，银行不过问。由此可见，单据在国际贸易结算中占据着重要地位。那么，在信用证结算方式下，出口商到底需要填制与提供什么样的凭证或单据，才能顺利完成结算业务呢？各种单据的具体内容又是什么呢？本章中我们将详细介绍信用证项下各种单据内容和缮制要求，并通过实例分析使大家更好地了解各种单据在国际结算中的作用。

第一节　国际结算中单据概述

在国际贸易中要涉及多种单据，主要有跟单信用证汇票、发票、运输单据、保险单据等。汇票等金融单据已在前面章节论述，在此不再赘述。

一、单据的含义

单据（Bill of Documents），是指进出口业务中使用的各类商业凭据与证书的统称。如发票、海运提单、保险单、原产地证书等。

在国际结算中使用的单据含义一般有广义和狭义两种。所谓广义的单据是泛指国际结算中使用的所有商业或公务证明文据（商业单据）与资金支付凭据（金融单据）。而狭义的单据是指国际贸易结算中使用的代表货物、履约及公务证明等的各种商业或公务证明文据；即商业单据，俗称单据。也是本章讨论的重点。

二、单据的作用

《跟单信用证统一惯例》明文规定："在信用证业务中，有关各方处理的是单据，而不是与单据有关的货物、服务或其他行为。"《托收统一规则》（URC522）中也规定，进口商履约付款的依据是单据而不是货物。因此，单据在国际贸易和国际结算中起着非常重要的作用。主要体现在：

（一）单据是出口方履约证明和收取款项的凭证

在国际贸易中买卖合同的履行，主要通过提交相应的单据来实现。单据通常有对货物的详细描述以及出口方对于自己履约情况的全面说明，有着"见单如见货"的作用。出口方的受益人通过提交与信用证规定相符的单据，来证明其履行了合同的约定。出口方不仅要保证交付的货物与合同要求完全一致，还要保证交付的单据也与合同、信用证完全一致。所以，卖方以提交与货物相关的正确单据作为其履行交货义务、及时收到货款的重要前提。

（二）单据是进口方提货和付款的依据

买方通过对方提供的发货单据，凭单提货，同时对货物进行全面的验收，以判断货物是否符合合同的要求，如单据不符合要求，买方就可以拒付。所以，单据是买方提货和付款的依据。

（三）单据是进出口商办理报关和完税业务的重要凭证

报关和完税业务是进出口商完成进出口业务的必经环节。在办理海关业务时，也必须提交合格有效的相关凭证或单据来证明其进出口业务和纳税行为的真实性和合法性。

（四）单据是物权凭证

单据中凭以提货的提单代表了货物的物权，单据的转移就是货物权利的转移。这里货物的权利包括货物的物权和所有权，得到了单据就等于取得了货物。对于开证行来说，控制了单据就等于控制了物权。银行在办理国际贸易结算时可以只管单据不管货物和买卖合同履行的实际情况，简化买卖双方的贸易结算。单据在国际贸易结算中发挥中介桥梁作用和提供信用保障支持，从而促进国际贸易的发展。

三、有效单据的基本要求

一份合格和有效的单据必须符合以下基本要求：

（一）正确无误

在信用证方式下，单据的正确使用集中体现为"单证一致"、"单单相符"、"单货一致"，即单据应与信用证条款的规定相一致，单据与单据之间应彼此相符，单据的描述与实际装运的货物相一致，只有这样，单据才能真正地代表货物。

（二）内容完整

单证完整是指提交的成套单证的完整性。单据的种类、每种单据的份数、所填项目内容完整无缺。

（三）制作及时

各种单据的出单日期必须合理可行，即每一种单据的出单日期不能超过信用证规定的有效期限和按商业流程的合理日期。如提单的日期不得晚于装运期限、发票要在货物装运之前等；如果信用证未规定交单期，则按《跟单信用证统一惯例》规定，应在运输单据出单后21个日历日内，并在信用证有效期内将各项单据送交指定的银行办理议付、付款或承兑手续。

（四）式样简洁

按《跟单信用证统一惯例》规定，"为了防止混淆和误解，银行应劝阻在信用证或其任何修改书中加注过多细节的内容"。单据各项内容的记载力求简洁明了，切勿加列不必要的内容；而且式样要求美观大方，缮写或打印的字迹要清晰，重点项目要突出醒目，单据表面要清洁，更改的地方要加盖校对章。

四、单据的种类

单据一般分为基本单据和附属单据两大类。

基本单据指根据货物成交的贸易条件或价格术语而确定的，必须由出口方提供的单据，主要是商业发票、运输单据、保险单三种基本单据。根据不同标准还可以细分为不同的种类。附属单据则是根据贸易合同约定，或者信用证条款中的要求和规定，须向进口方或授权付款银行提供的、除基本单据以外的其他单据。比如产地证明、卫生检疫证明、质量检验证明、装箱单、重量单、进口许可证、海关发票等。

第二节　商业发票

商业发票，简称发票，是进出口贸易的最主要单据之一。它是由出口商向进口商开立的，凭此以向进口方收款的发货价目清单，是装运货物的总说明。

一、商业发票的作用

（1）进出口双方的记账凭证。

（2）出口方履约证明。

（3）进出口双方报关、纳税的凭证。

（4）在不要求使用汇票的情况下，代替汇票作为索汇付款的依据。

（5）货物发生损失时，作为索赔和理赔的依据。

（6）作为填制其他相关单据的依据。

在信用证下，确定各单据是否一致时，主要是看各种单据是否分别与发票一致，因此商业发票是银行重点审核的单据，它在全部单据中起着核心作用。在某案例中，信用证通知的原件将受益人名称遗漏了单词"PIC"。尽管一位专家证人担保，提示的单据中包含的"PIC"作为一种不规范用语是"无商业意义的"，法院仍支持银行拒绝单据的决定。该案例说明银行在区别普通的请求与成为特殊知识的请求时面对的困难。

二、商业发票的内容

商业发票通常由出口商自行缮制，无统一格式。但主要内容大致相同，通常包括三大部分：首文、正文、结文。

1. 首文部分

一般是列明发票的基本情况。如发票的名称、号码、合同或信用证号码、发票的出票日期及地点、船名、装运港或装运地、目的港或目的地、发票抬头人、出票人名称地址等内容。

（1）出票人名称和地址。发票的出票人一般为出口商，但有可能是第三者。其名称和地址相对固定，故出口方通常将此项内容事先印制在发票上方。

（2）发票抬头人，即收货人。一般为进口商或信用证的开证申请人（可转让信用证除外）。此栏一般印有"TO"、"Sold to Messrs"或"For Account and Risk of Messrs"等字样。在这些字样后，一般注明买方的名称和地址（有时包括电传、传真号码等）。

（3）单据名称（Title）。发票单据上一般标明"发票"（Invoice）或"（Commercial Invoice）"字样，用粗体字印刷在发票的明显位置。一般情况下应按信用证对发票的具体要求制作，例如，如果要求提供的是"Commercial Invoice"（商业发票），则发票的名称必须有"Commercial"字样，否则发票则与信用证的要求不符。

（4）发票号（Invoice No.）、合同号（Contract No.）或订单和信用证号码（L/C No.）。发票号码是出口商自行制作的编号，这是发票中不可缺失的内容之一。为了便于核对，发票中一般还注明有关合同号码或订单号码，采用信用证结算时，一般还注明信用证号码，使用的不是信用证方式或信用证无规定，则可不填写。

（5）发票的出票日期（Date）和地点（Place）。发票的出票日期就是发票的制作日期，也应理解为发票的签发日期。一般情况下，出具发票的日期不得迟于提单签发的日期，应略早于汇票日期，并在运输单据的出单日期之前，同时不能迟于信用证的有效期或信用证规定的交单期。但《UCP600》规定，除非信用证另有规定，单据（包括发票）的出具日期可以早于信用证开出日期。发票的制作地点一般是出口公司所在地。

（6）起讫地点（装运港或装运地、目的港或目的地）。一般要按货物运输的实际起讫地点填写，即发票上应列明货物的装运港（地）和目的港（地）名称。如果货物需转运，转运地点也要明确，应加注中转港（地）名称。如有重名的港口或城市，应加列国家名或地区名，转运港应与所标明的一致。

（7）运输工具（Conveyance）。如果采用直达船运输时，应在发票上加注船名，如果中途需要转船，则应注明二程船名。

2. 正文部分

它是指发票应说明的有关所售货物的数量、价格等情况，如货物的唛头和号码、货物的数量及描述、货物的单价及总额等。

（1）唛头（Shipping Mark）。唛头即运输标志，一般指印刷在货物的外包装上的图形文字和数字，其作用是方便运输及保管过程中有关人员识别货物，避免发生发货和运输的错误。如信用证中有指定唛头的，发票上的唛头应与信用证中规定的唛头完全一致。发票的唛头和件号应与运输单据和其他单据所列的相一致。如信用证未指定，出口方可自行设计；如果无唛头，则应填写"N/M"（没有唛头）字样。

例如，信用证规定唛头是"ABC CO./TR5432/HAMBURG/NO.1–UP"，则应在发票上打出：

ABC

TR5432

HAMBURG

NO.1—UP

而且，唛头最后的"UP"通常用货物的总包装件数来代替。

（2）货物描述（Description of Goods）。商品的名称、品质、规格等应与信用证中规定的商品名称、品质、规格完全一致。如果信用证中商品名称有错误或漏字等并且无法修改，发票上的商品名称也应将错就错，以保证发票与信用证规定得完全一致。不过，可在错误的名称后面加注正确的名称。银行只负责审核单据表面上的一致性。因此，商品名称的表面性应与信用证的要求保持一致，不可使用商品名称的简写或繁写或同义词或同义名称等。其他单据的货名可用统称，但不能与信用证和发票相悖。例如，信用证中货物的描述为"青岛电视机"，发票上也应有相同的描述。然而，其他单据上只注明"电视机"即可。

（3）货物的包装及数量（Packing and Amount of Goods）。信用证中如规定内外包装方式或其他明确条款，在发票中应填写完整。信用证中规定要列明毛重、净重的，发票中也应列明。发票中列明的货物的数量不仅应与信用证中货物描述的数量完全一致，并应与提单等基本单据中货物的数量与重量一致，还要与唛头相符。

（4）货物的单价和总价（Unit Price and Total Price）。发票的单价一般包括计量单位、单位金额、计价货币和贸易术语四部分内容。发票的单价应该与信用证中规定的贸易单价相符。如单价中含有佣金或折扣，发票上一般也会注明。发票的总价即货物总金额，也就是货物数量与货物单价之积，总价一般由大小写组成。单价和总价是发票的重要项目，必须准确计算，正确缮写，并应做到单价、数量、总价三者之间不能相互矛盾（除非信用证另有规定，发票的总金额一般不能超过开证的金额，并注意与有关汇票金额一致）。此外，有时根据买方的要求，在对按照 CIF、CFR、CPT 成交的，发票上还会分别列明运费、保险费和 FOB、FCA 价。如 USD34.50 Per PC. CIF London（每件 34.50 美元 CIF 伦敦）。又如：如果信用证中只规定了笼统的港口名称，如 FOBChinese Port，则发票内应根据实际情况打出具体港口名称，如 FOB Dalian。对重名港口，还应加注国名。需要注意的是，如果涉及佣金、折扣，缮制发票时则需：①若 L/C 明确规定 less ** % commission，则发票内应照打，货款按扣佣后的净值收取。②若证中没有扣佣规定，但信用证金额为扣佣后净额，为保证单证一致，发票内应反映扣佣全过程。

例如：

CIFC3	USD100.00
−C3	USD3.00
CIF	USD97.00

（5）以 CIF 价成交，来证有时要求列明运费、保险费。此种要求，可以接受。填制方法如下所示：

CIF	USD1000.00
−F（FREIGHT）	USD100.00
−I（PREMIUM）	USD3.00
FOB	USD897.00

3. 结文部分

结文部分是指卖方的名称及卖方有权签字人的签字，有时还包括卖方出具的证明或声明等内容。

三、其他形式商业发票单据

（一）形式发票

形式发票（Pro-forma Invoice）又称预开发票、估价发票，是在交易达成前卖方应买方的要求，将拟报价出售的货物名称、规格、单价、价格条件、装运期及支付方式等一一列明的一种非正式发票，以满足买方向本国的进口管理机构或管汇部门申请进口许可证或批汇的需要，也可以作为进口方向其政府申请进口许可或批汇的依据。形式发票在外表上与商业发票的唯一差别是格式上有"形式"字样。它的主要作用是：作为交易的卖方向可能的买方报价的一种形式，即充当交易的发盘，以供出口商参考；在外汇管制较严的国家，买方要用形式发票来申请外汇及进口许可证。

由于形式发票不是正式的发票且票面上注明的价格也是卖方根据当时市场行情的估计价，只供买方参考，对双方无约束力，不能作为托收和信用证项下的议付或出口结汇的单据。但是若买方接受了形式发票，就不再是"形式"，而是肯定的合约。一旦接受，就要另开正式的发票，并将已接受的形式发票的详细内容照录于正式的商业发票内。卖方通常被要求在商业发票上注明"所列货物按××号形式发票"。并且信用证项下，卖方还要申明，商业发票和形式发票的内容是相符的。

（二）证实发票

证实发票（Certified Invoice），是一张经签署的普通的商业发票，实际上是海关发票。被人们称为"证实"发票的原因是在于发票上列明货物和产地这两项主要内容，其中，货价部分须经卖方以个人名义签名予以证实。

证实发票需要证实以下某项内容：①货物符合某项合同或形式发票。②货物是或不是某特定国家所产。③买方要求卖方在发票上加注的其内容真实的证明。一般使用这样的证明文句"We thereby certify the contents of this invoice true and correct"，即发票的内容是真实的和正确的，并将"错误当查"（E. & O. E）划掉。有的证实发票具有一定的格式，这种发票在向进口当局提供时，能作为货物清单时课征较低关税或免税时必需的证明。

（三）海关发票

海关发票（Customs Invoice），是部分进口国（主要是美洲、非洲和大洋洲等地区）海关规定的进口报关必须提交的特定格式的发票，由出口商填制，供进口商凭以报关。各国海关发票各有专有格式，不能相互混淆或替代。一般来说，海关发票有三种形式：海关发票（Customs Invoice）；估价和原产地联合证明书（Combined Certificate of Value and Origin，C. C. V. O）与根据某国海关法令签发的证实发票（Certified Invoice in Accordance）。海关发票的作用表现在：①进口国海关作为统计的依据。②可以作为货物估价定税的依据。③核定货物原产地的依据。④确定有无倾销的证明文件。

海关发票的内容、格式与详细内容因国而异。其内容除商品品名、单价、总值等与商业发票相同外，还包括商品的成本价值（Cost/Value of Goods）和商品的生产国家（Country of Origin of Goods）等内容。海关发票要求详细列示货物的价格构成，即必须分别注明货物的离岸价、外包装的价值、货物装入外部容器的工资费用、内陆运输费与保险费、码头与港口费用、海运费用、海运保险费、有关交货的其他费用、其他特殊开支、佣金、现金折扣率等内容，以及注明货物出售给买主的价格、现行国内价值或出口国原产地的工厂、仓库、装运港的公开市场价格。

出口商填写海关发票应注意的问题主要有：①各国（地区）使用的海关发票，都有专门的固定格式，不能混用。②凡是商业发票上和海关发票上共有的项目和内容（如唛头、品名、数量、金额等），必须与商业发票保持一致，不得相互矛盾。③如成交价格为 CIF 条件，应分别列明 FOB 价、运费、保险费，而这三者的总和应与 CIF 货值相等。④签字人和证明人需以个人身份出现，且这两者不能为同一人，个人签字均须当事人亲手签字才有效。

（四）领事发票

领事发票（Consular Invoice）也称为领事签证发票，是一种进口国驻出口国领事馆制订的特定规格的发票，由出口商填写并经过领事签字证实后，提供给出口商凭此办理报关手续。它是一种具有固定格式，要求依据事实填写并缴纳一定费用。按某些国家规定，货物从外国进口，须提供领事发票作为核对税款的根据，以防止买方进口时低报货价逃避进口关税，以审查该进口商品有无倾销情况。

领事发票或领事签证发票具有以下积极功能和作用：①可以证明进口货物的产地与原产地相同。②证明领事发票上所填写的货物名称、价格与数量属实。③它是进口商品征税的依据。④防止出口国廉价倾销出口商品。

（五）厂商发票

厂商发票（Manufacturer Invoice），是厂方出具的以本国货币计算的价格，用来证明出口国国内市场的出厂价格的发票。来证要求提供厂商发票，其主要目的是用以核查出口交易中是否存在倾销，以便确定是否征收"反倾销税"。

（六）银行发票

在交易比较复杂时，有时信用证内对货物名称、规格、包装等的规定要比合同简单，为使单证相符，出口商按信用证的要求缮制一份简略的发票交银行议付，这种发票就叫银行发票（Bank Invoice），而将内容详尽的、与合同要求一致的发票径寄进口商。

（七）样品发票

进口商为推销商品将样品寄给进口商而出具的发票称样品发票（Sample Invoice），供进口商报关和采购参考，此种样品发票不同于商业发票，目的是说明自己所推销商品的品质、规格、价格，便于客户了解商品的价值、费用，便于向市场推销，用于报关取样。

第三节　运输单据

运输单据是进、出口业务中结汇的三大基本单据之一。国际货物买卖要做跨国境的长途运输，有的还要转换多种运输方式。运输由卖方还是买方去做，要视采用的贸易术语而定。

运输单据（Ocean/Marine Bill of Document），是出口人将货物交给承运人办理装运或装运完毕后，由承运人或其代理人签发给出口商的证明货物载运情况的单据及证明文件。目前国际贸易中把货物从出口国运达进口国，从装运地（港）运达目的地（港）可以采用海路、公路、铁路、河路、航空或联合运输等不同运输方式。《跟单信用证统一惯例》中把运输单据调整为 7 种：提单，涵盖至少两种不同运输方式的运输单据，不可转让的海运提单，租船提单，航空运输单据，公路、铁路或内陆水路运输单据，快递收据、邮政收据或投邮证明书。《UCP600》指出除了快递收据、邮政收据或投邮证明书外，海运承运人可以在符合规定条件的情况下，签发其他 6 种运输单据。由于海洋运输占当前国际货物运输的 80% 以上，本节主要介绍海运单据的有关内容。

一、海运提单

（一）海运提单的含义与作用

海运提单（Ocean/Marine Bill of Lading，B/L），是出口商采用海路运输货物时使用的运输单据。它是由承运人或其代理人根据运输合同签发给托运人（出口方）的货物收据。收货人在目的港提取货物时，必须提交正本提单。

海运提单的作用主要如下：

1. 海运提单是货物收据

对于已装船货物，承运人负有签发提单的义务，而且根据托运人的要求，即使货物尚未装船，只要货物已在承运人掌管之下，承运人也有签发一种称为"收货待运提单"的义务。提单一经承运人签发，即表明承运人已将货物装上船舶或已确认接管，并将按提单所载事项，向收货人交付货物。提单一经签发，这种收据即具有法律效力。即使提单上的记载是错误的，承运人也要对此负责，不能据以对抗托运人以外的第三者。

2. 海运提单是物权凭证

海运提单实际上代表了货物的所有权，谁持有提单，谁就有权要求承运人交货，并可以经过背书对提单进行抵押、转让，受法律保护。承运人一般是凭提单交货，只要承运人善意地将货物交给了提单持有人，即使提单持有人实际上无权占有货物，承运人也可以免责。如果货物在运输过程中受到损失，货主向轮船公司或保险公司提出索赔时，提单还是索赔依据之一。

3. 海运提单是运输合同或契约的证明

提单背面的条款列明了承运人、托运人和船方及其相互间的权利与义务、责任与豁免，视为双方共同接受的运输合同条款。承运人和托运人分别就此承担合约规定的各自责任。但是按照严格的法律概念，提单本身并不是运输合同，而只是运输合同的证明。签发提单前，承运人就按事先规定的运输合同要求将货物装船，接受托运人委托托运货物，所以提单只是运输合同的证明。

（二）海运提单的关系人

1. 承运人（Carrier）

承运人是指接受托运人的委托，有义务按照提单记载将货物运往目的港交与收货人。承运人一般是实际拥有运输工具的运输公司，但也有可能是租船人，从船东处租用船只经营运输。当货物在运输途中遭损或收货人和持单人的权益受损，又在承运人责任范围内，承运人需对运送的货物及货物运送过程中的损失负责。承运人的责任就是按照提单所记载的内容将货物交给收货人，但如果货主违反规定，不付应付运费，承运人可行使留置权即扣押货物或出卖货物以抵偿欠款。

2. 托运人（Shipper/Consignor）

托运人是委托承运人（轮船公司）运送货物到目的港的一方当事人，也称货方。根据不同的贸易条件，托运人可能是卖方，也可能是买方。如在 FOB、CIF、CFR 等条件下，出口商是发货人、托运人；EXW 条件下，进口商是托运人、收货人；信用证项下提单的托运人一般是信用证的受益人。

3. 收货人（Consignee）

收货人是有权在目的港凭提单向承运人提取货物的当事人。通常是货物买卖合同中的买方，也可以是第三方。在实务中，收货人有记名抬头（在抬头人栏里写明收货人的名称）与提示抬头（在抬头人栏里写有指定人字样）两种做法。

4. 被通知人（Notify Party）

被通知人是被承运人通知的人。之所以在提单上填写被通知人，是因为空白抬头提单无收货人的名称及地址，故必须填写被通知人，否则船方将无法与收货人联系。

（三）海运提单的种类

1. 按签发提单时货物是否装船分类，有已装船提单和备运提单

（1）已装船提单（Shipped or on Board B/L），是指货物装船后，由承运人签发给托运人的提单。提单上必须载明装货船名和装船日期。已装船提单在国际贸易中被广泛使用。

（2）备运提单（Received for Shipping B/L），是指承运人在收到托运货物等待装船期间，向托运人签发的提单。这种提单没有肯定的装船日期，往往不注明货运船舶的名称，因而买方和银行一般不接受备运提单。

2. 按提单有无不良批注分类，有清洁提单和不清洁提单

（1）清洁提单（Clean B/L），是指货物交运时外表状况良好，承运人未加有关货损或包装不良或其他有碍结汇批注的提单。清洁提单是国际贸易中广泛采用的提单。

（2）不清洁提单（Unclean or Foul B/L），是指承运人加注货物外表状况不良或存有缺陷等批注的提单。如"包装不固"、"破包"等。

3. 按提单收货人抬头分类，有记名提单、不记名提单和指示提单

（1）记名提单（Straight B/L），是指在收货人栏内，具体填明收货人名称的提单。它只能由提单上所指定的收货人提货，不能转让，又称"不可转让提单"。记名提单一般只用于运输贵重物品或有特殊用途的货物。

（2）不记名提单（Blank B/L），又称"空白提单"，是指收货人一栏内不填写收货人名称而留空的提单。提单持有人可不作任何背书转让或提取货物。由于这种提单风险大，国际贸易中很少使用。

（3）指示提单（Order B/L），是指在收货人栏内只填写凭指示或凭某人指示字样的一种提单。这种提单可以背书转让，又称"可转让提单"。背书的方式有两种：一种是空白背书，仅由背书人（提单转让人）在提单的背面签字盖章；另一种是记名背书，即转让人除签字盖章外，还须列明受让人（被背书人）的名称。在国际贸易中，指示提单被普遍使用。

4. 按运输方式分类，有直达提单、转船提单和联运提单

（1）直达提单（Direct B/L），是指货物从装运港装船后，中途不换船而直接运到目的港使用的提单。

（2）转船提单（Transshipment B/L），是指货物须经中途转船才能到达目的港而由承运人在装运港签发的全程提单。

（3）联运提单（Through B/L），是指须经两种或两种以上运输方式（海陆、海河、海空、海海等）联运的货物，由第一承运人收取全程运费后，在起运地签发到目的港的全程运输提单。

5. 按提单的签发日期分类，有预借提单、倒签提单和过期提单

（1）预借提单（Advanced B/L），是指承运人在货物未装船或未装船完毕时签发的提单。

（2）倒签提单（Anti-dated B/L），是指承运人在提单上签注的货物装船完毕的日

期早于货物实际装船完毕的日期。这种提单与"预借提单"一样，通常被认为是非法和欺诈性的，应禁止使用。

（3）过期提单（Stale B/L），是指出口商不按规定或法定期限向银行交付的提单。即货物装船后，卖方向当地银行提交装船提单时，银行按正常邮程预计收货人不能在船舶抵港之前收到的提单。此外，按《跟单信用证统一惯例》的规定，在提单签发日期后21天才提交的提单也属于过期提单。

此外，海运提单还分为全式提单和简式提单、班轮提单和租船提单、集装箱提单等。

（四）海运提单的内容

分为正面记载和背面印就条款两个部分，即固定部分和可变部分。固定部分是指提单背面的运输契约，这一部分一般是不作更改的；可变部分是指海运提单正面的内容。

1. *海运提单正面记载的主要内容*

（1）写明"Bill of Lading"（提单）字样。

（2）船舶的名称及航班号。

（3）托运人（即出口商）名称及地址。

（4）承运人（即船公司）名称及地址。

（5）收货人（即进口商）名称及地址。

（6）货物名称、重量、件数、包装和唛头。

（7）起运港名称及地点。

（8）目的港名称及地点。

（9）运费条款，可注明"Freight Prepaid"（运费预付）、"Freighty Paid"（运费已付）或"Freight to Collect"（运费待收），也可以注明"Freight Paid as Arranged"（运费按约定条件照付）。

（10）提单号码与份数。

（11）提单签发日期和地点。

（12）船主或其代理人（轮船公司）签字等内容。

2. *海运提单背面的内容*

（1）适用法律条款（Law of Suit Clause）。

（2）承运人的责任条款（Carrier's Responsibily Clause）。

（3）承运人的免责条款（Exception Clause）。

（4）变更航线条款（Deviation Clause）。

（5）危险品条款（Dangerous Cargo Clause）。

（6）交货条款（Delivery Clause）。

（7）承运人和收货人应共同负担海上风险以及船舶相撞所遭受的损失。

（8）索赔条款（Claim Clause）等。

二、其他运输单据

（一）航空运单

航空运输是一种现代化运输方式，它与海运运输、铁路运输相比，具有运输速度快、货运质量高等特点，最适合运输急救物质、贵重物品、鲜活、易腐货物、精密仪器等商品。国际航空运输的形式主要有班机运输、包机运输、集中托运和急件转送等。航空运单不可转让，持有航空运单也并不能说明可以对货物要求所有权。

（二）铁路运单

铁路运输和其他运输方式相比，具有运量大、速度快、受气候自然条件影响小，可保障全年的正常运输，而且具有安全可靠，运输成本相对低廉，运转过程中可能遭受的风险也较小等优点，在国际货运中，地位仅次于海运。

铁路运单可分为国际铁路联运和国内铁路运输两种方式，前者使用国际铁路联运运单，后者使用国内铁路运单。通过铁路对中国港澳地区运输的货物，由于国内铁路运单不能作为对外结汇的凭证，故使用承运货物收据这种特定性质和格式的单据。

国际铁路运单是由铁路承运人签发的证明托运人、收货人与铁路承运人之间合约的凭证。铁路运单一式两份，正本随货物到达目的地，副本交托运人向银行办理结算，它同航空运单一样不是物权凭证，一律作记名抬头，不得转让。货物到达目的地后，承运人就通知该指定人提货。

（三）快递和邮包收据

在国际贸易实务中，小件商品可以用包裹通过邮局航邮或快递到国外，由邮局开具邮包（快递）收据。中国与世界上大多数国家有双边邮政协定，中国邮局受理国际包裹邮递业务。

1. 国际邮包收据的性质

邮包收据是邮局承认收到包裹并负责邮至目的地交收货人的证明。邮包收据不是物权凭证，不能凭以提货和背书转让。

2. 专递（快递）运输

专递或快递是比一般航邮更为快捷的运送方式，这种方式按照预先确定的计划赶班发运，传递物件货品的过程衔接得十分紧密，专人接送，安全、准确、迅速。

（四）不可转让的海运单

不可转让海运（Non-negotiable Sea Waybill），是指证明海上货物运输合同和承运人接收货物或者已将货物装船的不可转让的单证。它的正面内容与提单的基本一致，但是印有"不可转让"字样。有的海运单在背面订有承运人责任、义务与免责条款、装货、卸货与交货条款、运费及其他费用条款、留置权条款、共同海损条款、双方有责碰撞条款、首要条款、法律适用条款等内容。

由于海运单不具有转让流通性，在实际业务中可避免单据遗失和伪造提单所产生的后果。收货人提货时无须出示海运单，所以解决了近海货到单未到的问题，也避免了延期提货所产生的滞期费等。

（五）涵盖至少两种不同运输方式的运输单据

《UCP600》把多式联运提单条款改为：涵盖至少两种不同运输方式的运输单据（Transport Document Covering at Least two Different Modes of Transport）。这种运输单据需由承运人、船东、船长或租船人以外人士签发，文字上取消了《UCP500》的多式运输营运人签发的规定。

涵盖至少两种不同运输方式是指必须至少使用两种不同运输方式将货物从一国境内接管货物的地点运至另一国境内指定地点交货的运输方式。这种运输方式可以是陆海、陆空、海空等组成。涵盖至少两种不同运输方式的运输单据可以表明货物将要或可能被转运，只要全程上同一运输单据涵盖。这类运输单据的作用与海运提单相似，既是货物收据，也是运输合同的证明。

第四节　保险单据

出口货物在长途运输和装卸过程中，有可能会因自然灾害、意外事故或其他外来因素而导致受损。为了保障收货人在货物受损后获得经济补偿，一般在货物出运前，货主都向保险公司办理有关投保事宜。按 FOB 或 CFR 术语成交的出口货物，卖方无办理投保的义务，但卖方在履行交货之前，货物自仓库到装船这一段时间内，仍承担货物可能遭受意外损失的风险，需要自行安排这段时间内的保险事宜；按 CIF 或 CIP 等术语成交的出口货物，卖方负有办理保险的责任，一般应在货物从装运仓库运往码头或车站之前办妥投保手续。

一、保险单据的含义和作用

保险单据（Insurance Bill of Documents），是保险人承保后向被保险人开具的证明保险合同的单据，是出现有关风险后对保险人进行索赔的依据。

保险单据就是保险人与被保险人之间所签的保险合同的证明。如果货物真的发生了损失，被保险人可凭保险单据向保险人索赔。因此，保险单据也是索赔的证明，是一种权利的凭证，即被保险人有权在受损后要求给予赔偿。但赔偿又不是必然发生，只是偶然的，所以保险同时又是一种潜在的利益凭证。

二、保险单据的当事人

（一）保险人

保险人（Insurer or Assured），是与被保险人签约的一方，有取得保费的权利，也有赔偿损失的义务。国际上作为保险人的或与保险人有关的行为主体主要有：保险公司和保险商（Underwriter）。前者一般是指经国家有关部门批准专门经营保险业务的组织，是法人，以股份有限公司为最常见的形式；后者是以个人身份来经营保险业务的。

（二）被保险人

被保险人（Insured of Assured），即受保险合同保障的人，他有权按保险合同向保险人取得赔偿，一般都是进出口商。被保险人在满足以下两个条件时，方有资格取得赔偿：第一个条件是有保险利益。在索赔时，只有证明自己拥有保险利益才能取得赔偿，即证明货物的损失对自己确实造成了损失。在货物运输保险业务中，持有提单就是有保险利益的证明。第二个条件是持有善意。被保险人要如实介绍货物、运输工具、运输路线等情况，以利于保险人做准确的判断，并且还必须保证货物还未出险，至少在投保时不知道货物已出险。因为保险人并不调查事实，如果被保险人没有达到这样"善意"的标准，保险人在货物出险时有权拒绝赔偿。

（三）保险代理人

保险代理人（Insurance Agent），是保险人的代表，根据授权代表保险人承接保险业务。有时，一些业务保险公司无法完成，便请海外的机构代理。如检验货物、批改保险单甚至理赔等。

（四）保险经纪人

保险经纪人（Insurance Broker），是在保险人和被保险人之间联系业务的中间人，替保险公司招揽业务。由于它只是被保险人的代理人，不保证保险人的偿付能力，因此《UCP 600》规定，对于保险经纪人签发的暂保单，银行不予受理。

（五）投保人

投保人（Applicant），是指对保险标的具有保险利益，同保险人订立保险合同的当事人。

（六）受益人

受益人（Beneficiary），是指保险合同中约定的保险事故发生时，享有保险金额请求权的人。在国际货物运输保险中，投保人、被保险人和受益人界限不太容易划分。一般情况下，投保人就是被保险人，订立合同时是投保人，合同成立后即成为被保险人，通常不指定受益人。

三、海运保险单据的使用对象与范围

海运保险是诞生最早的保险业务，它随着国际贸易的需要和发展而发展。当代海运保险单据的使用对象与范围包括以下几个方面的内容：

（一）海运保险中可能涉及的风险

海运风险主要包括海上风险（Perils of Sea）和外来风险（Extraneous Risks）两大类风险。

海上风险也称为海难，包括在海上发生的自然灾害和意外事故对运输货物可能造成的损害。其中，自然灾害是指由非常规的自然界力量所造成的灾害，如恶劣气候、海啸、雷电、海上风暴、地震和洪水等灾害；而意外事故指运输工具遭受非意料之中的事故损害，如搁浅、触礁、碰撞、沉没等事故。

外来风险则是指由上述自然灾害和意外事故以外的一般或特殊外来原因可能引起的货物损失。其中，一般外来原因包括偷窃、钩损、雨淋、串味等，以及特殊外来原因包括战争、罢工、暴动等造成的损失风险。

（二）海运保险中可能的损失范围

海损（Average），是海上货物运输保险中保险人承保的可能的损失。由于海运中情况复杂、形式多样，各种风险带来的货物损坏和灭失也颇不同。自然地，保险公司（承保人）承担的赔偿责任也就不会一样。一般来说，依据损失程度的不同，海损可分为全部损失和部分损失。

1. 全部损失

全部损失（Total Loss），简称全损，是指海洋运输中整批货物（即保险标的物）遭到全部毁损或者等同于全部损失，即货物已失去原有性质、形态、功能和使用价值。全损又包括实际全损、推定全损和部分全损三种情况。

（1）实际全损（Actual Total Loss），是指保险标的物全部灭失，或已失去原来用途。如货物全部沉入海底，失火后货物被烧光，雨淋后货物发霉变质等。

（2）推定全损（Constructive Total Loss），是指货物虽未达到全部损失的程度，但是要把它恢复到原有形态和用途，所需费用将超过货物原来的价值。

（3）部分全损（Partial Total Loss），是指保险标的物中可分割的某一部分发生的全损。比如，在同类货物中整件货物的灭失或在卸货的过程中主体或一批货物损失。

2. 部分损失

部分损失（Partial Loss），是指货物未到达全损的程度，只受到一部分损失。按货物损失的性质不同，部分损失海损又可分为共同海损和单独海损两种情况。

（1）共同海损（General Average），指载货船只在海上出现意外风险或事故，船长为了人、船、货的安全使之最后能达到目的港，减轻货载，当机立断地把部分货物抛往大海，这一部分弃于海洋的货物当然不应由被弃货物的货主单独承担经济损失。

（2）单独海损（Particular Average），是由于承保范围内的灾害和事故使货物遭受损失，不是全部的损失，也不能共同分摊，即由货方单独承担的部分损失。在单独海损中，仅包括保险标的的损失，而不包括与此有关的任何费用。

四、海运保险的险种

海运保险的险种是保险合同中确定保险人和被保险人权利和义务的条款，也是保险人保险责任大小和收取保费多少的依据。根据以上损失原因和损失类型，海运承担的险别可以分为基本险和附加险两大类。其中基本险是主要险种，附加险则是投保人在投保基本险的基础上，可任意选择附加投保的险种。

（一）基本险

基本险（Chief Risk），是保险人对承保标的（货物）所承担的最基本的保险责任，是投保人必须投保且可以单独投保的险种。按其承保范围由小到大一般可分为平安险、水渍险和一切险三种。

1. 平安险（Free from Particular Average，FPA）

目前的平安险的一般责任范围包括：保险人应对海上风险造成的全损或共同海损负责，还须对意外事故造成的单独海损及货物装卸时的部分损失负责，但对外来原因造成的损失不负责。

2. 水渍险（With Particular Average，WPA or WA）

水渍险的责任范围是在平安险的保险责任范围基础之上再加上由自然灾害造成的单独海损。该险种有免赔条款（Franchise），即只有在货物损失超过规定的百分比时，承保人才予赔偿。例如，糖、烟叶、麻、皮革、毛皮等，免赔率是5%，其他货物是3%；对易受损的商品如鱼类、水果、盐、种子、谷物等则不予赔偿。免赔率有绝对免赔率和相对免赔率之分，绝对免赔率是保险人只赔超过免赔的部分；相对免赔率是按实际损失赔偿，但损失率低于免赔率时，不予赔偿。如保险人有要求，承保人也可不计免赔率，但需要多付保费。

3. 一切险（All Risks，AR）

一切险责任范围是在承保水渍险的各项责任基础上，保险人还负责赔偿货物在运输途中由于一般外来原因所造成的全部或部分损失。

（二）附加险

附加险（Additional Risks），是一种不能单独成立的险种，必须附属在基本险上，因此只有在投保了基本险后才能加附加险。基本险只能选一种，附加险则可根据货方的需要任意选择投保。附加险分为一般附加险和特别附加险两种，前者是承保一般外来原因造成的损失，后者是承保特殊外来原因所造成的损失。

1. 一般附加险

一般附加险包括：偷窃提货不着险（Risk of Theft, Pilferage and Nondelivery, TPN）；淡水雨淋险（Risk of Fresh Water and Rain Damage, FWRD）；短量险（Risk of Shortage）；混杂、沾污险（Risk of Intermixture and Contamination）；渗漏险（Risk of Leakage）；碰撞破碎险（Risk of Clash and Breakage）；串味险（Risk of Odor）；受潮受热险（Risk of Sweating and Heating）；钩损险（Risk of Hook Damage）；包装破裂险（Breakage of Packing Risk）；锈损险（Risk of Rust）。

2. 特殊附加险（Special Additional Risks）

特殊附加险包括：战争险（War Risk, WR）；罢工暴动民变险（Risk of Strikes, Riots and Civil Commotions, SRCC）；交货不着险（Risk of Failure to Delivery）；舱面险（Risk of Deck）；黄曲霉素险（Aflatoxin Risk）；拒收险（Rejection Risk）；进口关税险（Risk of Import Duty）；海关检查险（Risk of Survey Customs）；码头检验险（Risk of Survey at Jetty）；存仓火险责任扩展条款等。

3. 保险人免责条款

保险人免责条款主要包括如下五点内容：

（1）被保险人的故意行为或过失所造成的损失。

（2）在保险责任开始前，被保险货物已存在的品质不良或数量短差。

（3）被保险货物的自然损耗、市价跌落、运输迟延所引起的损失或费用。

（4）属于发货人责任引起的损失。

（5）战争与罢工暴动民变险中的除外责任。

4. 保险人的责任期限

各种运输保险条款均载有责任起始时间，以明确保险有效期限，一般都使用仓至仓条款，即自发货人在保险单据上注明装运地开始的仓库至目的地收货人的仓库为止。或者是海运、陆运，自运输工具卸下后不超过 60 天；空运最多不超过 30 天。如投保人要求，也可延长期限。

五、保险单据的种类

（一）保险单

保险单（Insurance Policy），俗称为"大保单"。一般由保险人根据投保人的投保申请而逐笔签发的。它是一种正规的保险合同，承保在保单中所指定的经由指定船舶承运的货物在运输途中的风险。保单除载明被保险人（投保人）的名称、发票号码（唛头）、数量或重量、被保险货物（标的）、保险金额、运输工具、保险的起讫地点、承保险别、检验理赔代理人、赔偿地点、出单日期等基本项目外，还在其背面列明了保险条款等。

货运险保险单可由被保险人背书随物权的转移而转让，货物安全抵达目的地或保险单规定的地点后，保险单的效力即告终止。进出口货运险保险单一般由三份正本和两份副本组成，也可根据投保人的要求增设正本或副本保单的份数。

保险单是海上保险单据中最有代表性、承保形式最完整的一种。

（二）保险证明书

保险证明书（Insurance Certificate），俗称为"小保单"，它是一种简化了的保险单，同正式保险单具有同样的效力。保险证明书的正面依然载明了保险的基本项目，但背面未列保险条款，仅声明："兹依照本公司正式运输险保险单内所载全部条款及本承保凭证所订立条款，承保下列货物保险，如保险单之条款与本凭证所订条款有抵触时，应以本凭证所订条款为准。"（We have this day noted a risk as hereunder mentioned subject to all clauses and conditions of the Company printed form of policy and to the terms outlined herein. which latter shall override the policy terms in so far as they may be inconsistent there with.）

（三）预约保险单和保险声明书

预约保险单（Open Policy/Open Cover），是一种定期统保契约，也称为预保合同或预保协议。它是保险人与被保险人事先约定在一定时期内对指定范围内的货物进行统一承保的协议，这种形式适用于经常有大批货物出运的投保人。

预约保险单应对保险公司承保的标的、期限、预计承保金额、每一危险单位的责任限额、承保的航运路线等作出明确规定，被保险人如有超出此规定的货物需要运输，必须另行申请投保。

被保险人在拥有预约保险单后，每批货物一经装运，就要将该批货物的名称、数量、保险金额、船名、航线等内容以保险声明书（Insurance Declaration）的形式及时通知保险人。

（四）联合凭证

联合凭证（Combined Certificate），也称"联合发票"，是一种发票和保险单相结合且较上述保险凭证更为简化的保险单据，但与正式保险单具有同等的效力。

此凭证只有我国采用，也仅适用于对港、澳地区中资银行的信用证项下的出口业务，且不能转让。

（五）批单

上述各种保险单据签发生效后，若保险合同内容需要变动，被保险人应向保险公司申请批改，由其出具批单（Endorsement），对原保险单的内容进行补充或变更。批单是原保险单据的组成部分，它与上述保险单据具有同样的法律效力，如原保险单据的内容与之有不相符之处，则以批单的内容为准。因此，批改的内容如果涉及增加保险金额或扩大保险责任，必须是在被保险人不知有任何损失事故发生的情况下，在货物到达目的地或在货物发生损失以前申请办理批改手续。

六、保险单据的内容

保险单或保险证书很少被跟单信用证要求。装运条款是 CIF 时，信用证规定要求保险单据的类型，并且详细规定保险能有效防范的风险。被提示的单据必须是信用证中规定的，如果要求保险单，那保险证书不被接受。保险单据应该以一种与其他单据不矛盾的方式描述货物，具体内容如下：

（1）被保险人。

（2）发票号码。

（3）标记。

（4）包装及数量。

（5）保险物资项目。

（6）保险金额：应为发票金额加上投保加成后的金额，并注明币制，币制应与信用证规定相符，或与发票相符，一般按出票价值的 10% 填制。

（7）总保险金额（大写）：小写保险金额的英文翻译，后边也要加上"ONLY"字样。

（8）装卸运输工具：要与运输单据一致。

（9）开行日期及起讫地点。

（10）承保险别：实务中承保险别有两种：一种是《中国人民保险公司海洋运输货

物保险条款》，其承保的基本险包括平安险、水渍险和一切险；另一种是《伦敦保险协会货物保险条款》，承保的险别有6种，其中主要的是 ICC（A）、ICC（B）、ICC（C），协会附加险一般情况下可以单独投保。

（11）赔款偿付地点。

（12）保险勘查代理人。

（13）签发日期：根据《UCP600》规定，签发日期须早于运输单据，才能证明是在装运前办理的投保。

（14）保险公司签章。

思考题：

1. 提单的含义与作用是什么？银行通常情况下接受什么样的提单？

2. 与海运提单相比，铁路运单、航空运单、邮包收据各有什么特点？

3. 海上保障的损失有哪些？

4. 保险单可分为几种？

5. 什么情况下银行才认为运输单据上所包括的"clean on board"的条件已经满足？

练习题：

一、选择题

1. 基本单据主要包括运输单据、保险单据和(　　)。

A. 商业发票 　　　　 B. 形式发票 　　　　 C. 海关发票 　　　　 D. 领事发票

2. (　　)不是单据的制作必须遵循的三原则之一。

A. 单证一致 　　　　 B. 单单一致 　　　　 C. 单货一致 　　　　 D. 货证一致

3. 发票的抬头人一般指(　　)。

A. 买方 　　　　 B. 卖方 　　　　 C. 银行 　　　　 D. 船公司

4. 商业发票可以代替(　　)作为付款的依据。

A. 信用证 　　　　 B. 托收 　　　　 C. 汇票 　　　　 D. 出口保险

5. 海运提单的作用不包括(　　)。

A. 物权证书 　　　　 B. 运输契约 　　　　 C. 收货证明 　　　　 D. 付款凭证

二、案例分析题

1. 我方凭即期不可撤销信用证出口电动机一批，合同规定的装运期为 2001 年 8 月。签约后，对方及时开来信用证，我方则根据信用证的要求按时将货物装运出口。但在制作单据时，制单员将商业发票上的商品名称依信用证的规定缮制为"MACH INERY AND MILL WORKS，MOTORS"，而海运提单上仅填该商品的统称"MOTORS"。问：付款行可否以此为由拒付货款？为什么？

2. 我国某外贸公司以 CIF 术语 L/C 支付方式向韩国 B 公司出口一批货物，我方按合同规定按时、按质、按量交货。随后我方将商业发票、提单、保险单和品质、数量证明书等单据通过中国银行提交韩国开证行要求付款。此时，正值货价下跌，开证行又发现我方提交的单据上货物名称使用了货物简称，因而拒绝支付货款。我方认为货物已按合同规定装运，检验证书所证明交货品质、数量与 L/C 规定一致，坚持要求付款。问：开证行是否有权拒付货款？为什么？

3. 中国某外贸公司向某国出口大豆 10000 吨，合同规定投保一切险，加保战争险和罢工险。货物运抵目的地后，恰逢港口工人罢工，随后又同警察之间发生冲突，这批大豆被当成掩体，损失惨重。问：保险公司对该损失是否负责赔偿？为什么？

4. 信用证要求空运货物给开证申请人，一家银行议付了汇票，但是当单据寄往开证行后，经其审核，认为单证不符，遭开证行拒付。这时申请人提走了货物，将未付款的单据留在了开证行。试分析受益人在此案中应接受的教训。

推荐报刊和网络：

1. 《国际结算与贸易融资》电子期刊
2. 汇通天下国际结算网 http：//www. sinobankers. com
3. 小叶手记——国际结算网 http：//intl. 51. net/phparticle/index. php

第十章　国际非贸易结算

【学习目的】

通过本章的学习，要求学生对非贸易结算内容有全面的了解，了解侨汇和外币兑换业务，了解旅行支票和旅行信用证，熟悉信用卡使用方法及几种主要的国际信用卡，掌握国际非贸易结算的各种方式。

【案例导入】

万事达卡国际组织于 20 世纪 50 年代末至 60 年代初期创立了一种国际通行的信用卡体系，旋即风行世界。1966 年，其组成了一个银行卡协会（Interbank Card Association）的组织，1969 年银行卡协会购下了 Master Charge 的专利权，统一了各发卡行的信用卡名称和式样设计。随后十年，将 Master Charge 改名为 Master Card。万事达卡国际组织是一个包罗世界各地财经机构的非营利协会组织，其会员包括商业银行、储蓄与贷款协会，以及信贷合作社。其基本目标始终不渝：沟通国内及国外会员之间的银行卡资料交流，并方便发行机构不论规模大小，也可进军银行卡及旅行支票市场，谋求发展。

万事达卡是银行信用卡的一种，而信用卡是非贸易结算的一部分。非贸易结算是国际结算业务的重要组成部分。随着我国对外经济交往的增加，特别是加入世界贸易组织以后，服务业的对外全面开放，无形贸易日渐增多，相应的非贸易结算在我国国际结算业务中越来越重要，增长速度也快于贸易结算。本章主要介绍非贸易结算中的信用卡、旅行支票、外汇兑换和侨汇等主要内容。

第一节　非贸易外汇收支项目

非贸易结算，从广义来说，是指贸易结算业务以外的一切对外结算。通常，我们也把非贸易结算称为无形贸易引起的国际间债券债务关系的清算业务。这里所指的无形贸易主要是指运输、保险、金融、文化交流等其他劳务或服务项目，而我们通常所见的商品进出口则是有形贸易形式。随着我国经济改革的发展，交通运输和金融业的深化发展，对外文化交流的增加，我国国际交往的扩大，非贸易结算在整个国际收支中的地位越来越重要了。

一、非贸易外汇收支项目

在我国非贸易结算中，通常包括以下几大类业务：

1. 个人汇款

华侨、港澳同胞、外籍华人、外国人汇入、携带或邮寄入境的外币票据；国内私人汇出的汇款。

2. 国际运输收支

包括我国铁路、民航、国际海运客货运的收入与支出。

3. 保险费收支

我国保险公司进行国际经营的外汇收入，包括保费、分保费、佣金；保险公司港澳分支机构上缴利润和经费；我国向国外支付的分保费、保险佣金和保险赔款。

4. 邮电费收支

主要是指我国邮电部门和国外邮电部门之间结算的应收外汇收入和应付外汇支出。

5. 银行收支

我国银行经营外汇业务的收入，包括手续费、邮电费、利息，海外和我国港澳地区分支机构上缴的利润和经费等；我国银行外汇支出，主要包括国内银行委托国外业务应支付的手续费、邮电费和海外借款的应付利息。

6. 图书、电影、邮票等的收支

中国图书进出口总公司、影片公司和集邮公司进出口图书、影片、邮票的外汇收支。

7. 外轮代理和服务收入

外国轮船在我国港口所支付的一切外汇费用收入；我国外轮供应公司对远洋货轮、外国轮船及其海员供应和提供服务的外汇收入；国外海员在港口银行兑换外币、外钞的收入。

8. 旅游外汇收入

我国各类旅行社和其他旅游经营服务部门服务业务收入的外汇。

9. 机关、企业、团体等的经费收支

主要指我国的使领馆等机关、团体汇出的经费和外国驻我国使领馆等团体汇入我国的经费；我国驻外企业或与外国合资企业汇入我国的利润；外资企业或合资企业的外方汇出我国的利润。

10. 外币兑换收入

我国边境和内地银行收兑入境旅客的外币、现钞、旅行支票、旅行信用证和汇票等汇兑收入。

二、人民币经常项目的可兑换

国际货币基金组织协定第八条要求其成员国不得限制国际经常性外来的支付和资金转移，不得实行歧视性货币政策措施，或多种汇率制，对其他成员国从经常性交易中所取得的本国货币，如该国提出申请，应予兑换。

经常项目外汇收支包括：

（1）所有相关对外贸易收支，其他经常性业务、正常短期银行信贷业务的支付。

（2）贷款利息和其他投资净收入的支付。

（3）数额不大的偿还贷款本金或摊提直接投资折旧的支付。

（4）数额不大的赡家汇款。

第一步，实现人民币经常项目的有条件的可兑换。我国从 1994 年 4 月 1 日起实行。

（1）汇率并轨。

（2）建立统一的银行间外汇市场。

（3）实行浮动汇率制。

（4）取消指定性计划和外汇留成制度。

（5）对中资企业经常性外汇实行银行结汇和售汇制度，即中资企业可以直接凭有效商业单据和凭证到外汇指定银行购买外汇。

第二步，经常项目扩大有条件的可兑换。我国从 1996 年 7 月 1 日起实行。

（1）对外商投资企业实行银行结、售汇制度，取消对其的限制。

（2）提高个人因私用汇的供汇标准，扩大供汇范围，对超标准和超范围的用汇经外汇管理局审核其真实性后予以供汇。

（3）取消其他非贸易方面的汇兑限制。

（4）对现行外汇管理法规进行清理和修订。

第三步，实现人民币经常项目可兑换。1997 年 1 月 14 日修改公布的《中华人民共和国外汇管理条例》。

（1）增加一条作为第五条：国家对经常性国际支付和转移不予限制。

（2）原第十三条第一款作为第十四条第一款，修改为：个人因私用汇，在规定限额以内购汇。超过规定限额的个人因私用汇，应当向外汇管理机关提出申请，外汇管理机关认为其申请属实的，可以购汇。

（3）增加一条作为第十五条：个人移居境外后，其境内资产产生的收益，可以持规定的证明材料和有效凭证向外汇指定银行购汇汇出或者携带出境。

（4）原第十五条和第十八条合并，作为第十七条，修改为：驻华机构和来华人员的合法人民币收入，需要汇出境外的，须持有关证明材料和凭证到外汇指定银行兑付。

1996 年 12 月 1 日我国正式宣布实现人民币经常项目可兑换，提前实现了我国曾经向国际货币基金组织承诺 2000 年实现人民币经常项目可兑换的目标。

第二节　侨汇和外币兑换业务

一、侨汇

侨汇（Overseas Remittance）是华侨汇款的简称，指我国在国外的华侨、外籍华人及港澳台同胞给国内（境内）居民的汇款。它属于个人汇款项目下。

侨汇根据不同的划分标准，可以分为以下几种形式：

1. 根据侨汇使用的货币，可分为原币汇款和人民币汇款

原币汇款是指汇款人以原来的外币汇入境内的汇款，解付时按原来外币支付。人民币汇款是指汇款人以人民币汇入境内的汇款，国内解付行解付相应的人民币后，按当日牌价折算成某种可自由兑换的外币向汇出行算收。

2. 根据侨汇的汇款时间，可分为不定期汇款和约期汇款

不定期汇款是指汇款人不定期地汇入国内的汇款。约期汇款则是指汇款人为赡养在国内的亲属，与汇出行约定，在一定时期汇给国内亲属一定金额的汇款。约期汇款只能在约定日期解付。

二、侨汇政策

我国政府在各个时期都制定了一系列相关的侨汇政策。侨汇是侨务工作的重要内容，受国家侨务方针政策的指导。长期以来，我国实行"便利侨汇、服务侨汇"的政策，充分体现了对于侨汇工作的重视和关怀。

侨汇是侨眷、归侨的合法收入，永远归个人所有，并由收汇者支配使用，其所有权和使用权应该得到保护。任何个人或团体不得向侨眷强迫借贷，不得积压侨汇，不得以任何借口变相侵犯侨汇。

为了进一步调动侨胞、侨眷的积极性，国家采取了各种具体措施。例如，在侨胞、侨眷自愿原则下，鼓励他们把侨汇投入生产，修建房屋，兴办公益事业，开发各种经济项目等。

三、侨汇的解付

为了保障安全收汇，侨汇解付工作必须坚持下面三个原则：

（1）保护侨汇，优惠侨汇。

（2）谁款谁收，存款自愿、取款自由。

（3）解付侨汇，付给现金，不得以任何方式强迫侨眷、归侨存款。

解付侨汇应该做到：

（1）随到随解，不得积压。

（2）安全、迅速、便利。

（3）保送、保密，防止错、乱、压、慢。

侨汇解付，包括侨汇汇款的解付、收条的处理、查询和退汇等内容。

（一）汇款的解付

侨汇汇款包括电汇、信汇、票汇和约期付款四种形式，每种汇款方式其解付手续也各不相同。

1. 电汇

电汇是国外或港澳银行以电报方式汇入的汇款。这种汇款多为紧急使用款项，应从速解付。电汇的汇入途径主要是两种：一是国外或港澳银行直接发至解付行的电汇，解付行应在译电核押、填妥收条后尽快解付。二是国内联行发电转委的电汇，其电报顶端注有"侨转"字样。由解付行审核无误后，填制一套电汇收条，办理解付手续，解讫后，连同正副收条，划清算行。

2. 信汇

信汇是国外或港澳银行制妥一整套包括信汇总清单、信汇委托书、正副收条、汇款证明书及信汇通知书等套写格式，邮寄给解付行的侨汇。解付行核对总清单后，逐笔抽出信汇委托书，办理解付或转汇手续。

3. 票汇

票汇是海外华侨、港澳同胞向国外或港澳银行购买汇票，自带或邮寄给他们的亲属，持票向国内指定的解付行兑付的汇款。解付行将汇票的出票行签字、汇票通知书上的签字和签字样本核对相符之后办理解付。汇票上若有收款人姓名，应由收款人背书，并查验收款人提供的证件。

4. 约期付款

约期付款是华侨和港澳同胞与汇出银行约定，在一定时期汇给国内侨眷一定金额的汇款。由汇出行寄出凭证，通知解付行，按日期填制汇款收条解付给收款人。

此外，原币汇款解付时应按外汇买入价折算成人民币付给，人民币汇款则以人民币支付。

（二）侨汇收条的处理

电汇和信汇两种汇款方式的全套汇款收条包括正收条、副收条、汇款证明书和汇款通知书，共一式四联。正收条（Original Receipt）在解讫侨汇后及时寄还汇出行，等候汇款人领取，结清手续。正收条有收款人签章、现金付讫章和解付日期章。通常，华侨比较重视正收条，有"见条如见亲人"之说，所以解付行应从速寄还，通常在解付后的第二个工作日寄出。副收条（Duplicate Receipt）是解付侨汇后银行留存的主要凭证。副收条应有收款人签章、现金付讫章和解付日期章，并作收款人证件号码的详细记录，如个别汇款须加盖公章，而且要盖在副收条上，以备核查。汇款证明书是在解付侨汇时，交给付款人持有的一联，凭以查对收款金额。汇款通知书上记录有收款人的详细地址，以便通知收款人。它是解付侨汇的依据。

（三）侨汇的查询和退汇

汇入行委托银行或其他金融机构代解侨汇，如在一定期限内未得回条，应向解付行发出查询催解通知。若在该通知发出后的一定期限内仍未见回条应继续催解，直到解讫为止。

解付行在接到汇出行寄来的汇款总清单和附件后，若发现收款人姓名、地址不清，或清单与附件的汇款总数、金额不相符，或核对银行签章不符，应立即向汇出行查询。

侨汇一经汇入，一般不予退回，但属于下列几种情况可以办理退汇：

（1）汇款人主动要求退汇。如果汇出行同意汇款人的要求，则由汇款人填写退汇申请书，由汇出行用函或电报等将退汇申请书通知解付行。在此款未解付的情况下，可以办理退汇。

（2）收款人姓名、地址不详，经多方调查仍无法解付者，或收款人死亡且无合法继承人代收款时，经与汇出行联系，可以办理退汇。

（3）收款人拒收，主动要求退汇。经与汇出行联系，可以办理退汇。

四、外币兑换业务

外币兑换业务（Exchange of Foreign Bank Notes），是经营外汇业务银行的经常性业务，也是国家非贸易外汇收支项目之一。我国外汇管理规定，所有汇入的外币、携带入境的外币票据，除另有规定外，都必须结售或存入经营外汇业务的银行。所有对个人或单位批准供给的外汇，都应该按外汇牌价到指定外汇银行兑换成外汇。外宾、华侨在出境时有未用完的人民币，应该凭外国护照或身份证和原外币兑换水单到指定的外汇银行兑换成外币，才能携带出境。

外币兑换，从广义上来说包括外币现钞的兑换、收兑旅行支票、旅行信用证、信用卡及买入票据等项业务。从狭义上来说则仅限于外币现钞的兑出和兑入业务。在这里，我们仅指狭义的外币兑换。

目前，我国挂牌收兑的外币现钞有20种，包括美元、英镑、德国马克、法国法郎、港币、日元、新加坡元、荷兰盾、瑞典克朗、挪威克朗、丹麦克朗、奥地利先令、比利时法郎、瑞士法郎、芬兰马克、澳门元、马来西亚林吉特、菲律宾比索、泰国铢、欧元；对中国台湾地区发行的新台币，按内部牌价收兑。每一种货币都有纸币和铸币，每种货币又有许多面额和版式。有些货币伪钞较多，有些货币已属停止流通的废币，所以收兑外钞时，必须仔细鉴别，防止收兑伪钞和废币。

外币兑换业务的兑入外币，是指银行按照当天牌价兑付"人民币外汇汇率表"中所列的各种外币。兑入外币时必须审定币别，识别真伪，鉴定流通情况，符合条件才能办理收兑。对于伪钞应予以没收；对于难以确定真伪的外币，不予收兑，但可以办理托收；对废币，如仍具有法定价值，则可无限期地向发行银行兑换，在征得客户同意后可办理托收。

兑入外币的折算方法为：

现钞：现钞现金×现钞买入价＝应付人民币金额

现汇：现汇金额×现汇买入价＝应付人民币金额

外币兑换业务的兑出外币，通常有三种情况：①境内居民因私兑换外汇。②境外人员出境时的退汇。③对出国团组的供汇。兑出外币业务目前主要由国家外汇管理局批准的中外资银行办理。

目前的兑出外币业务，主要是境内居民的因私兑换外汇。因私用汇的范围包括：①出境探亲、会亲、定居、旅行、自费留学、朝觐的用汇。②自费出境参加国际学术会议、做学术报告、被聘任教等，对方不提供旅途零用费的用汇。③缴纳国际学术团体组织会员费的用汇。④从境外邮购少量药品、医疗器具等特殊用汇。⑤出境定居后，因生病或其他事故的用汇。⑥出境定居后，需将离休退休金、离职金、退职金、抚恤金汇出境外的用汇。⑦出境定居后，无工资收入的境内居民需兑换外汇的用汇。⑧未满14周岁儿童出国定居的用汇。

境内居民申请兑换外汇时必须向银行提交相关证明文件，如工作单位证明文件、前往国家有效入境签证的护照和出境证明、学校录取通知书、迁往国家居住证、省级宗教事务管理局文件等。境内居民因私兑换外汇，可到户口所在地或异地的经国家外汇管理局批准的中、外资银行办理购汇，不需缴纳任何手续费，只需按当天的外汇牌价兑换即可。

兑换外币的折算方法为：

人民币金额/现汇卖出价＝外币金额

或

外币金额×现汇卖出价＝人民币金额

第三节 旅行支票和旅行信用证

一、旅行支票

旅行支票是银行或旅行公司为了方便旅游者在旅行期间安全携带和使用而发行的一种未指明付款人和付款地点的定额票据，由旅行者购买，用于支付旅途费用。

旅行支票具有以下特点：

1. 旅行支票在票面中间印有"旅行支票字样"（TRAVELLER'S CHEQUE）

2. 旅行支票票面金额固定，但有不同的币种和不同的面值，方便旅行者选择

一般的旅行支票每种币种都会有3种以上的币值，如美元支票有20、50、100、500、1000等几种固定面额，英镑支票有10、20、50、100、200等几种面额，德国马

克支票有 50、100、200、500 等几种面额。它既可供零星支付，也可用于大额支付。旅行者可以在不指定的地点或银行付款，汇款人和收款人同为旅行者一人。

3. 流通期限长

一般的旅行支票都不会规定流通期限，可以长期使用。邮递旅行支票虽然规定流通期限为 1 年，但到期未用完的旅行支票可以退还给发行机构并退还余款，或换成新的旅行支票重新流通使用。

4. 安全性高

旅行者在购买旅行支票时，需在旅行支票初签位置亲笔逐一签字，作为预留印鉴，使用时应在旅行支票的复签位置亲笔签字，兑付行必须核对初签与复签的笔迹是否相符，两者笔迹相符才可以付款。这样可以有效地防止假冒，比携带现金安全。

5. 挂失补偿

国外发行旅行支票的银行都有挂失补偿规定。旅行支票如果遗失或被盗，均可提出挂失。只要挂失符合发行银行的相关规定，挂失者就可以办理退款手续或补发新的旅行支票。

银行或旅行社发行旅行支票既可以收取大量手续费，又可以无息占有巨额资金，因此，世界许多银行和旅行社都愿意发行旅行支票。

旅行支票是由发行机构签发和付款，由旅行支票购买者会签的一种票据凭证，属于有价证券的形式，因此兑付旅行支票应遵循一定的程序：

（1）兑付旅行支票时，首先要谨慎认真地辨别旅行支票的真假，如遇有疑问，应征得客户同意后通过银行办理托收；若发现假票，立即扣留。

（2）兑付机构应逐一核查旅行支票的币别、金额、支付范围、有效期等。

（3）请客户出示护照并在旅行支票上当面复签，核对签字无误后即可兑付；如果发现客户的签字走样，可请其在旅行支票的背面再签一次。兑付机构在核对签字时，应注意核对下面的内容：①原签名是否被擦掉或用较粗的签名覆盖。②复签的斜向是否和原签相符合。③复签时是否有姓名拼写错误。

（4）对已复签的旅行支票，可要求持票人在旅行支票的背面当面再复签一次，相符后方可兑付。若复签字样与原签有差异，一时难以确认是否与原签相符时，可要求持票人提示护照，再核对护照上的签字，并将护照号码摘抄在其支票背面和银行兑换水单上。对空白和转让的旅行支票一般不予兑付，只能办理托收。

（5）缮制兑换传票，抬头栏上姓名要按照护照上的全名写清楚，并注明护照号码。

（6）支取方式。①外币取现。若客户要求提取与所持旅行支票币别相同的外币现金，应扣除票面金额的 7.5‰，剩余金额为所付外币现金。这是因为旅行支票兑付时往往由银行先行垫付资金，兑付的支票必须寄到国外银行托收，待收妥后才能得到外汇偿付，所以银行通常会预先扣除这一段时间的利息，称为贴息。若客户要求提取与所持旅行支票币别不同的外币现金，在扣除票面金额的 7.5‰后，按当时外汇买入现汇价与卖出外汇现钞价的比率折算，计实金额为所付外币现金。②外币转账。若客户所持旅行支票币别与要求转存的账户币别相同时，在扣除旅行支票票面金额的 7.5‰后，剩余金额即为转入客户开立在兑付行的外币账户。若客户所持旅行支票币别与要求转存的账户币别不同时，在扣除旅行支票票面金额的7.5‰后，按当日外汇买入现汇价与外汇卖出现汇价的比率折算，计实金额存入其外币账户。③汇出国外汇款。若客户汇出国外汇款是旅行支票原币时，在扣除旅行支票票面金额的7.5‰后，可直接办理汇款业务，汇款中的手续费、邮电费、电报费等计实收取。若客户汇出国外汇款与旅行支票币别不相同时，在扣除旅行支票票面金额的7.5‰后，按当日外汇买入现汇价与外汇卖出现汇价的比率折算后，方可办理汇款业务，汇款中的手续费、邮电费、电报费等计实收取。④人民币取现。在扣除旅行支票票面金额的7.5‰后，按当日外汇买入现汇价折算成人民币。

（7）索偿。兑付后的旅行支票应在票面加盖兑付行名的特别划线章，并在背面做成兑付行的背书，迅速寄给国外发行银行索偿票款，归还兑付行垫款。

二、旅行信用证

旅行信用证（Traveller's Letter of Credit）是为了便利旅客出国旅行消费而开出的一种信用证，它允许旅行者在一定金额和有效期内，在该证指定的分支行或代理行支取款项。这种信用证区别于贸易结算的信用证，因为其申请人和受益人都同为一人，即汇款人和收款人是一个人。

（一）旅行信用证的开立与兑付

开立旅行信用证，应要求受益人当面签名于"印鉴核对卡"上作为预留印鉴，也可规定凭护照上的签名核对，并在信用证上加注护照号码。开出的旅行信用证交给受益人带至国外旅行时，可到指定的分支行或代理行取款，由收款人（受益人）自行决定支取金额。

旅行信用证的开立与贸易结算信用证的开立不同，为了便于国外议付行辨认和凭以议付，一般要求受益人当面在开证行准备的印鉴核对卡上签字，然后把信用证和印鉴核对卡交给受益人，凭以在国外支取信用证金额。如果受益人不愿意签名留下印鉴，则开证行会在信用证上加注"凭护照支取"字样，并注明受益人护照号码。

旅行信用证的受益人到银行取款时，应将旅行信用证正本交议付行审查，议付行应对信用证有关项目逐一核对，尤其是信用证是否过期，本行是否为该信用证指定的议付行等。另外，受益人还应将印鉴核对卡交议付行，并当面签发收据或汇票；议付行在核对信用证有关项目无误，核对收据或汇票上的签字与印鉴卡上的签字相符后，即可付款。若旅行者没有印鉴核对卡，则将收据或汇票上的签字与受益人护照上的签字核对，并在收据或汇票上批注"凭护照××号取款"字样。

受益人在凭旅行信用证支取金额时，应在旅行信用证规定金额之内。议付行在旅行者取款后应将取款日期、金额及本次取款后的余额、行名等背书于信用证后面，加盖经办行章，收取7.5‰的贴息后，将信用证应付外汇折算成等值人民币，与信用证及印鉴核对卡一起交还给受益人。同时，议付行还要将受益人签发的收据或汇票寄交开证行索偿。当信用证最后一次取完时，议付行应将信用证收回，并在信用证上加盖"注销"或"用完"戳记，与受益人签发的收据或汇票一起寄交给开证行索偿。

旅行信用证不附带任何单据，属于光票信用证。但旅行信用证也不同于一般的光票信用证。光票信用证只能在同一家议付行一次或分次取款，而且经申请后可以延长使用；而旅行信用证则可以在多家指定的银行取款，期限较短，不能延期使用，金额用完后即由议付行收回交开证行。

旅行信用证业务流程如图 10-1 所示。

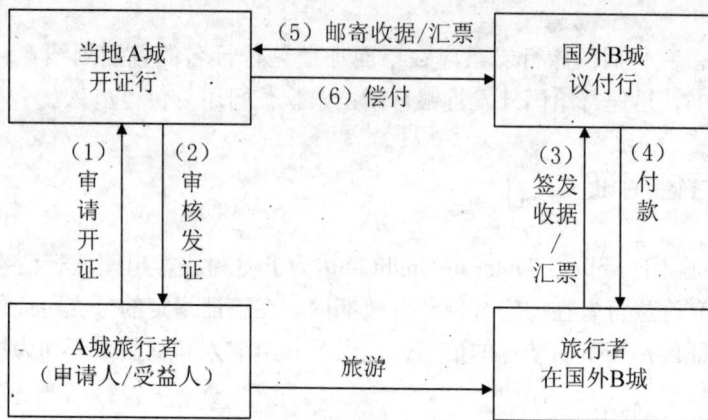

图 10-1 旅行信用证业务流程

图 10-1 说明：

（1）旅行者在当地 A 城银行申请开证，并填写印鉴核对卡。

（2）银行审核后，开立旅行信用证，与印鉴核对卡一并交旅行者。

（3）旅行者在国外 B 城向议付行提交旅行信用证及印鉴核对卡，并当面签发收据或汇票。

（4）议付行审查无误后，付款给旅行者。

（5）议付行向 A 城开证行寄出收据或汇票凭以索偿。

（6）A 城开证行向国外 B 城议付行偿付。

（二）旅行信用证的特点

旅行信用证具有如下特点：

（1）旅行信用证的正本由开证申请人自己携带。

（2）旅行信用证是一种光票信用证，不附带任何单据。

（3）与贸易结算中的信用证的不同之处是，旅行信用证的开证申请人和受益人是同一人，也就是汇款人和收款人是同一人，即均为旅行者本人。

（4）受益人按不超过旅行信用证总金额的限额，可以一次或多次向指定的议付行支款，每次取款后都须在信用证上做记录。

（5）旅行信用证应在其有效期内使用。

（6）旅行信用证都是不可撤销性质的，也没有加、保兑的做法，索偿和偿付手续同信用证一样。旅行信用证项下的支款，金额大小可由持证者决定，但总数不超过信用证金额，支款时由议付行在信用证上批注支取金额。

（三）旅行信用证和汇款、现钞、旅行支票的比较

（1）汇款是汇出行将一定金额款项汇至另外一个地点的汇入行，一次性解付给收款人；而旅行信用证则是开证行保证支付一定金额，可在多家指定的议付行一次或分次支取，其未用完的余额由开证行退给申请人。

（2）现钞如果一旦遗失或被盗，则为损失；而旅行信用证是银行保证支付的信用凭证，只有受益人本人才可领取，他人即使得到也很难冒领。

（3）旅行支票可以转让他人，也可以支付旅行费用或购买商品；旅行信用证只能受益人一人使用，不能转让，并且只能在指定银行取现。旅行支票是定额面值，一次支完；旅行信用证则可以或零或整支取。

总的来说，旅行信用证、汇款、现钞、旅行支票各有优劣。从安全角度来说，汇款大于旅行信用证大于旅行支票大于现钞；从使用灵活程度来说，则是现钞大于旅行支票大于旅行信用证大于汇款。使用者可以根据使用情况具体选择不同的方式。

第四节　信用卡

信用卡（Credit Card）是由银行或信用卡公司向其客户提供小额消费信贷的一种信用凭证。持卡人可凭卡向发卡单位及其附属机构存取款及转账，凭卡在特约商户直接消费。目前，信用卡已经成为世界范围内跨地区、跨国境使用的一种支付凭证。

信用卡最早可以追溯到19世纪末期的英国，开始是服装业发展出所谓的"信用卡"，接着旅游和商业部门也都兴起这个潮流。只是当时的卡片是一种短期的商业赊借行为，款项还是要随用随付，不能长期拖欠，也没有授信额度。正式意义上的信用卡于1915年起源于美国。最早发行信用卡的机构并不是银行，而是一些百货商店、饮食业、娱乐业和汽油公司。美国的一些商店、饮食店为招徕顾客，推销商品，扩大营业额，有选择地在一定范围内发给顾客一种类似金属徽章的信用筹码，后来演变成为用塑料制成的卡片，作为客户购货消费的凭证，开展了凭信用筹码在本商号或公司或汽油站购货的赊销服务业务，顾客可以在这些发行筹码的商店及其分号赊购商品，约期付款。这就是信用卡的雏形。

美国信贷商人弗兰克·麦克纳马拉在纽约一家饭店招待客人用餐，就餐后发现他的钱包忘记带在身边，因而深感难堪，不得不打电话叫妻子带现金来饭店结账。于是麦克纳马拉产生了创建信用卡公司的想法。1950年春天，麦克纳马拉与他的好友施奈德合作投资1万美元，在纽约创立了"大莱俱乐部"（Diners Club International），即大莱信

用卡公司的前身。大莱俱乐部为会员们提供一种能够证明身份和支付能力的卡片，会员凭卡片可以记账消费。这种无须银行办理的信用卡的性质仍属于商业信用卡。

1952年，美国加利福尼亚州的富兰克林国民银行作为金融机构首先发行了银行信用卡。1959年，美国的美洲银行在加利福尼亚州发行了美洲银行卡。此后，许多银行加入了发卡银行的行列。到了20世纪60年代，银行信用卡很快受到社会各界的普遍欢迎，并得到迅速发展，信用卡不仅在美国，而且在英国、日本、加拿大以及欧洲各国也盛行起来。从20世纪70年代开始，中国香港、中国台湾、新加坡、马来西亚等国家和地区，也开始发行信用卡业务。

一、信用卡的种类

根据发卡机构不同，信用卡可以分为银行卡（Bank Card）和非银行卡（Non-bank Card）。万事达卡、维萨卡及我国中国银行的长城卡、工商银行的牡丹卡等属于银行卡。运通卡、大莱卡、JCB卡等属于非银行卡。

根据清偿方式不同，信用卡可以分为贷记卡（Credit Card）和借记卡（Debit Card）。贷记卡的持卡人无须事先在发卡机构存款就可拥有一定信贷额度的使用权，即先消费，后存款。境外发行的信用卡一般都属于贷记卡。借记卡的持卡人则要在发卡机构存有一定的款项，用卡时要以存款余额为依据，一般不允许透支，即先存款，后消费。

根据发卡对象不同，信用卡可以分为公司卡（商务卡）和个人卡。公司卡和个人卡又都可以分为主卡和副卡。

根据持卡人的信用、财产等资信情况，信用卡可以分为普通卡和金卡。

根据信用卡的结算地区分类，信用卡可以分为国内结算信用卡和国际结算信用卡两类。国内结算信用卡，主要是使用本国货币进行支付、结算，如长城卡、牡丹卡，持卡人可以在国内旅游点的特约商店凭卡购物或向指定代付行取现。国际信用卡是指在国际间可以流通使用的信用卡，便于旅游者到国外旅行携带使用。

目前，国际主要的信用卡发卡集团有五个：

（一）维萨卡国际组织（VISA International）

Visa是全球最负盛名的支付品牌之一，Visa与世界各地的Visa特约商户、ATM机以及会员金融机构携手合作。Visa全球电子支付网络——Visa Net是世界上覆盖面最广、功能最强和最先进的消费支付处理系统之一，不断履行"使您的Visa卡通行全球"的承诺。目前，全世界有超过2000万个特约商户接受Visa卡，还有超过84万个ATM机遍布世界各地。Visa国际组织本身并不直接发卡。在亚太区，Visa国际组织有超过700个会员金融机构发行各种Visa支付工具，包括信用卡、借记卡、公司卡、商务卡及采购卡。

Visa国际组织总部设在美国的洛杉矶市，总处理中心在洛杉矶的卫星城圣曼托，它分别于1993年和1996年在北京和上海成立代表处。Visa在国内拥有包括银联在内的17

家中资会员金融机构和 5 家外资会员银行。截至 2005 年 3 月底，Visa 在中国大陆发行的 Visa 卡约 540 万张，ATM 机达 17000 台，Visa 在中国大陆交易额达 32 亿美元。

（二）万事达卡国际组织（Master Card International）

万事达卡国际组织于 20 世纪 50 年代末至 60 年代初期创立了一种国际通行的信用卡体系，随即风行世界。1966 年，它组成了一个银行卡协会（Interbank Card Association）的组织，1969 年银行卡协会购下了 Master Charge 的专利权，统一了各发卡行的信用卡名称和式样设计。随后十年，将 Master Charge 原名改名 Master Card。万事达卡国际组织是一个包罗世界各地财经机构的非营利协会组织，其会员包括商业银行、储蓄与贷款协会，以及信贷合作社。其基本目标是：沟通国内及国外会员之间的银行卡资料交流，并方便发行机构不论规模大小，也可进军银行卡及旅行支票市场，谋求发展。

万事达卡国际组织目前已成为仅次于维萨卡国际组织的世界第二大信用卡国际组织，它的管理总部设在纽约，总处理中心设在圣路易市。Visa 和 Master Card 是世界两大信用卡组织，没有孰优孰劣的说法，取决于个人爱好。一般来说，美国用 Visa 比较多，欧洲用 Master Card 比较多。

（三）美国运通公司（American Express Company）

自 1958 年发行第一张运通卡以来，迄今为止运通公司已在 68 个国家和地区以 49 种货币发行了运通卡，构建了全球最大的自成体系的特约商户网络，并拥有超过 6000 万名优质持卡人组成的群体。成立于 1850 年的运通公司，最初的业务是提供快递服务。随着业务的不断发展，运通于 1891 年率先推出旅行支票，主要面向经常旅行的高端客户。可以说，运通服务于高端客户的历史长达百年，积累了丰富的服务经验和庞大的优质客户群体。1958 年，美国运通推出第一张签账卡。凭借着百年老店的信誉和世界知名的品牌，当时红极一时的猫王成为第一批持卡人之一，很多经常旅行的生意人成为美国运通卡这一新兴产品的积极申请者。在美国运通卡开业时，签约入网的商户便超过了17000 多个，特别是美国旅馆联盟的 15 万卡户和 4500 个成员旅馆的加入，标志着银行卡终于被美国的主流商界所接受。目前，运通公司是全球最大的一家独立经营信用卡的公司，规模仅次于维萨卡和万事达卡，在全球居第三位。它的总部设在美国纽约，总处理中心在盐湖城。

（四）JCB 卡信用卡公司

JCB 卡和大莱卡是日本信用卡产业发展史上发行最早的两个卡品牌。当时美国的大莱信用卡公司于 1960 年在日本成立了日本大莱信用卡公司，主要向当地的高端客户发行大莱卡，但发卡量微乎其微。JCB 成立之后，决定选择与大莱发行的高端用户卡不同的道路，把卡片定位于大众化的 JCB 卡。如此 JCB 卡不论在发卡量，还是在交易额上都领先于其他信用卡公司，在 20 世纪 70 年代至 80 年代间业务量成倍快速增长，JCB 卡成为日本使用最普及的信用卡。目前，JCB 集团内约有 70 多家信用卡发行公司、银行、证券公司和保险公司，它的信用卡业务已经扩展到世界 139 个国家和地区。

（五）大莱卡信用卡公司

1950 年春天，麦克纳马拉与他的合伙人施奈德合伙投资，在纽约注册成立了第一家信用卡公司——"大莱俱乐部"（Diners Club International），后改组为大莱信用卡公司，其发行的"大莱卡"是信用卡的雏形。1981 年美国花旗银行收购了大莱信用卡总公司的大部分股权，大莱公司成为花旗银行的附属公司。1983 年香港花旗银行也收购了香港大莱信用卡公司。大莱信用卡公司总部设在美国的芝加哥。

这五大国际信用卡集团的发卡量占世界信用卡发卡总量的 97%。

信用卡具有以下特点：

（1）先消费后付款，可指定一个储蓄账户作为约定还款账户，银行会在到期还款日之前自动从约定还款账户内扣款来归还信用卡的欠款。

（2）通常不具有存款功能，发生溢缴款也不计算利息。

（3）对于销售（Sales）交易有免息还款待遇，通常从银行记账日，也称账单日，至发卡银行规定的到期还款日之间为信用卡的免息还款期，但其一般以当月结账后 20～30 日全额付款为条件。

（4）利息一般为按日单利计息，按月复利计息。

（5）设立最高支付限额，一般不能超过这个支付限额，如果要求支付超过最高额，则必须由代付行电传发卡行并获得特别授权才可办理。

二、信用卡的运作

（一）信用卡申请

客户申请信用卡，需要交付一定的保证金，有时银行还要求申请人提供担保人。当申请人提交相关材料以后，发卡银行进行审查：①持卡人身份、信誉。②持卡人每月的固定收入。③客户提供担保情况。如果银行审查通过，则由发卡行发给客户一张信用卡。

信用卡与一般名片大小相类似，由塑料制成，信用卡的正面印有信用卡名称、凸起的信用卡卡号、有效期和持卡人姓名。卡的背面有持卡人预留签字。

（二）信用卡核发

通常，银行会根据申请资料，考察申请人多方面的资料与经济情况，以及各银行内部的信审政策的标准，来判断是否发信用卡给申请人。考虑的因素有：申请人过去的信用记录、申请人已知的资产、职业特性等。发卡行审核的具体因素因银行不同而不同，一般说来没有统一的标准，因此，同样的材料在不同的银行可能会出现核发的信用额度不同，信用卡的种类不同，甚至会出现有的银行审核通过，而有的银行拒发的情况。

（三）信用卡开卡

由于信用卡申请通过后是通过邮寄等方式将卡片寄出的，所以并不能保证领取人就是申请人。为了使申请人和银行免遭盗刷损失，信用卡在正式启用前设置了开卡程序。

开卡主要是通过电话或者网络等，核对申请时提供的相关个人信息，符合后即完成开卡程序。此时申请人变为卡片持有人，在卡片背面签名后可以正式开始使用。

三、信用卡的流通和使用

（一）信用卡购物消费

持卡人在旅行中购物时，去信用卡特约商店，其经办人员必须仔细审核下列内容：①信用卡的真伪。②是否在有效期内。③用款是否在最高限额之下。④卡号是否列入注销清单。

经办人员核对后，填写一式四联的签购单，包括购买日期、金额、发票号码、经办人姓名、商品或服务的简单说明等，并将信用卡正面内容压印在签购单上。经办人将持卡人在签购单上的签字与在信用卡背面的预留签字核对，若核对无误，则将客户所购商品、签购单的第一联和信用卡交回持卡人。

通常，特约商户汇总当日（或一周）的多笔签购单，作为一笔总计单（一式三联），编制进账单，并将总计单的"发卡行存根"、"代办行存根"连同签购单的"发卡行存根"交代办行。

代办行收到特约商户送来的信用卡单据后，应认真审查以下项目：①进账单填写的内容是否正确、齐全，如日期、开户行、账号、大小写金额是否一致，用途栏是否注明信用卡名称等。②总计单的内容填写是否齐全、正确，所属信用卡签购单应是同一种信用卡的签购单，数字与总计单相符。③进账单与总计单净金额相符，手续费计算正确。④签购单的内容、联次是否齐全、有效，如信用卡是否在有效期内；有无持卡人的签字；特约单位名称是否压印清楚；信用卡号是否清楚、正确；金额是否超过限额；是否有授权号码等。这些经审查无误后，代办行从发卡行在代办行开设的备用金账户取款，扣去4%的手续费，将净款付给特约商户。

代办行根据总计单编制信用卡备用金账户借记报单（一式二联），将其中一联连同总计单的"发卡行存根"、签购单的"发卡行存根"寄送国外发卡行进行清算。

（二）信用卡取现

在国外，银行对于取现控制较严。如果持卡人在旅途支取现金，可去代付行填写取现单（Cash Advance Slip）或称为支款单（Drawing Slip）（一式三联），代付行审核信用卡：①该卡是否属于该代付行受理。②卡号是否列入注销清单。③是否在有效期内。④取现是否在最高限额之内。⑤持卡人的护照或身份证姓名与信用卡姓名是否一致。

代付行与取现单核对无误后，用压印机将信用卡的卡号、持卡人姓名、有效期压在取现单上。

代付行根据持卡人所需金额并按协议规定计算出附加手续费加计总额后分别填写在"取现单"有关栏内。一般来说，向持卡人收取的手续费为取现金额的一定比例，如3%~4%，而运通卡取现业务通常是每笔取现业务收取手续费6美元。

由持卡人当面在取现单上签字，代办行必须将签字与预留在信用卡背面的签字核对，若有怀疑可要求持卡人再签一次。如果信用卡背面预留的签字有涂改，则此卡不能受理。

核对持卡人的签字与信用卡预留签字相符后即可按原货币或当日汇率折算成其他货币付款，并连同取现单的"持卡人存根"和信用卡交给持卡人，另外将一联取现单和一联总计单寄给发卡行，请其补发从备用金账户的提款。

若持卡人支取金额超过信用卡的最高限额，代办行必须先用电传与委托行联系，取得授权后方可办理兑付。兑付时将委托行批复的号码填入取现单，联系中发生的费用可向委托行算收。

四、信用卡结算的应用和发展

现金结算是以现金收付来结清债券和债务，后来就被非现金的票据（主要是支票）代替，这种票据使用比较方便，但携带其旅行容易丢失，仍有不便之处。与以上几种结算方式相比，无票据的信用卡结算更加方便。信用卡的发展迅速，现在发达国家使用信用卡结算已经非常普遍。国际结算使用信用卡方式也超过使用旅行支票和旅行信用证方式。

我国信用卡结算从 20 世纪 80 年代产生到现在也有一定进展，但因我国经济结构和市场情况不同，不少城市的旅馆、饭店、大型商店多不愿负担回扣费用，这就限制了信用卡结算的进一步推广。

思考题：

1. 在我国非贸易结算通常包括哪几大类业务？
2. 兑出外币和兑入外币的折算公式分别是什么？
3. 旅行支票具有哪些特点？
4. 比较旅行信用证、旅行支票和汇款。
5. 简述信用卡的运作程序。

练习题：

一、名词解释

信用卡　旅行支票　初签　复签　外币兑换　旅行信用证

二、选择题

1. 下列不属于非贸易结算内容的是(　　)。
A. 国际商品进出口收支　　　　　　B. 旅游外汇收支
C. 国际运输收支　　　　　　　　　D. 保险费收支
2. 以下关于旅行支票的说法错误的是(　　)。
A. 旅行支票属于一种有价证券，在兑付的过程中，银行既要谨慎处理以防范风险，又要保障持票人的正当权益

B. 购票人在购买支票时，必须在签发银行柜台当面签署名字，这是旅行支票的初签

C. 旅行支票的复签可以在取款时当面签署或事先签署，以便兑付行准确确定持票人的身份，安全兑付

D. 在旅行支票的持票人要求兑付时，银行会要求提供护照和购买合同

3. 以下不属于信用卡基本当事人的是（　　）。

A. 发卡行　　　　　　　　　　　　B. 持卡人

C. 特约商户　　　　　　　　　　　D. 中央银行

4. 以下关于信用卡免息期说法错误的是（　　）。

A. 从银行记账日（也称账单日）至发卡银行规定的到期还款日之间为免息还款期

B. 信用卡在用于透支消费等非现金交易时，享有免息期待遇

C. 如果没能全额还款，银行需要收取所有未偿还的透支利息，而且还要罚息

D. 透支现金同样享有免息待遇

5. 以下关于票汇的说法错误的是（　　）。

A. 票汇是指汇款人到汇出行交款购买银行汇票，然后将汇票自带或邮寄给收款人，并由收款人持票向指定的解付行兑付票款的一种汇款结算方式

B. 票汇的主要特点是费用低，但速度慢

C. 票汇是汇出行填制一整套包括票汇总清单、票汇委托书、正副收条、汇款证明书以及票汇通知书等套写格式，邮寄给解付行的汇款

D. 解付行将汇票上的出票人签字、汇票通知书上的签字和汇出行签字样本核对相符后，办理解付

6. 兑入外钞的折算方法为（　　）。

A. 应付人民币金额＝兑入外钞金额×外钞买入价

B. 应付人民币金额＝兑入外钞金额×外汇买入价

C. 应付人民币金额＝兑入外钞金额×外钞卖出价

D. 应付人民币金额＝兑入外钞金额×外汇卖出价

7. 以下不属于旅行支票特点的是（　　）。

A. 面额固定　　　　　　　　　　　B. 不能挂失

C. 兑取方便　　　　　　　　　　　D. 携带安全

8. 下列关于旅行信用证说法错误的是（　　）。

A. 开证申请人和受益人同为一人　　B. 不能转让

C. 为跟单信用证　　　　　　　　　D. 业务已日益萎缩

9. 票汇的主要特点是（　　）。

A. 费用高，速度快　　　　　　　　B. 费用低，速度慢

C. 费用高，速度慢　　　　　　　　D. 费用低，速度快

10. （　　），持卡人可以享受信用卡免息期待遇。

A. 持卡消费并偿还最低还款额

B. 持卡提取现金

C. 持卡消费并在规定的到期还款日之前全额归还欠款

D. 持卡消费，但在到期日时约定还款账户内资金不够归还信用卡欠款

三、判断题

1. 根据发卡机构的不同，信用卡可以分为银行卡和非银行卡。（　）

2. 借记卡的持卡人无须事先在发卡机构存款就可以享有一定的信贷额度使用权，即"先消费，后还款"。（　）

3. 信用卡可以指定一个储蓄账户作为约定还款账户，银行会在到期还款日之前自动从约定还款账户内扣款来归还信用卡的欠款。（　）

4. 旅行信用证目前在发达国家广泛使用。（　）

5. 电汇迅速、便捷，收款人能在较短的时间内收到汇款，但是汇款人须承担较高的费用。（　）

6. 无论信用卡持卡人透支消费或提取现金，都可以享受免息期待遇。（　）

7. 旅行支票一旦遗失或被窃，购买者都可以通过相应机构进行挂失和获得补偿。（　）

8. 万事达卡国际组织是全球第一大信用卡国际组织。（　）

9. 从银行记账日（也称账单日）至发卡银行规定的到期还款日之间为信用卡的免息还款期。（　）

10. 信汇是银行以电报、电传或SWIFT方式汇入和汇出的汇款。（　）

四、填空题

1. 根据发卡机构的不同，信用卡可以分为_____和_____。

2. 根据清偿方式的不同，信用卡可以分为_____和_____。

3. 信用卡的基本当事人包括_____、_____、和_____。

4. 旅行支票的持票人应该在支票上进行两次签名，分别是_____和_____。

5. 根据发卡对象的不同，信用卡可以分为_____和_____。

6. 票汇是指汇款人到汇出行交款购买_____，然后将汇票自带或邮寄给收款人，并由收款人持票向国内指定的解付行兑付票款的一种汇款结算方式。

7. 每张信用卡都有一个_____，是银行授予持卡人的最高可透支限额。

8. 旅行信用证是银行为便利旅行者出国旅游支付旅杂费而开立的，允许其在一定金额及有效期内，沿途向指定的银行支取款项的信用证，属于_____。

9. 按照汇款方向的不同，汇款可以分为_____和_____。

10. _____迅速、便捷，收款人能在较短的时间里收到汇款，但是汇款人须承担较高的费用，一般用于比较紧急的款项。

推荐报刊与网络：

1. 中国人民银行 http：//www. pbc. gov. cn

2. 中国贸易金融网 http：//www. sinotf. com

3. 汇天国际结算网 http：//www. 10588. com

4. 福步外贸网 http：//www. fobshanghai. com

5. 中国银行 http：//www. boc. cn

6. 国家外汇管理局 http：//www. safe. gov. cn

7. 对外经济贸易大学 http：//www. uibe. edu. cn

附　录

《ICC 跟单信用证统一惯例》基本内容

一、《UCP600》的主要结构

《UCP600》的条款共 39 条，其中第 1 ~ 5 条为总则部分，包括其适用范围、定义条款、解释细则、信用证的独立性等；第 6 ~ 13 条明确了有关信用证的开立、修改、各当事人的关系与责任等问题；第 14 ~ 16 条是关于单据的审核标准、单证相符或不符的处理规定；第 17 ~ 28 条为单据条款，包括商业发票、运输单据、保险单据等；第 29 ~ 32 条规定了有关款项支取的问题；第 33 ~ 37 条为银行的免责条款；第 38 条是关于可转让信用证的规定；第 39 条是关于款项让渡的规定。

二、《UCP600》相对《UCP500》内容的实质变更

（一）条款结构和措辞上的变化

《UCP600》对《UCP500》的 49 个条款进行了大幅度的调整，有增删，在全文结构上的变化是按照业务环节对条款进行了归结。简言之，就是把通知、修改、审单、偿付、拒付等环节涉及的条款在原来《UCP500》的基础上分别集中，使得对某一问题的规定更加明确和系统化，极大地方便了使用者查找相关条款。

《UCP600》从条款文字措辞上显现了通俗易懂、简约化，改变了《UCP500》难懂的语句，取消了易造成误解，如"合理时间"（reasonable time）条款的删除，从根本上消除《UCP500》规定的不确定性，同时也消除司法部门以"不合理"为由干涉正常银行业务的隐患；"在其表面"（on its face）仅保留一处（《UCP500》中出现 28 次），以此表明银行仅负责单据的表面一致性没有改变；对表达不确切、内容过时以及与国际贸易实务相脱节的条款进行修改或删除，如"可撤销信用证"在实务中已经不存在，应予以删除；对"运输行单据"条款的删除尚未改变 UCP"不接受运输行仅以运输行身份签发运输单据"的做法；对"运输单据之额外费用"的删除，因为此类费用不论在运输行业还是信用证操作中，均是被接受的正常费用，不宜限制范畴。

《UCP600》在措辞上更为简洁、严格、统一、清晰、与时俱进。《UCP600》在第 1 条作出了"unless expressly modified or excluded in the credit（除非信用证明确修改或排除）"

的总括性规定，替代了《UCP500》中出现 30 多次的"除非信用证另有规定"，如《UCP600》第 20 条对原《UCP500》第 24 条只使用了一半的文字进行修改，显现出表述更加简洁；《UCP600》中拒付通知的格式及内容增加"a single"，弥补了原《UCP500》的漏洞，显现出条款更加严格；关于 5% 溢短装的变化，《UCP600》将其修订为"not to exceed 5%"，既消除了误解，又与关于"about"的规定相统一；《UCP600》仅在需要的地方保留了三处"and/or"，其余均修订为"or"，使惯例的行文更加清晰；《UCP600》增加了对银行因遭受恐怖袭击（Acts of Terrorism）导致银行停业所造成后果免责的规定，是由于近年来恐怖活动激增，成为影响国际贸易的潜在因素，这一条款增加，显示出 UCP 与时俱进的先进性。

（二）明确了重要的新定义

《UCP600》第一次系统地对有关跟单信用证的 14 个概念进行了定义，如兑付（Honour）定义了开证行、保兑行、指定银行在信用证项下除议付以外的一切与支付相关的行为。这个定义的引入可以使其他条款的规定统一而简洁，可以认为 ICC 在试图向这样一个方向努力：无论哪一种信用证，银行在其项下的义务是同一性质的。特别是 Honour 很有可能出现在将来的信用证条款中，比如开证行给指定银行的指示条款中需要各当事人在实务中加以注意，以判定开证行的承诺性质。

在《UCP600》中专门规定了"Complying Presentation"（相符交单）这一条款，强调要与信用证条款、使用的惯例条款以及国际银行标准实务相符合，减少实务中对于单据不符点的争议。由于国际银行标准实务是一个广义的范畴，并不局限于国际商会 645 号出版物《关于审核跟单信用证项下单据的国际银行标准实务》，因此这一规定实际上仍存在一定的灵活性。

《UCP600》明确了议付（Negotiation）是对单据（汇票）的一种买入行为，并且明确了是对受益人的融资——预付或承诺预付。按照这个定义，改变承认了远期议付信用证合理存在，同时也将议付行对受益人的融资纳入受《惯例》保护的范畴。同时，议付行在任何情况下均享有追索权，除非该行保兑了信用证。

此外《UCP600》更换了一些定义，如对审单作出单证是否相符决定天数，由"合理时间"变为"最多为收到单据翌日起第五个工作日"，确立了新的国际结算实务操作标准；《UCP600》中"信用证"仅强调其本质是"开证行一项不可撤销的明确承诺，即兑付相符交单"；开证行和保兑行对于指定银行的偿付责任，强调是独立于其受益人的承诺等。

（三）《UCP600》增加的条款

1. 增加了实务操作性条款

"即使单据遗失，开证行也必须付款"，这一规定无疑具有重大意义，对消除误解，减少纠纷，加强开证行的付款责任将起到重要作用。但是应该注意，开证行对付款不得免责的确立，一是信用证的要求得到满足，这包括单证相符、寄递单据的方式和次数的指示得到遵守；二是单据必须是在指定银行与开证行之间丢失的。如果受益人置信用证的规定于不顾，将单据提交非被指定银行而后遗失，开证行对付款将是免责的。

《UCP600》中拒付点增加了"持单直至申请人放弃不符点"的选择，这一规定更符合实务的做法，有利于促进问题的解决。它摒弃了ICC以往的观点，不仅改变了惯例，也是对法律的挑战。

2. 建立了"单据必须满足其功能"的标准

在信用证实务中，ICC提出的专家意见中超过58%集中在《UCP500》的7个条款上，其中《UCP500》第21条的明显不足，《UCP600》增加了更加符合实务的规定，即"只要满足了所要求单据的功能"，从而建立了新的审单标准。

3. 明确了开证行可以作为转让行转让自己开立的信用证

这不仅加快了信用证业务进程，同时也大大减少了换单造成的不符，在涉及修改和多个受益人情况下交单的不可控性。实务中多次出现过开证行转让自己开立的信用证的情况，由于缺乏《惯例》的规定，造成了不少业务纠纷。因此ICC形成了"只要信用证在开证行有效，开证行可以作为转让行"的意见。《UCP600》采纳了这一观点，并取消了"信用证须在开证行有效"的前提，使得信用证的转让更具有灵活性。

4. 明确了"沉默不等于接受"这一说法

在实务中一些银行在信用证的修改通知单加列"如果在一个规定的时间内，受益人没有正式拒绝修改，修改自动生效"等类似语句，ICC强烈反对此类做法，认为这是"沉默等于接受"的翻版，这也是与许多国家的法律相违背的。因此在《UCP600》中作出了明确规定：如果修改中加列了接受或拒绝修改的时限，银行将不予理睬。

《UCP600》中对《UCP500》还有许多条款进行了修订，如运输单据需显示出全部承运条款、关于暂保单出具人的变化及其他单据中的货物描述等具体条款，由于篇幅的关系就不再叙述，需要我们在实务中去把握。

总之，《UCP600》对《UCP500》的修订是划时代性的，它对于国际贸易和国际结算实务的影响是巨大的，无疑对信用证业务操作将发生质的变化，同时面临着新的挑战和法律质疑，这需要我们在实务中不断进行研究和探索，真正掌握和运用其精神并灵活地运用于实务之中。

参考文献

[1] 艾万泽，李丽晖. 福费廷业务的风险分析及对策建议 [J]. 攀枝花学院学报，2006 (10).

[2] 方士华. 国际结算 [M]. 大连：东北财经大学出版社，2005.

[3] 高洁，罗立彬. 国际结算 [M]. 北京：中国人民大学出版社，2008.

[4] 蒋琴儿，王建帮. 出口采用汇付方式的风险及防范 [J]. 经济师，2005 (9).

[5] 梁远辉，刘丹. 国际结算（第二版）[M]. 武汉：华中科技大学出版社，2013.

[6] 刘黎明. 信用证结算风险与防范 [J]. 边疆经济与文化，2007 (5).

[7] 刘欣敏. 国际结算 [M]. 北京：清华大学出版社，2010.

[8] 陆春平. 我国外贸出口企业国际结算方式的选择与风险防范 [J]. 经济研究导报，2007 (4).

[9] 吕鹏在. 常用国际结算方式及其风险比较 [J]. 中国高新技术企业，2007 (16).

[10] 庞红. 国际结算（第4版）[M]. 北京：中国人民大学出版社，2012.

[11] 翁建峰，吴丽华. 国际保理业务的运作及其风险规避 [J]. 福建金融，2005 (11).

[12] 杨光在. 利用金融工具控制出口贸易信用风险 [J]. 经营与管理，2007 (11).

[13] 杨沁琳. 论银行保函业务中的风险及控制 [D]. 对外经济贸易大学硕士学位论文，2005.

[14] 祖素梅. 托收方式下出口商如何防范风险 [J]. 对外经济贸易大学学报，2005 (3).

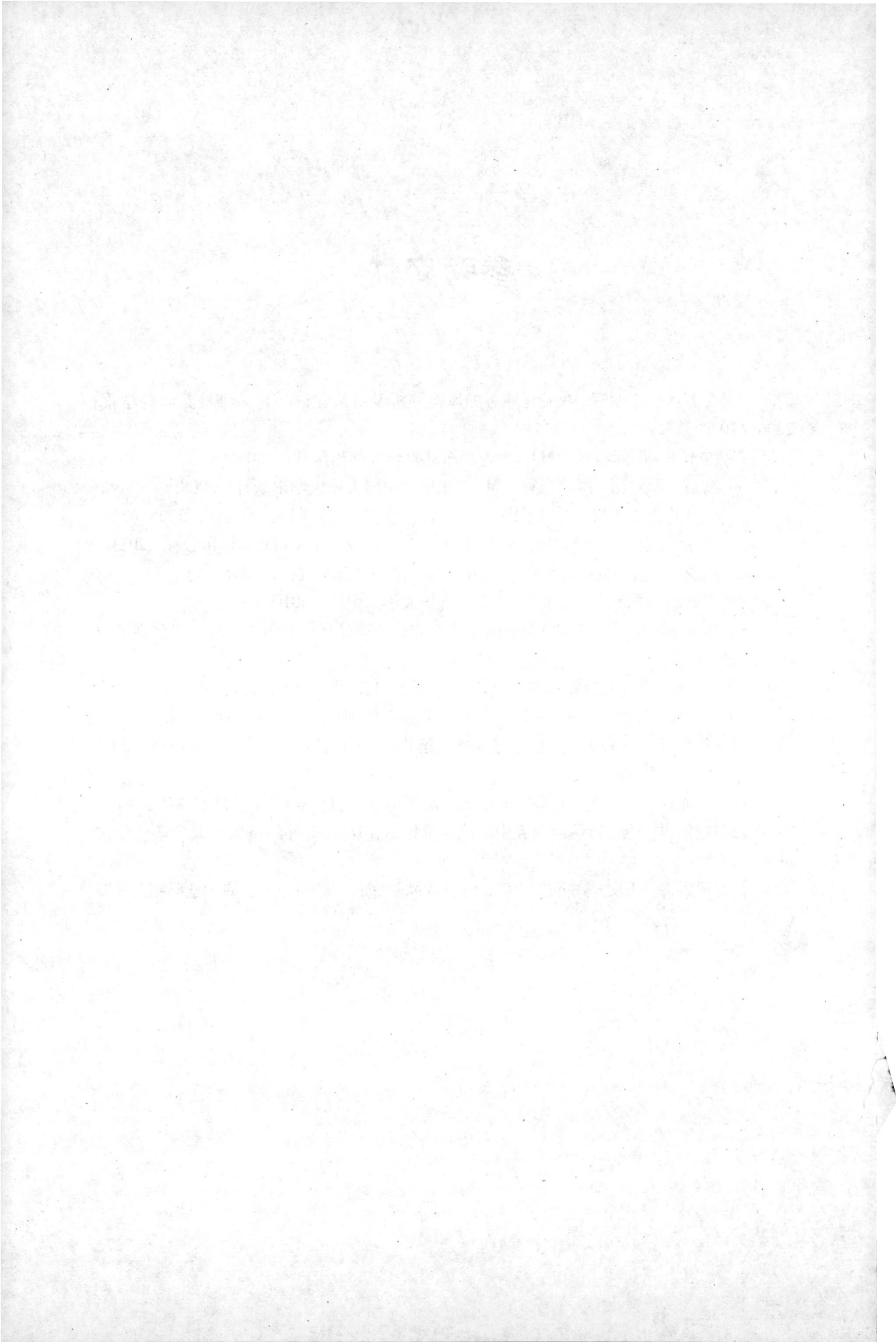

图书在版编目（CIP）数据

国际结算/陈莹，李彦主编. —2 版. —北京：经济管理出版社，2014.7

ISBN 978-7-5096-3061-7

Ⅰ. ①国… Ⅱ. ①陈… ②李… Ⅲ. ①国际结算 Ⅳ. ①F830. 73

中国版本图书馆 CIP 数据核字（2014）第 075505 号

组稿编辑：申桂萍
责任编辑：申桂萍　梁植睿
责任印制：黄章平
责任校对：超　凡

出版发行：经济管理出版社
　　　　　（北京市海淀区北蜂窝 8 号中雅大厦 A 座 11 层　100038）
网　　址：www. E-mp. com. cn
电　　话：（010）51915602
印　　刷：北京晨旭印刷厂
经　　销：新华书店
开　　本：787mm×1092mm/16
印　　张：15
字　　数：338 千字
版　　次：2014 年 7 月第 2 版　2014 年 7 月第 1 次印刷
书　　号：ISBN 978-7-5096-3061-7
定　　价：39. 00 元